北京文物与考古系列丛书

北京市考古研究院 编著

昌平沟自头村
清代墓葬考古发掘报告

上海古籍出版社

图书在版编目（CIP）数据

昌平沟自头村清代墓葬考古发掘报告 / 北京市考古研究院编著. -- 上海：上海古籍出版社，2024.11. (北京文物与考古系列丛书). -- ISBN 978-7-5732-1428-7

Ⅰ. K878.85

中国国家版本馆CIP数据核字第20246HG114号

北京文物与考古系列丛书

昌平沟自头村清代墓葬考古发掘报告

北京市考古研究院　编著

上海古籍出版社出版发行

（上海市闵行区号景路159弄1-5号A座5F　邮政编码201101）

（1）网址：www.guji.com.cn

（2）E-mail：guji1 @ guji.com.cn

（3）易文网网址：www.ewen.co

上海雅昌艺术印刷有限公司印刷

开本 889×1194　1/16　印张10　插页40　字数330

2024年11月第1版　2024年11月第1次印刷

ISBN 978-7-5732-1428-7

K·3754　定价：150.00元

如有质量问题，请与承印公司联系

北京文物与考古系列丛书

内容简介

  本书是北京文物与考古系列丛书之一，是为配合昌平区北七家镇沟自头村定向安置房建设而进行的考古发掘的成果报告。在配合该项目施工建设的考古工作中，共发掘清代墓葬91座，出土了陶、瓷、铜等不同质地文物109件（不计铜钱）。这些发现完善了昌平区的考古学研究资料，增添了北京北部的物质文化史信息，丰富了北京清代考古的研究视角。本书可供从事考古、文物、历史等研究的学者及相关院校师生阅读和参考。

目 录

第一章　前言 ··（1）

　　第一节　地理环境与建置沿革 ··（1）

　　第二节　遗址概况与发掘经过 ··（4）

　　第三节　资料编排与报告编排 ··（6）

第二章　地层堆积 ··（7）

第三章　墓葬及遗物 ··（8）

第四章　结语 ··（128）

　　第一节　墓葬时代 ··（128）

　　第二节　形制、葬式与葬俗 ··（128）

　　第三节　随葬器物 ··（129）

　　第四节　周边地区明清墓葬的考古发现 ··（134）

附表一　墓葬登记表 ··（135）

附表二　铜钱统计表 ··（146）

编后记 ···（150）

插 图 目 录

第一章 前 言

图一	发掘地点位置示意图	（ 4 ）
图二	发掘区位置示意图	（ 5 ）
图三	墓葬分布示意图	（拉页）

第三章 墓葬及遗物

图四	M2平、剖面图	（ 9 ）
图五	M5平、剖面图	（ 10 ）
图六	M6平、剖面图	（ 11 ）
图七	M7平、剖面图	（ 12 ）
图八	M11平、剖面图	（ 13 ）
图九	M12平、剖面图	（ 14 ）
图一〇	M13平、剖面图	（ 15 ）
图一一	M24平、剖面图	（ 16 ）
图一二	M30平、剖面图	（ 17 ）
图一三	M32平、剖面图	（ 18 ）
图一四	M34平、剖面图	（ 19 ）
图一五	M36平、剖面图	（ 20 ）
图一六	M37平、剖面图	（ 21 ）
图一七	M38平、剖面图	（ 22 ）
图一八	M39平、剖面图	（ 23 ）
图一九	M44平、剖面图	（ 24 ）
图二〇	M45平、剖面图	（ 26 ）
图二一	M58平、剖面图	（ 27 ）

图二二	M59平、剖面图	（28）
图二三	M60平、剖面图	（29）
图二四	M61平、剖面图	（30）
图二五	M64平、剖面图	（31）
图二六	M65平、剖面图	（32）
图二七	M68平、剖面图	（33）
图二八	M69平、剖面图	（34）
图二九	M70平、剖面图	（36）
图三〇	M72平、剖面图	（37）
图三一	M74平、剖面图	（38）
图三二	M75平、剖面图	（39）
图三三	M76平、剖面图	（40）
图三四	M77平、剖面图	（41）
图三五	M78平、剖面图	（42）
图三六	M79平、剖面图	（43）
图三七	M80平、剖面图	（44）
图三八	M82平、剖面图	（45）
图三九	M83平、剖面图	（46）
图四〇	M84平、剖面图	（46）
图四一	M85平、剖面图	（47）
图四二	M86平、剖面图	（48）
图四三	M87平、剖面图	（48）
图四四	M88平、剖面图	（49）
图四五	M89平、剖面图	（51）
图四六	M90平、剖面图	（52）
图四七	M91平、剖面图	（52）
图四八	M92平、剖面图	（53）
图四九	M93平、剖面图	（53）
图五〇	单棺墓随葬器物（一）	（54）
图五一	单棺墓随葬器物（二）	（55）
图五二	单棺墓随葬铜钱（一）	（55）

图五三	单棺墓随葬铜钱（二）	（56）
图五四	M1平、剖面图	（57）
图五五	M3平、剖面图	（58）
图五六	M4平、剖面图	（60）
图五七	M9平、剖面图	（61）
图五八	M14平、剖面图	（62）
图五九	M15平、剖面图	（63）
图六〇	M16平、剖面图	（64）
图六一	M17平、剖面图	（66）
图六二	M19平、剖面图	（68）
图六三	M20平、剖面图	（69）
图六四	M21平、剖面图	（70）
图六五	M22平、剖面图	（72）
图六六	M23平、剖面图	（73）
图六七	M25平、剖面图	（75）
图六八	M27平、剖面图	（76）
图六九	M28平、剖面图	（77）
图七〇	M29平、剖面图	（78）
图七一	M33平、剖面图	（79）
图七二	M35平、剖面图	（81）
图七三	M40平、剖面图	（82）
图七四	M41平、剖面图	（83）
图七五	M42平、剖面图	（85）
图七六	M43平、剖面图	（85）
图七七	M46平、剖面图	（86）
图七八	M47平、剖面图	（88）
图七九	M48平、剖面图	（89）
图八〇	M49平、剖面图	（90）
图八一	M50平、剖面图	（91）
图八二	M51平、剖面图	（92）
图八三	M52平、剖面图	（93）

图八四	M53平、剖面图	（94）
图八五	M54平、剖面图	（96）
图八六	M55平、剖面图	（98）
图八七	M56平、剖面图	（99）
图八八	M57平、剖面图	（100）
图八九	M63平、剖面图	（102）
图九〇	M66平、剖面图	（103）
图九一	M67平、剖面图	（104）
图九二	M71平、剖面图	（106）
图九三	M73平、剖面图	（107）
图九四	M81平、剖面图	（108）
图九五	双棺墓随葬器物（一）	（109）
图九六	双棺墓随葬器物（二）	（110）
图九七	双棺墓随葬器物（三）	（111）
图九八	双棺墓随葬器物（四）	（112）
图九九	双棺墓随葬器物（五）	（113）
图一〇〇	双棺墓随葬器物（六）	（114）
图一〇一	双棺墓随葬铜钱（一）	（115）
图一〇二	双棺墓随葬铜钱（二）	（116）
图一〇三	双棺墓随葬铜钱（三）	（117）
图一〇四	双棺墓随葬铜钱（四）	（117）
图一〇五	M8平、剖面图	（119）
图一〇六	M10平、剖面图	（120）
图一〇七	M26平、剖面图	（122）
图一〇八	三棺墓随葬器物	（123）
图一〇九	M62平、剖面图	（125）
图一一〇	五棺墓随葬器物	（126）
图一一一	多棺墓随葬铜钱	（127）

彩 版 目 录

彩版一　　工作现场与发掘区全景
彩版二　　清代单棺墓葬（一）
彩版三　　清代单棺墓葬（二）
彩版四　　清代单棺墓葬（三）
彩版五　　清代单棺墓葬（四）
彩版六　　清代单棺墓葬（五）
彩版七　　清代单棺墓葬（六）
彩版八　　清代单棺墓葬（七）
彩版九　　清代单棺墓葬（八）
彩版一〇　清代单棺墓葬（九）
彩版一一　清代单棺墓葬（十）
彩版一二　清代单棺墓葬（十一）
彩版一三　清代单棺墓葬（十二）
彩版一四　清代单棺墓葬（十三）
彩版一五　清代单棺墓葬（十四）
彩版一六　清代单棺墓葬（十五）
彩版一七　清代单棺墓葬（十六）
彩版一八　清代单棺墓葬（十七）
彩版一九　清代单棺墓葬（十八）
彩版二〇　清代单棺墓葬（十九）
彩版二一　清代单棺墓葬（二十）
彩版二二　清代单棺墓葬（二一）
彩版二三　清代单棺墓葬（二二）
彩版二四　清代单棺墓葬（二三）

彩版二五　清代双棺墓葬（一）
彩版二六　清代双棺墓葬（二）
彩版二七　清代双棺墓葬（三）
彩版二八　清代双棺墓葬（四）
彩版二九　清代双棺墓葬（五）
彩版三〇　清代双棺墓葬（六）
彩版三一　清代双棺墓葬（七）
彩版三二　清代双棺墓葬（八）
彩版三三　清代双棺墓葬（九）
彩版三四　清代双棺墓葬（十）
彩版三五　清代双棺墓葬（十一）
彩版三六　清代双棺墓葬（十二）
彩版三七　清代双棺墓葬（十三）
彩版三八　清代双棺墓葬（十四）
彩版三九　清代双棺墓葬（十五）
彩版四〇　清代双棺墓葬（十六）
彩版四一　清代双棺墓葬（十七）
彩版四二　清代双棺墓葬（十八）
彩版四三　清代双棺墓葬（十九）
彩版四四　清代双棺墓葬（二十）
彩版四五　清代三棺墓葬（一）
彩版四六　清代三棺墓葬（M26）与五棺墓葬
　　　　　（M62）
彩版四七　清代单棺墓随葬器物（一）

彩版四八	清代单棺墓随葬器物（二）	彩版五七	清代双棺墓随葬器物（七）
彩版四九	清代单棺墓随葬器物（M72、M80）与双棺墓随葬器物（M3）	彩版五八	清代双棺墓随葬器物（八）
		彩版五九	清代双棺墓随葬器物（九）
彩版五〇	清代双棺墓随葬器物（一）	彩版六〇	清代双棺墓随葬器物（十）
彩版五一	清代双棺墓随葬器物（二）	彩版六一	清代双棺墓随葬器物（十一）
彩版五二	清代单棺（M44）、双棺（M19、M28、M54、M57）、五棺（M62）墓随葬器物	彩版六二	清代双棺墓随葬器物（十二）
		彩版六三	清代双棺（M66、M71）、三棺（M8、M10）墓随葬器物
彩版五三	清代双棺墓随葬器物（三）	彩版六四	清代三棺墓随葬器物
彩版五四	清代双棺墓随葬器物（四）	彩版六五	清代三棺（M10、M26）、五棺（M62）墓随葬器物
彩版五五	清代双棺墓随葬器物（五）		
彩版五六	清代双棺墓随葬器物（六）	彩版六六	清代五棺墓随葬器物

第一章　前　言

第一节　地理环境与建置沿革

昌平区位于北京市西北部，地处温榆河冲积平原和燕山、太行山支脉的结合地带，自古为军事重镇，素有"京师之枕""甲视诸州"之称。全区总面积1 352平方公里。

昌平区北连延庆区、怀柔区，东邻顺义区，南与朝阳区、海淀区毗邻，西与门头沟区和河北省怀来县接壤。现辖8个街道、14个镇。

该区域内河流纵横，以中小河流为主，主要河流属温榆河水系。除永定河水系的老峪沟、潮白河水系的黑山寨沟外，蔺沟河、秦屯河、讲礼河、北沙河、牤牛河、南沙河等河流多属于北运河水系的温榆河流域。温榆河（古称灙余水，又称榆河）及其支流汇纳全区径流，自西北向东南流出境外，下接北运河，属海河水系。河流多为西北—东南走向，总长579.07千米。

全区地势西北高、东南低。北部和西部为山区，山区、半山区占全区总面积的2/3。北部山区属燕山西段军都山支脉，西部山区属太行山山脉北段。中部和东南部为平原。

昌平区属于暖温带大陆性半湿润季风气候，夏季高温多雨，冬季严寒干旱。年平均气温约11.8℃，年平均降水量569毫米。地震和气象灾害是主要的自然灾害。由于地处南口-朝阳区孙河断裂带，历史上多次发生地震。史料记载明成化二十年（1484）正月初二京师地震，居庸关一代破坏较为严重；清雍正八年（1730）北京西北郊发生地震，这次地震是北京城郊较大的一次地震。此外，山区地势起伏较大，水流汇聚速度快，容易形成山洪。辽道宗大安十年（1094），昌平县"淫雨成涝"，当地的庄稼颗粒无收，农民背井离乡逃荒，仅昌平县一地收葬的郊野无主遗尸就达3 000余人[①]。明嘉靖二十五年（1546）六月，昌平地区沙河等河流因雨水涨溢导致道路阻断。干旱、蝗灾、瘟疫也时有发生。

---

① 于德源：《北京灾害史》，同心出版社，2008年，第18页。

昌平区位重要。燕山要塞居庸关是帝都和王朝的咽喉。"居庸"一词最早见于春秋战国时期《吕氏春秋·有始览·有始》篇，其中记载："天有九野，地有九州，土有九山，山有九塞，泽有九薮，风有八等，水有六川。""何谓九塞？大汾、冥阨、荆阮、方城、殽、井陉、令疵、句注、居庸。"[①]至春秋战国时期，燕国凭借此处的险要地势建立军事防御要塞，成为护卫京师的坚固屏障。元大都开凿大运河后，昌平维系着元大都的经济命脉。自明朝设帝陵始，昌平建置逐渐升级，是明清帝王谒陵和北巡的必经之地。小汤山作为"皇家禁地"，是皇家御用园林，兼具疗养和政务处理功能。

昌平人口较多且民族众多。新石器时代就已形成居住村落，至西汉时人口已有相当发展。截至2022年末，全区常住人口226.7万。历代少数民族人口多次迁入，北魏延和元年（432）朝鲜族人迁入；唐会昌年间迁入少量回族人；元代时蒙古族人迁入[②]。另有壮族、傣族、苗族、白族、锡伯族等民族在此定居。

昌平区历史悠久。早在6 000多年前的雪山、宝山、北郝庄等地就发现有人类活动痕迹，其中以雪山遗址最为重要。其文化堆积可分为四期：一期、二期为新石器时代。一期文化与中原仰韶文化、东北红山文化有相似之处；二期文化属龙山文化范畴。雪山三期文化与张营二期文化同属于夏代晚期到商代早期，绝对年代在公元前1800年至前1300年，相当于二里头文化、二里岗下层文化和二里岗上层文化阶段[③]。晚商时期遗存以雪山四期为代表，绝对年代约在公元前1300年至前1050年，相当于殷墟文化阶段。

西周早中期，昌平属燕国范围，以白浮墓葬遗存为代表。墓葬为南北向长方形土坑竖穴墓，有殉狗习俗。战国燕王喜时，建上谷、渔阳等五郡，同时为屯兵驻军，建军都县，属上谷郡，是昌平地方建县治最早的名称。

战国至秦时期，昌平属上谷郡地。汉初建昌平县，与军都县统属上谷郡。西汉末年王莽改上谷郡为朔调郡，昌平县改名为长昌县，军都县与长昌县郡属朔调。东汉时期恢复上谷郡名和昌平县名。三国魏时，军都与昌平二县并置，同属幽州燕国。西晋沿之。

十六国后赵时期，军都、昌平二县并属幽州燕郡。前燕与前秦时期，军都、昌平二县并属幽州燕国；后燕时军都、昌平二县属幽州燕郡。北魏时昌平县并入军都县，军都县治所移至昌平县城，属幽州燕郡。北朝东魏孝静帝天平年间，将昌平郡、上谷郡、偏城郡寄治幽州军都县境。昌平郡领万年、昌平二县，上谷郡领平舒、居庸二县，偏城郡领广武、沃野二县。北齐天保时期废军都县。

隋文帝开皇三年（583）废昌平郡，并将万年县并入昌平县，属幽州总管府。大业元年（605）

---

① 张双棣、张万彬等：《吕氏春秋译注（修订版）》，北京大学出版社，2000年，第336页。
② 昌平县志编纂委员会：《昌平县志》，北京出版社，2007年，第112页。
③ 王燕玲：《北京考古志·昌平卷》，上海古籍出版社，2013年，第5页。

昌平县属幽州；大业三年（607）改幽州为涿郡，昌平县为涿郡属县之一。

唐武德元年（618）设立幽州总管府，管理幽、檀等八州，其中幽州统领八县，昌平县为其一并在其后始终属幽州不变。天宝元年（742），幽州改为范阳郡，昌平县为范阳郡属县。乾元元年（758），范阳郡改为幽州，昌平县属幽州，此后终唐未改。唐昌平县在今旧县村。

五代后唐长兴三年（932），昌平县改名为燕平县，治所从旧县迁往县东朝凤庵。后晋天福元年（936）复称昌平县，并将治所迁回旧县。

辽会同元年（938），幽州升为南京，北京地区属于南京道，称南道幽都府，昌平属之。开泰元年（1012）改幽都府为析津府，昌平属之。北宋宣和五年（1123）改辽南京为燕山府，昌平属之[1]。金天会三年（1125），改燕山府为燕京析津府；贞元元年（1153）改称大兴府。昌平县初属析津府，后属中都路大兴府[2]。

元代，昌平县直属大都路总管府，治所为今旧县村。

明洪武年间，昌平县属北平府；永乐元年（1403）改属顺天府，县治仍在今旧县村。景泰元年（1450），为护皇陵，在县东八里修筑新城永安城；景泰三年（1452）昌平县治迁入永安城，即今昌平县城地，原治遂称旧县[3]。正德九年（1514）改昌平县为昌平州，统领密云、顺义、怀柔三县。嘉靖二十九年（1550）改为顺天府霸州道昌平州；嘉靖三十三年（1554）改为顺天府昌平道昌平州。

清顺治、康熙两朝，昌平州仍统领密云、顺义、怀柔三县。康熙八年（1669）霸、昌两道合并称霸昌道，道署设昌平。雍正五年（1727），改密云、顺义、怀柔三县直属顺天府，昌平州遂不领县，仍属顺天府，此制延续至清亡。

民国时期，昌平改为昌平县，隶属河北省。1956年3月9日，昌平县（除高丽营镇外）划归北京市，并改名昌平区。1960年1月，撤区复设昌平县。1999年撤县设区，改为北京市昌平区。

昌平区历史上人文荟萃。自东汉至清光绪三十一年（1905）约1 800多年间，产生过军事家、政治家、官吏、道教领袖、将领、武进士、举人、秀才、皮影戏传人、书法家等。如东汉"云台二十八将"第五位寇恂；北魏南雍州刺史寇赞；北魏道教代表人物与改革者、新天师道的领袖寇谦之；西魏大统四年（538）东雍州刺史寇洛；北周武成元年（559）骠骑大将军寇俊；东魏孝静帝武定八年（550）获封都亭乡男爵的张耀；唐朝中期藩镇将领刘怦；唐卢龙节度使刘济；唐宝历二年（826）进士、著有《对贤良方正直言极谏策》的刘蕡；明嘉靖二十九年（1601）进士、修纂《昌平州志》的崔学履；明万历三十二年（1604）武进士孙祖寿；清康熙十年（1671）都察院右都御使、巡抚湖广的徐化成；清雍正二年（1724）进士、乾隆二十二年（1757）汴梁大梁书院讲

---

[1] 王燕玲：《北京考古志·昌平卷》，上海古籍出版社，2013年，第2页。
[2] 昌平县志编纂委员会：《昌平县志》，北京出版社，2007年，第48页。
[3] 尹钧科：《北京历代建制沿革》，北京出版社，1994年，第258页。

席、著有《生香书屋诗文集》、编录有《明诗约存》并刊行于世的陈浩；清光绪五年（1879）修著《昌平州志》、光绪十八年（1881）撰《昌平外志》的麻兆庆；清末将领闪殿魁……近现代以来，如北京市路氏皮影戏第四代传人路宗有；著名书法篆刻家魏长青；著有《大众逻辑》《形式逻辑讲话》等书的李世繁等，不胜枚举。

作为北京历史文化的重要组成部分，昌平具有以世界文化遗产明十三陵、居庸关长城为代表的大量不可移动文物。截至2022年，昌平区共有不可移动文物登记项目217处，已公布为各级文物保护单位的110处，包括全国重点文物保护单位28处：十三陵——长陵、献陵、景陵、裕陵、茂陵、泰陵、康陵、永陵、昭陵、定陵、庆陵、德陵、思陵、东井、西井、万贵妃坟、悼陵、四妃二太子坟、贤妃坟、郑贵妃与二李及刘、周妃墓、王承恩墓、神道、山口；居庸关——云台；银山塔林；大运河——白浮泉遗址；长城；京张铁路南口段至八达岭段。北京市文物保护单位3处：和平寺、巩华城、朝宗桥。市级地下文物埋藏区3处：张家营、雪山、桃林。区级文物保护单位79处。以及不同时期的古遗址、古建筑、古墓葬、古石刻、优秀近现代建筑、其他文物类遗存等普查登记项目107处。

第二节　遗址概况与发掘经过

图一　发掘地点位置示意图

沟自头村定向安置房项目位于昌平区北七家镇（图一）。北七家镇地处昌平区东南部，五环路、六环路之间，北京中轴线向北延伸线上。镇域东侧与顺义区后沙峪镇交界，南与朝阳区来广营乡、昌平区东小口镇接壤，西与沙河镇相邻，北与小汤山镇隔温榆河相望。镇域面积56.65平方米，户籍人口4.8万[①]。

北七家明代成村，原名"戚家庄"。明隆庆《昌平州志》记载，戚家庄以"戚"姓命名为"戚家庄"。清康熙年间村子一分为二，分别称"北戚各庄"和"南戚各庄"。民国时期，又将名字改为北七家庄和南七家庄。1962年成立北七家人

---

① 中共北京市昌平区委党史办公室、北京市昌平区地方志办公室：《北京昌平年鉴（2021）》，新华出版社，2021年。

民公社；1982年改社建乡，称北七家乡；1997年撤乡设镇，称北七家镇[①]。

沟自头村位于北七家镇东部，东与鲁疃村接壤，西与羊各庄村为邻，南与岭上村相邻，北与未来科学城接境。村域面积1.01平方千米。清代成村，初称沟子头。村名来源于其地理位置，村西有一条小溪由西北流经数十村域入温榆河，因而得名沟自头[②]。

沟自头村定向安置房项目规划建设用地12 750平方米。2018年4月30日至2018年5月25日，为配合该项目建设施工，北京市文物研究所（现北京市考古研究院）对该地块进行了前期考古勘探工作。总勘探面积12 750平方米，勘探过程中发现墓葬93座。2018年6月4日至7月15日，北京市文物研究所对该地块开展考古发掘工作。

该地块东邻岭上路、西距沟岭路约230米、南邻沟自头新村、北邻沟自头街，地势较为平坦，地表回填有大量建筑渣土（图二）。地理坐标北纬40°6′47.32″，东经116°27′3.14″。墓葬区域位于地块中部偏东，北临围墙，共发现墓葬93座（彩版一，1）。由于M18、M31两座墓葬为北侧围墙占压，无法进行考古发掘，故本次实际发掘墓葬91座（图三；彩版一，2；附表一），发掘面积共计737平方米，出土各类文物109件（不计铜钱）。墓葬区发现一较大近现代扰土坑，开口呈不规则形状，周边部分墓葬为其破坏。扰土坑东侧墓葬数量较多，以北和以西墓葬数量较少。

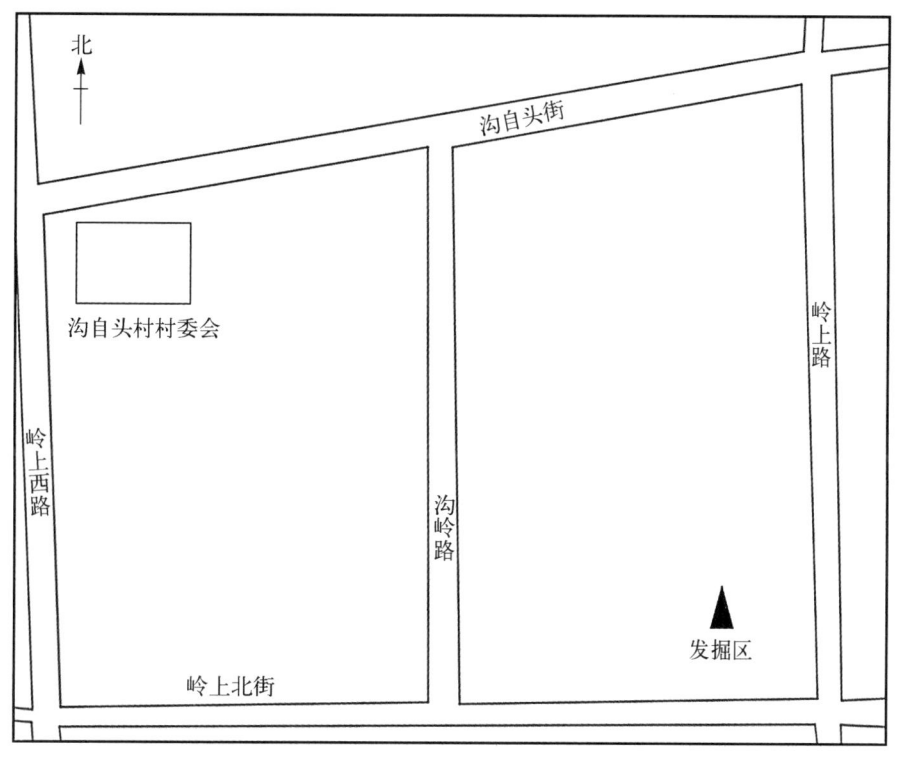

图二　发掘区位置示意图

---

① 北京市昌平区北七家镇志编纂委员会：《北七家镇志》，方志出版社，2019年。
② 北京市昌平区北七家镇志编纂委员会：《北七家镇志》，方志出版社，2019年。

第三节　资料编排与报告编排

昌平区北七家镇沟自头村项目发掘领队为曹孟昕，2023年1月至4月，对出土文物开展了整理工作。2023年4月至12月，由徐蕙若、曹孟昕整合资料，编写报告。器物绘图、摄影及铜钱拓片由黄星完成。

第二章　地层堆积

发掘区域地势较平坦,地层堆积较为简单,地表回填有现代建筑渣土,根据土质、土色的不同,可分为两层：

第①层：渣土层,厚约0.1-0.2米,土质疏松,内含大量建筑、生活垃圾等杂物。

第②层：浅黄褐色黏土层,厚约0.1-0.3米,土质较致密,有黏性,内含少量碎料礓石颗粒。墓葬均开口于该层下。

以下为黄色生土层。

第三章 墓葬及遗物

均开口于②层下。分为四种类型：单棺墓、双棺墓、三棺墓、五棺墓。

1. 单棺墓：46座，M2、M5-M7、M11-M13、M24、M30、M32、M34、M36-M39、M44、M45、M58-M61、M64、M65、M68-M70、M72、M74-M80、M82-M93。均为长方形竖穴土圹墓。

M2　位于发掘区西南部，东邻M6、西邻M3、南邻M5。南北向，方向为350°。墓口距地表0.2米，墓底距地表深0.6米，内填黄褐色花土。墓圹长2.4米、宽1.3-1.46米、深0.4米（图四；彩版二，1）。

棺木已朽，仅残剩棺痕。长1.94米、宽0.56-0.6米、残高0.2米。内葬一人，骨架保存较差。残长1.56米。墓主人为女性，头向北，面向东北，仰身直肢葬。随葬品有银耳环、铜簪、铜钱。

银耳环，1件。M2:1，呈"S"形，一端锤揲为如意云纹形，其上錾刻一蝙蝠纹，一端尖细。直径1.4-1.7厘米、厚0.2厘米（图五一，3；彩版四七，1）。

铜簪，1件。M2:2，首为葵花瓣形，截面为凸字形。中间为一圆形凸起，铸有一"寿"字，旁边錾刻花蕊形纹。体细直，末端残。首直径1.5-2.7厘米、高0.4厘米、残长10.4厘米（图五〇，1；彩版四七，2）。

乾隆通宝，2枚。均模制、完整、圆形、方穿。正面有郭，铸"乾隆通宝"，楷书对读。背面有郭。M2:3-1，背穿左右为满文"宝源"，纪局名。钱径2.35厘米、穿径0.6厘米、郭厚0.2厘米（图五二，1）。M2:3-2，背穿左右为满文"宝泉"，纪局名。钱径2.3厘米、穿径0.6厘米、郭厚0.3厘米（图五二，2）。

光绪通宝，4枚。均模制、完整、圆形、方穿。正面有郭，铸"光绪通宝"，楷书对读。背面有郭，穿左右为满文"宝泉"，纪局名。标本M2:3-3，钱径2.1厘米、穿径0.6厘米、郭厚0.2厘米（图五二，3）。背穿左右为满文"宝源"，纪局名。标本M2:3-6，钱径2.1厘米、穿径0.6厘米、郭厚0.2厘米（图五二，4）。

M5　位于发掘区西南部，东邻近现代渣土坑，西邻M1。南北向，方向为335°。墓口距地表0.2米，墓底距地表深0.76米，内填黄褐色花土。墓圹长2.14-2.15米、宽0.93-1.02米、深0.56米

第三章　墓葬及遗物

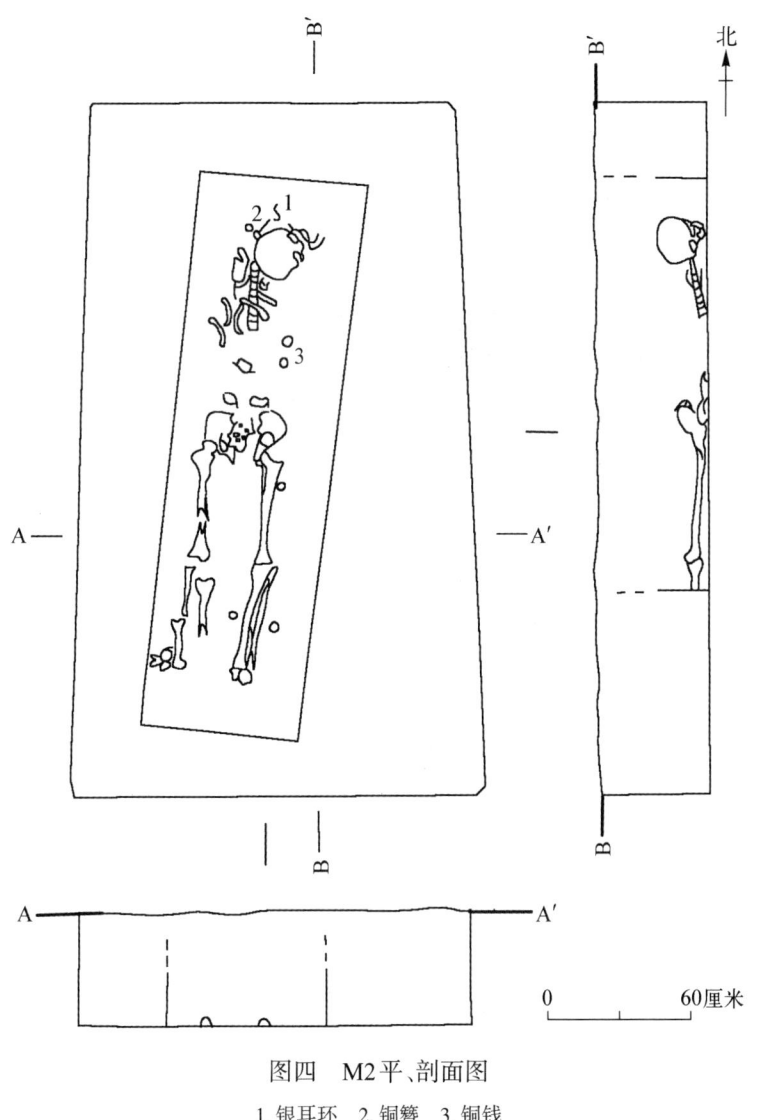

图四　M2平、剖面图
1. 银耳环　2. 铜簪　3. 铜钱

（图五；彩版二，2）。

棺木已朽，仅残剩棺痕。长1.69米、宽0.42~0.57米、残高0.18米。内葬一人，骨架保存较差。残长1.64米。墓主人为女性，头向北，面向东，仰身直肢葬。随葬品有铜钱。

同治重宝，2枚。均模制、完整、圆形、方穿。正面有郭，铸"同治重宝"，楷书对读。背面有郭，穿左右为满文"宝泉"，纪局名。穿上下为楷书"当十"。M5：1-1，钱径2.4厘米、穿径0.7厘米、郭厚0.25厘米（图五二，5）。M5：1-2，钱径2.4厘米、穿径0.7厘米、郭厚0.3厘米（图五二，6）。

光绪重宝，1枚。M5：1-3，模制、完整、圆形、方穿。正面有郭，铸"光绪重宝"，楷书对读。背面有郭，穿左右为满文"宝泉"，纪局名。穿上下为楷书"当拾"。钱径2.5厘米、穿径0.8厘米、郭厚0.3厘米（图五二，7）。

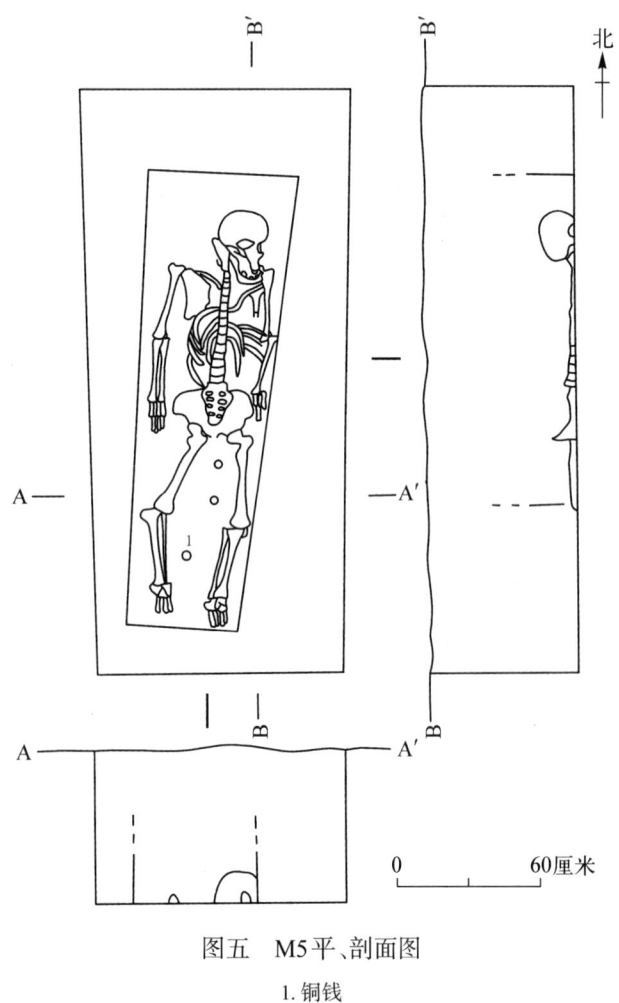

图五　M5平、剖面图
1. 铜钱

M6　位于发掘区西部，墓室的东南角被近现代渣土坑破坏，西邻M2。南北向，方向为340°。墓口距地表0.5米，墓底距地表深1.09米，内填黄褐色花土。墓圹长2.51-2.6米、宽1.35-2.14米、深0.59米（图六；彩版三，1）。

棺木已朽，仅残剩棺痕。残长1.78米、宽0.5-0.72米、残高0.14米。内葬一人，骨架保存较差。残长1.45米。墓主人为男性，头向北，足向南，面向东，仰身直肢葬。随葬品有铜钱。

光绪通宝，1枚。M6：1-1，模制、完整，圆形、方穿。正面有郭，铸"光绪通宝"，楷书对读。背面有郭，穿左右为满文"宝泉"，纪局名。钱径2厘米、穿径0.6厘米、郭厚0.2厘米（图五二，8）。

道光通宝，1枚。M6：1-2，模制、完整，圆形、方穿。正面有郭，铸"道光通宝"，楷书对读。背面有郭，穿左右为满文"宝泉"，纪局名。钱径2.1厘米、穿径0.6厘米、郭厚0.3厘米（图五二，9）。

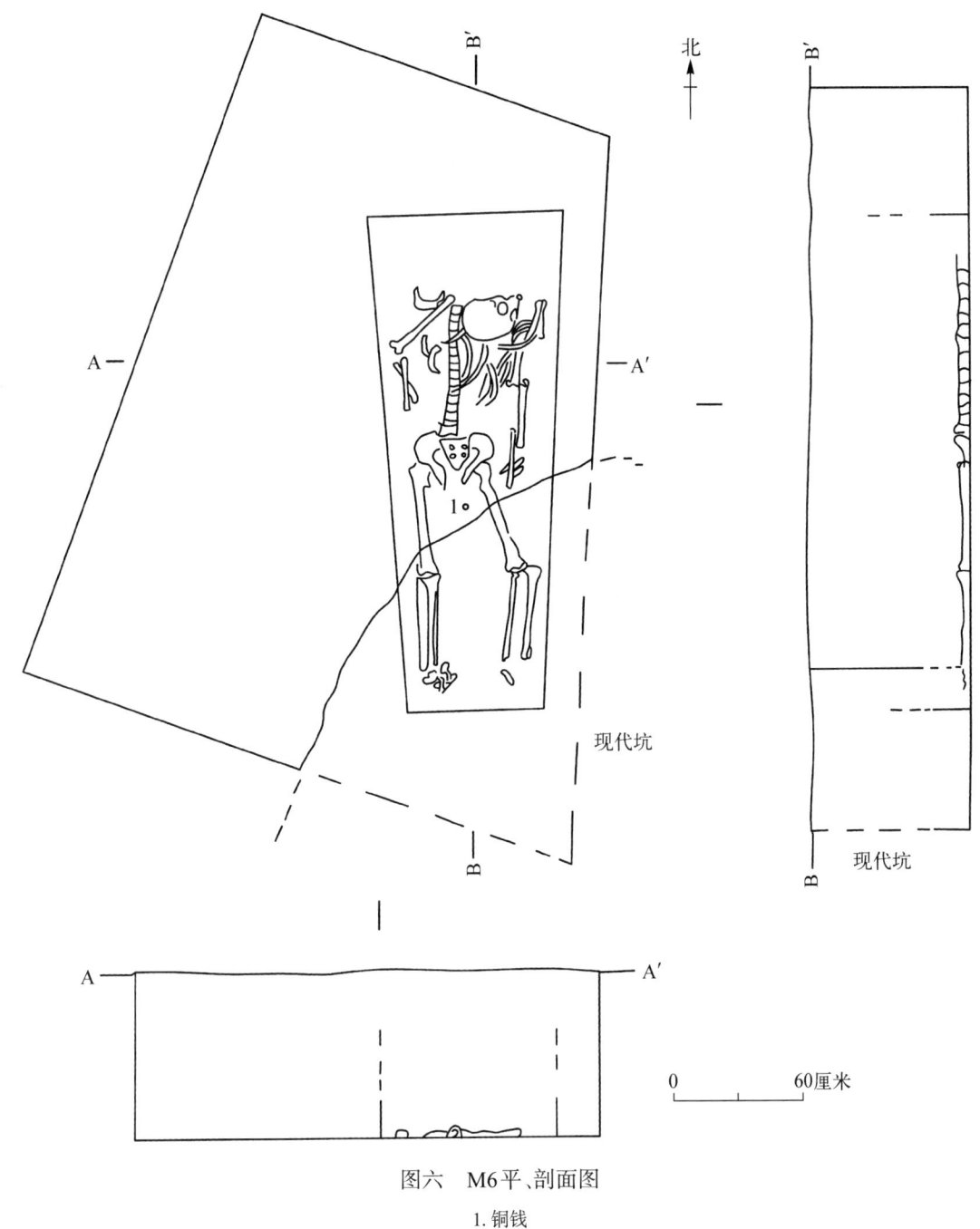

图六　M6平、剖面图
1. 铜钱

M7　位于发掘区西北部,北邻M8。东西向,方向为42°。墓口距地表深0.2米,墓底距地表深0.81米,内填黄褐色花土。墓圹长2.14-2.18米、宽1-1.17米、深0.61米(图七;彩版三,2)。

棺木已朽,仅残剩棺痕。残痕长1.6米、宽0.48-0.54米、残高0.26米,棺内骨架已迁出。无随葬品。

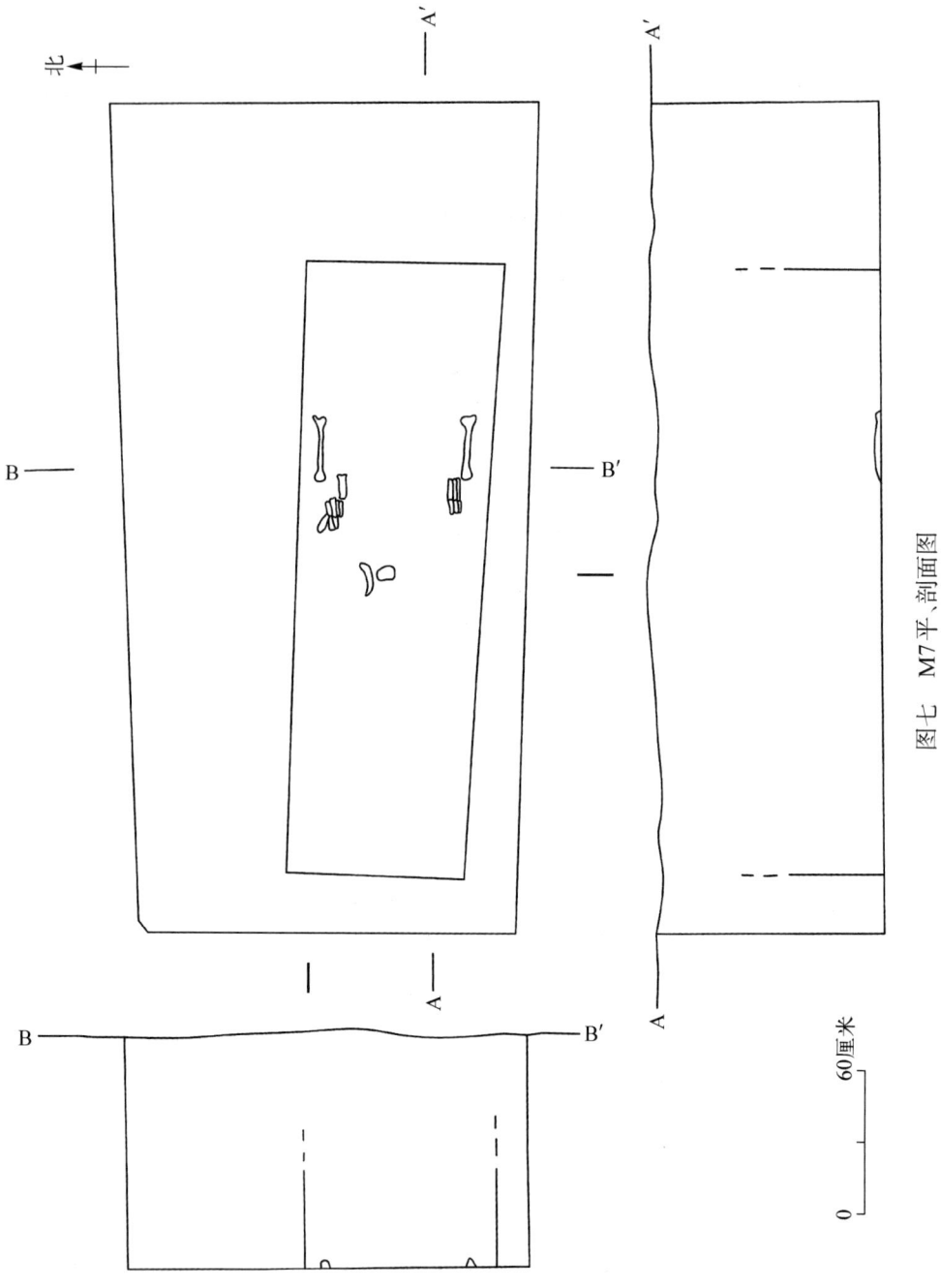

图七 M7 平、剖面图

M11 位于发掘区中西部,南邻M12。东西向,方向为260°。墓口距地表0.5米,墓底距地表深0.92米,内填黄褐色花土。墓圹长2.28米、宽0.88-0.94米、深0.42米。该墓室的东部被现代坑破坏(图八;彩版四,1)。

棺木已朽,仅残剩棺痕。长1.76米、宽0.67-0.68米、残高0.21米。内葬一人,骨架保存较差,部分骨架缺失移位,头骨已移位至棺的中部偏北处。人骨残长1.5米。墓主人性别不明,足向西,仰身直肢葬。随葬品有铜钱。

嘉庆通宝,1枚。M11:1-1,模制、完整、圆形、方穿。正面有郭,铸"嘉庆通宝",楷书对读。背面有郭,穿左右为满文"宝泉",纪局名。钱径2.25厘米、穿径0.6厘米、郭厚0.2厘米(图五二,10)。

道光通宝,1枚。M11:1-2,模制、完整、圆形、方穿。正面有郭,铸"道光通宝",楷书对读。背面有郭,穿左右为满文"宝源",纪局名。钱径2.3厘米、穿径0.6厘米、郭厚0.2厘米(图五二,11)。

M12 位于发掘区中西部,北邻M11,南邻M13。东西向,方向为275°。墓口距地表0.5米,墓底距地表深1.27米,内填黄褐色花土。墓圹长2.28米、宽0.92米、深0.77米。该墓室的东部

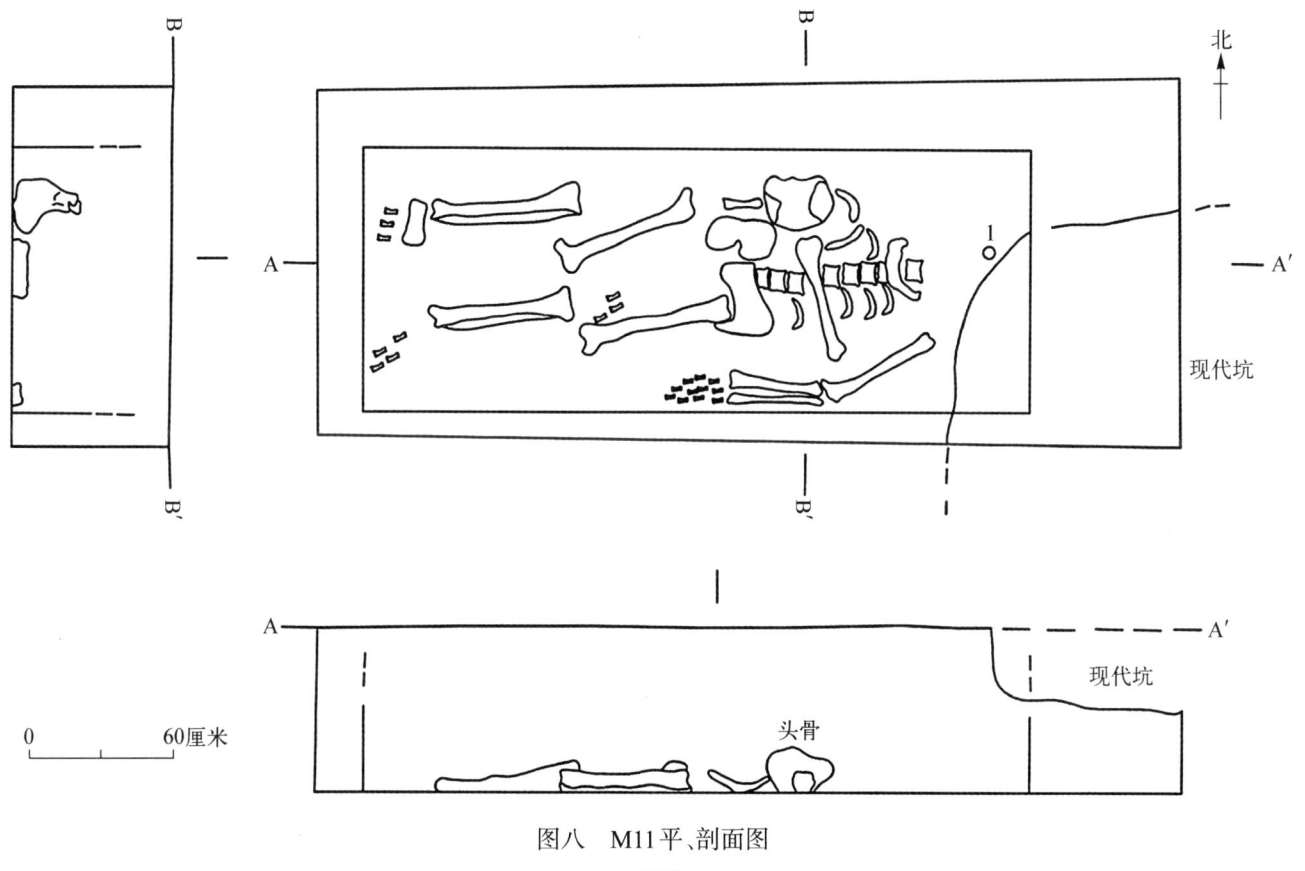

图八 M11平、剖面图
1.铜钱

被现代坑破坏（图九；彩版四，2）。

棺木已朽，仅残剩棺痕。长1.82米、宽0.49-0.69米、残高0.24米。内葬一人，部分骨架缺失移位。人骨残长1.72米。墓主人为男性，头向东，足向西，面向北，仰身直肢葬。随葬品有铜钱。

同治重宝，1枚。M12：1，模制、完整、圆形、方穿。正面有郭，铸"同治重宝"，楷书对读。背面有郭，穿左右为满文"宝泉"，纪局名。背穿上下为楷书"当十"。钱径2.4厘米、穿径0.7厘米、郭厚0.3厘米（图五二，12）。

M13 位于发掘区中西部，北邻M12。东西向，方向为273°。墓口距地表0.5米，墓底距地表深1.2米，内填黄褐色花土。墓圹长2.39-2.4米、宽1.48米、深0.69米。该墓室的东部被现代坑破坏（图一〇；彩版五，1）。

棺木已朽，仅残剩棺痕。长1.84米、宽0.55-0.68米、残高0.30米。内葬一人，骨架保存较差，部分骨架缺失移位，头骨已无。人骨残长1.74米。墓主人为男性，足向西，面向不明。随葬品有铜钱。

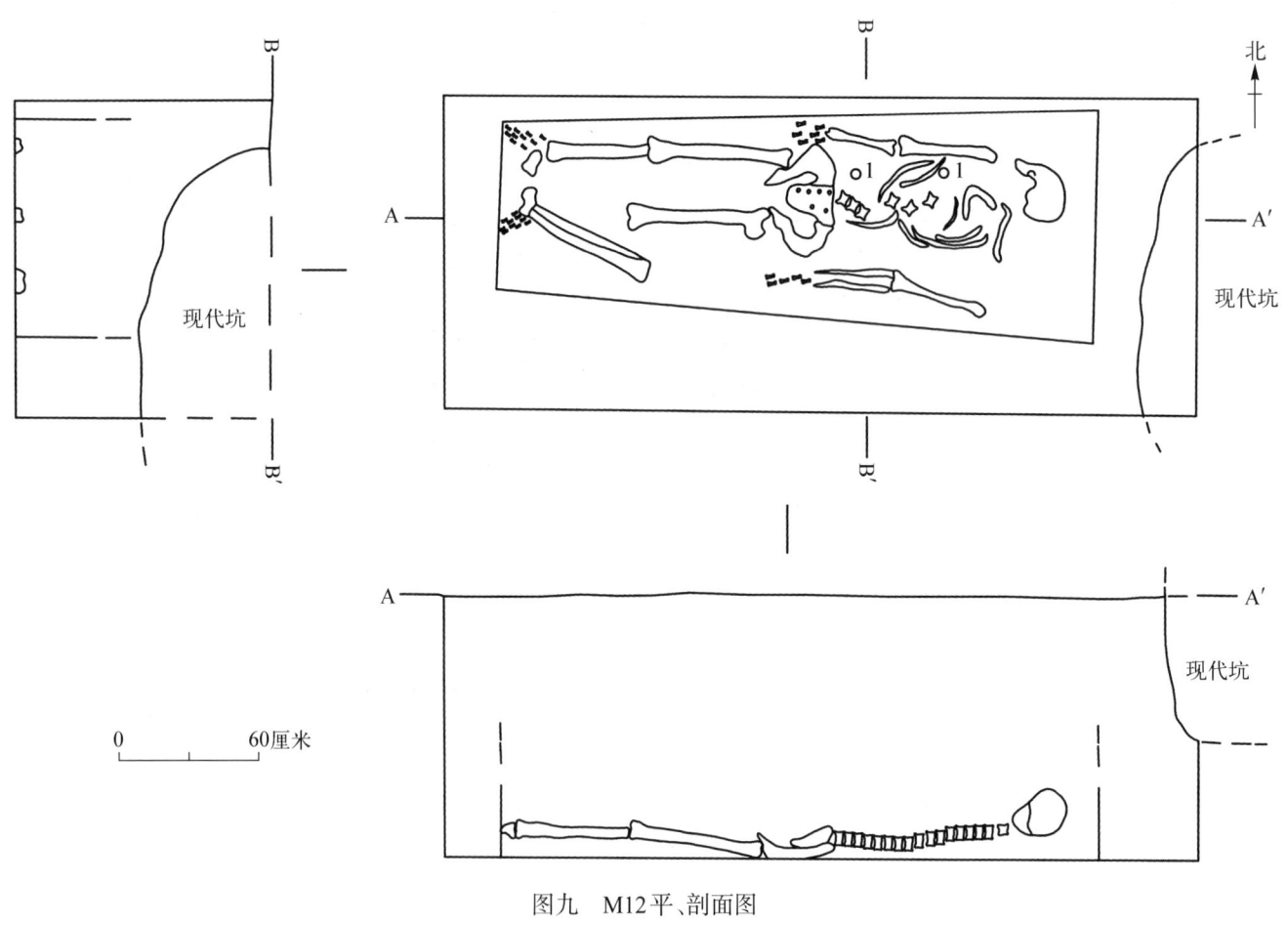

图九 M12平、剖面图
1.铜钱

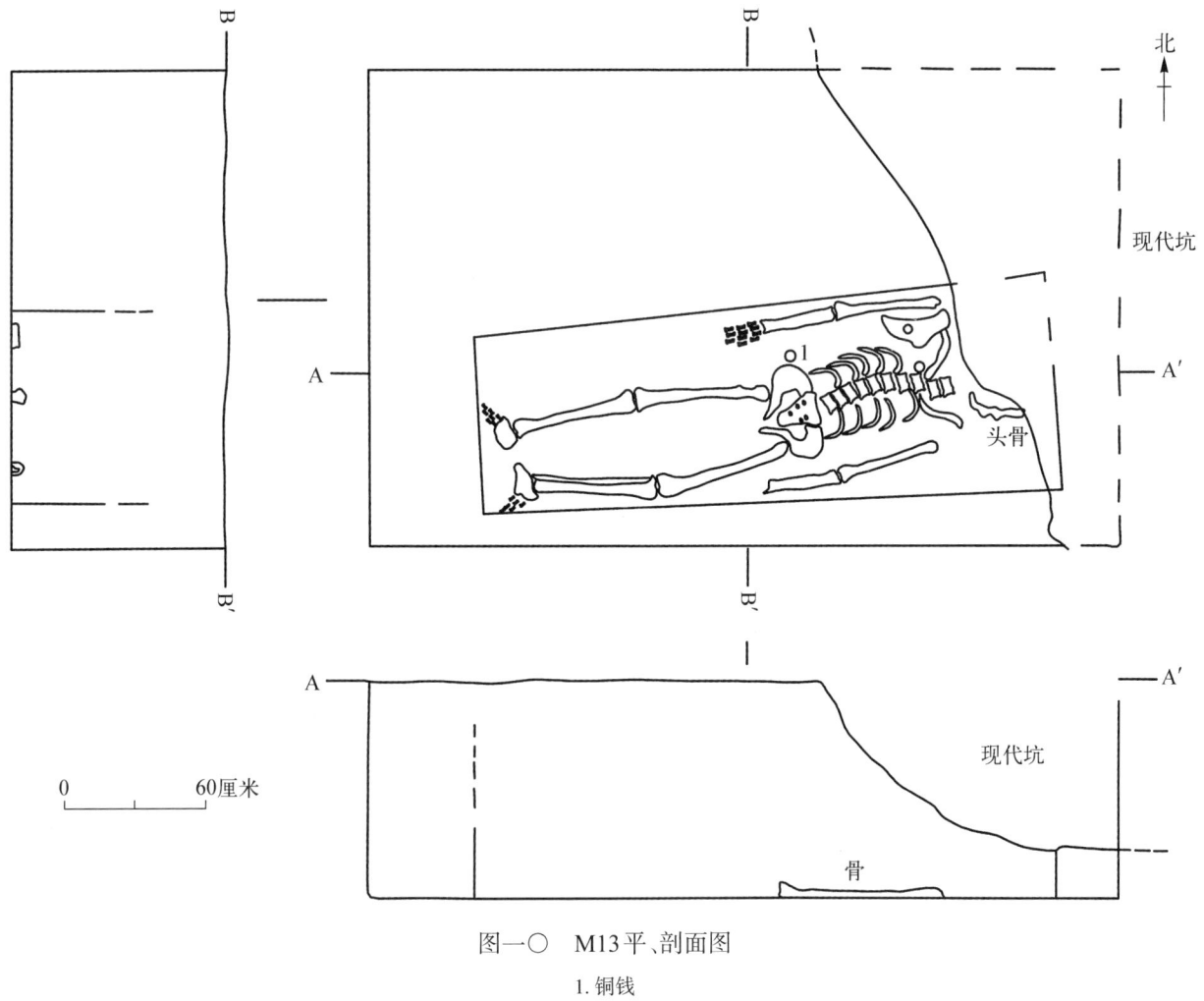

图一〇　M13平、剖面图
1. 铜钱

嘉庆通宝，1枚。M13∶1，模制、完整，圆形、方穿。正面有郭，铸"嘉庆通宝"，楷书对读。背面有郭，穿左右为满文"宝源"，纪局名。钱径2.1厘米、穿径0.6厘米、郭厚0.2厘米（图五二，13）。

M24　位于发掘区北部，北邻M25。东西向，方向为70°。墓口距地表0.5米，墓底距地表深1.62米，内填黄褐色花土。墓圹长2.11米、宽1.44-1.62米、深1.12米（图一一；彩版五，2）。

棺木已朽，仅残剩棺痕。长1.83米、宽0.46-0.58米、残高0.4米。内有一人，骨架保存较差，部分骨架缺失移位。人骨残长1.42米。墓主人性别不明，头向西，足向东，面向下。葬式不明。随葬品有铜钱。

崇祯通宝，1枚。M24∶1，模制、完整，圆形、方穿。正面有郭，铸"崇祯通宝"，楷书对读。背面有郭，无字。钱径2.4厘米、穿径0.65厘米、郭厚0.2厘米（图五二，14）。

M30　位于发掘区北部，北邻M31、南邻M29、东邻M33。东西向，方向为85°。墓口距地表0.5米，墓底距地表深1.74米，内填黄褐色花土。墓圹长2.53米、宽0.95-1.06米、深1.24米（图一二；彩版六，1）。

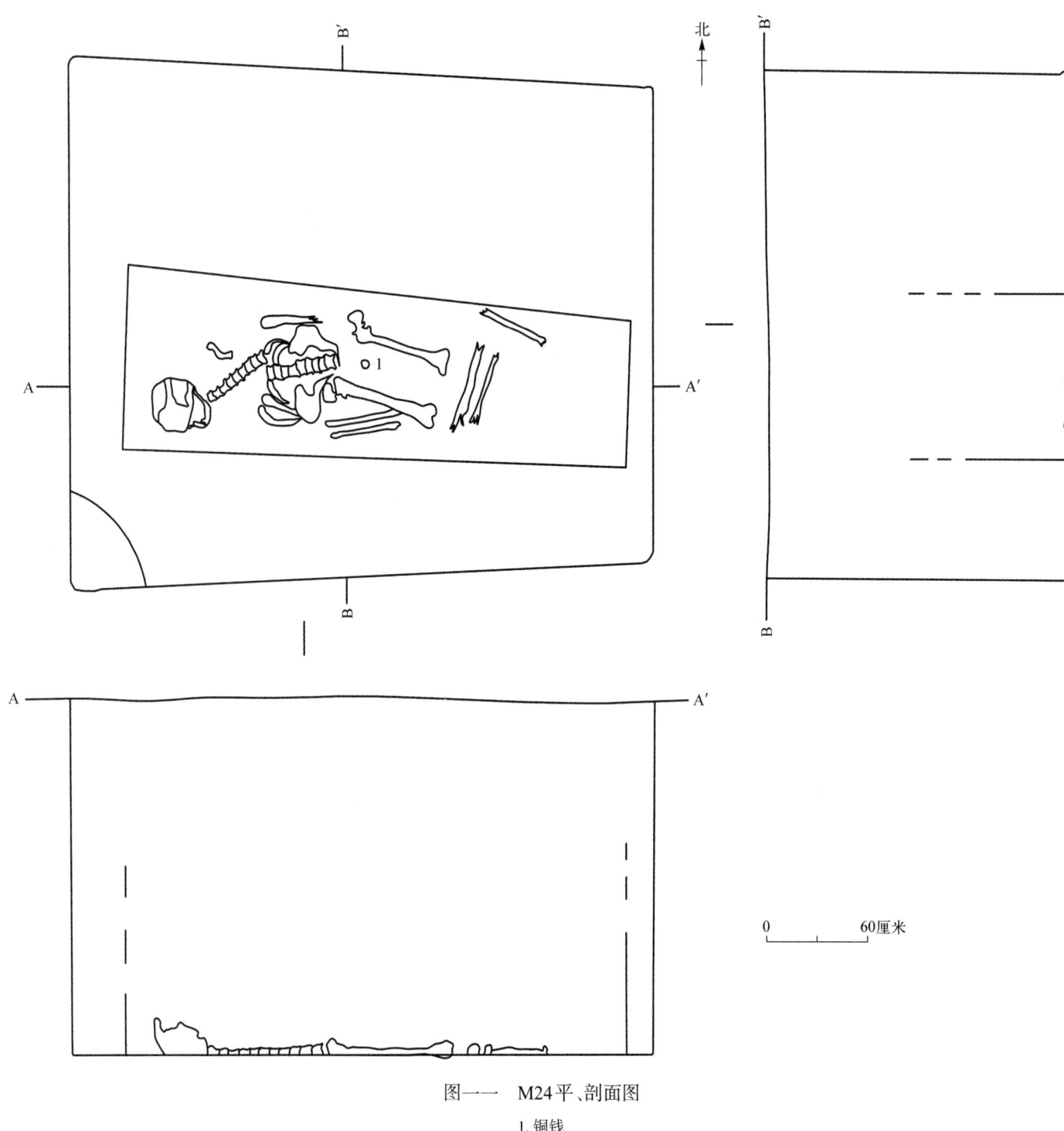

图一一　M24平、剖面图
1. 铜钱

第三章 墓葬及遗物

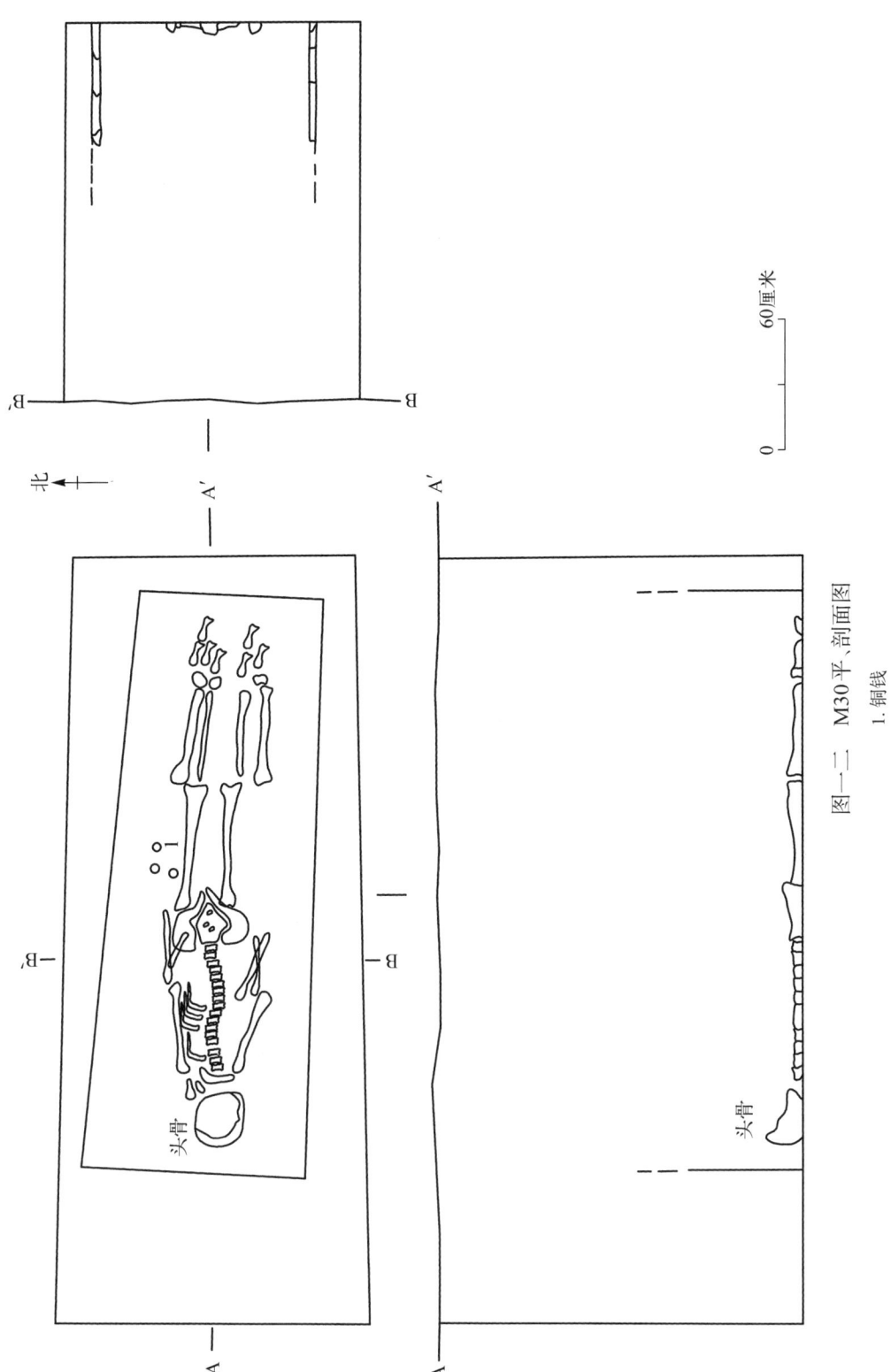

图一二 M30 平、剖面图
1. 铜钱

棺木已朽，仅残剩棺痕。长1.91米、宽0.62-0.76米、残高0.4米。内葬一人，骨架保存较差，部分骨架缺失移位。人骨残长1.74米。墓主人为男性，头向西，足向东，面向不明，仰身直肢葬。随葬品有铜钱。

康熙通宝，1枚。M30：1-1，模制、完整、圆形、方穿。正面有郭，铸"康熙通宝"，楷书对读。背面有郭，穿左右为满文"宝泉"，纪局名。钱径2.55厘米、穿径0.6厘米、郭厚0.25厘米（图五二，15）。

其余2枚锈蚀严重无法辨认。

M32　位于发掘区北部，北邻M33、西邻M29。东西向，方向为90°。墓口距地表0.5米，墓底距地表1.68米，内填黄褐色花土。墓圹长2.95-3.02米、宽1.12-1.25米、深1.18米（图一三；彩版六，2）。

棺木已朽，仅残剩棺痕。长2.38米、宽0.63-0.78米、残高0.27米。棺内已无肢骨，已迁出。无随葬品。

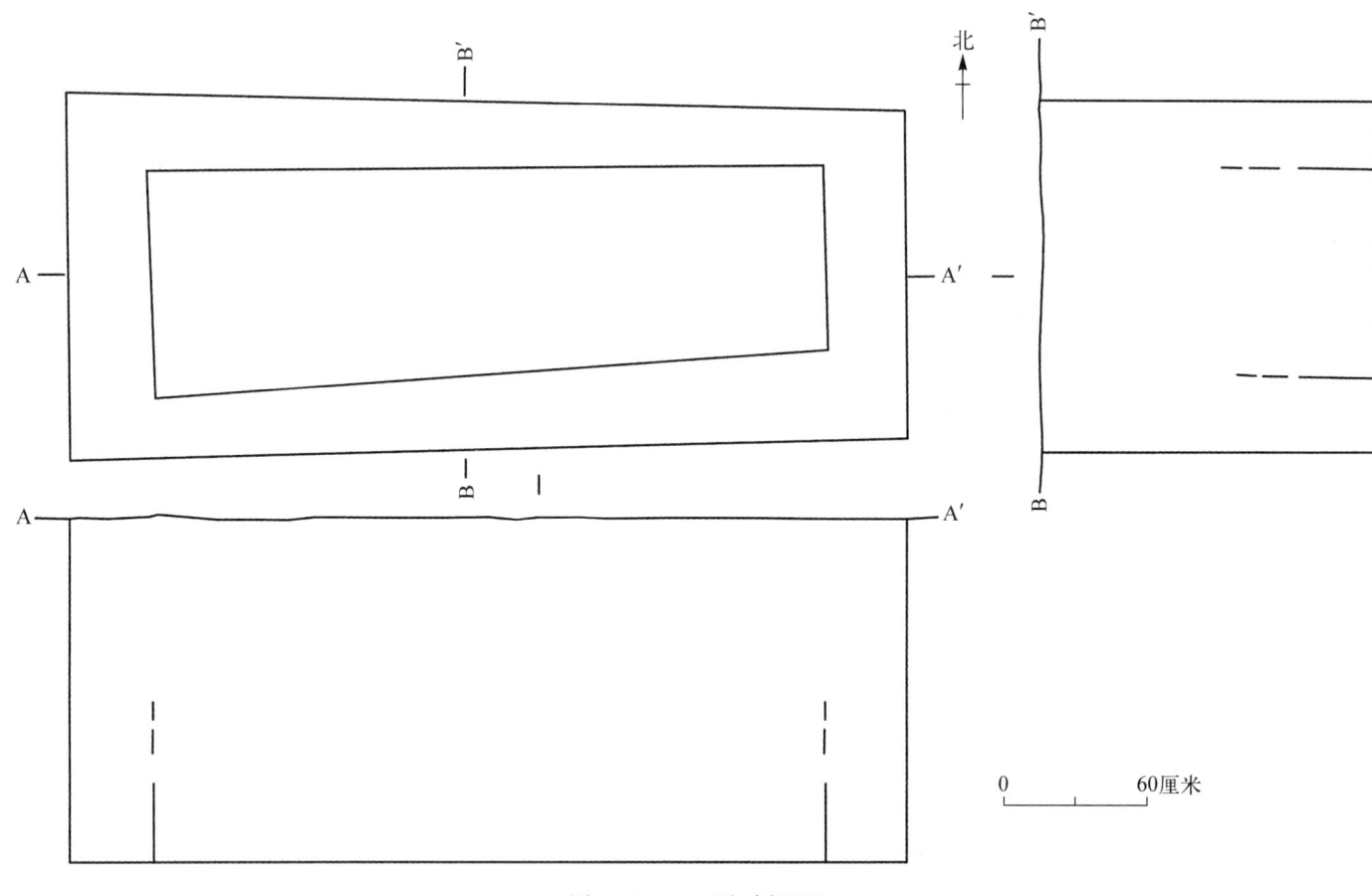

图一三　M32平、剖面图

M34 位于发掘区北部,南邻M41。东西向,方向为100°。墓口距地表0.4米,墓底距地表1.27米,内填黄褐色花土。墓圹长2.37~2.41米、宽1.3~1.31米、深0.87米。墓室南部被现代坑打破(图一四;彩版七,1)。

棺木已朽,仅残剩棺痕。长1.93米、宽0.48~0.67米、残高0.29米。内葬一人,骨架保存较差,部分肢骨已缺失移位。人骨残长1.76米。墓主人为男性,头向西,足向东,面向上,仰身直肢葬。无随葬品。

M36 位于发掘区北部,南邻M37。东西向,方向为288°。墓口距地表0.5米,墓底距地表1.15米,内填黄褐色花土。墓圹长2.64米、宽1.07~1.41米、深0.65米(图一五;彩版七,2)。

棺木已朽,仅残剩棺痕。长1.73米、宽0.45~0.61米、残高0.17米。棺内已无肢骨,仅有头骨位于棺内东部。面向下。无随葬品。

M37 位于发掘区西北部,北邻M36、南邻M38,墓室内部已严重扰乱。东西向,方向为100°。墓口距地表0.5米,墓底距地表深1.21米,内填黄褐色花土。墓圹残长2.65米、残宽1.1~1.4米、深0.71米(图一六;彩版八,1)。

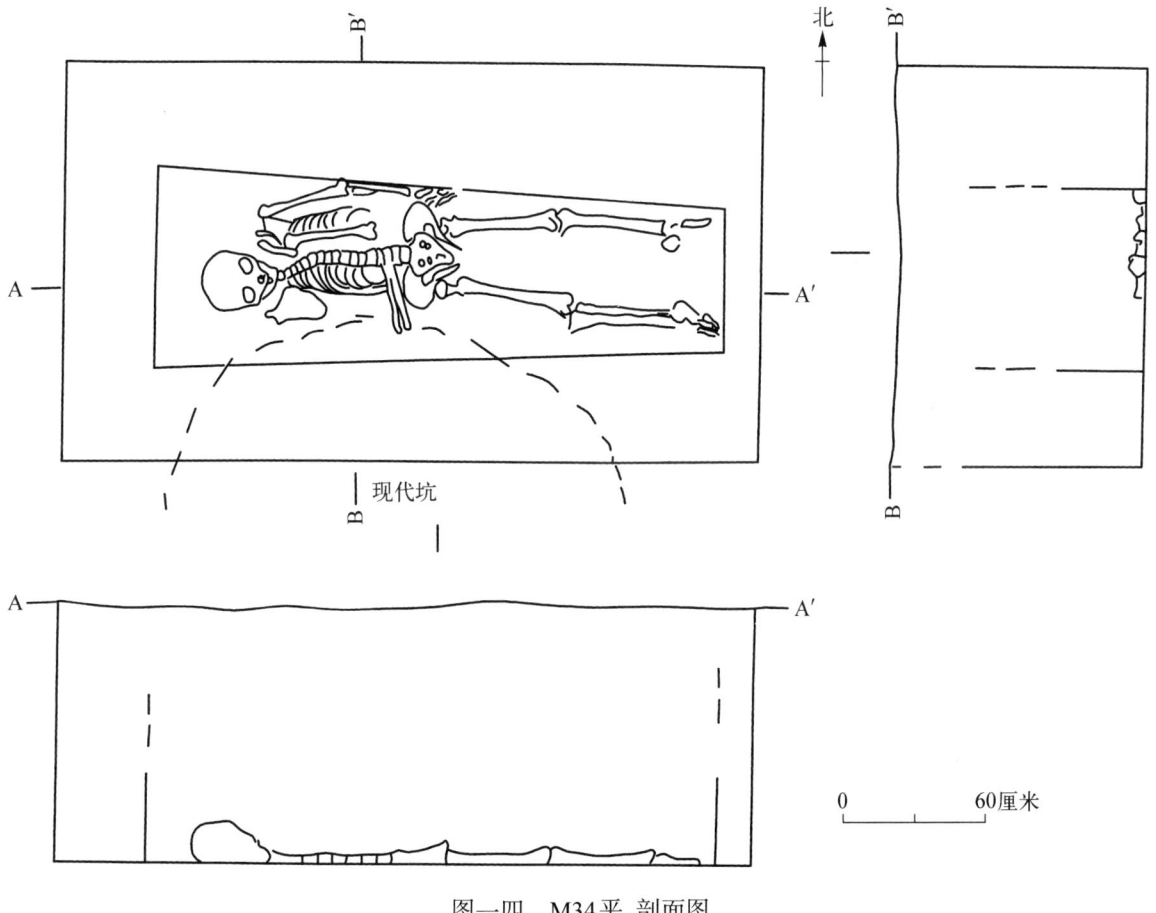

图一四 M34平、剖面图

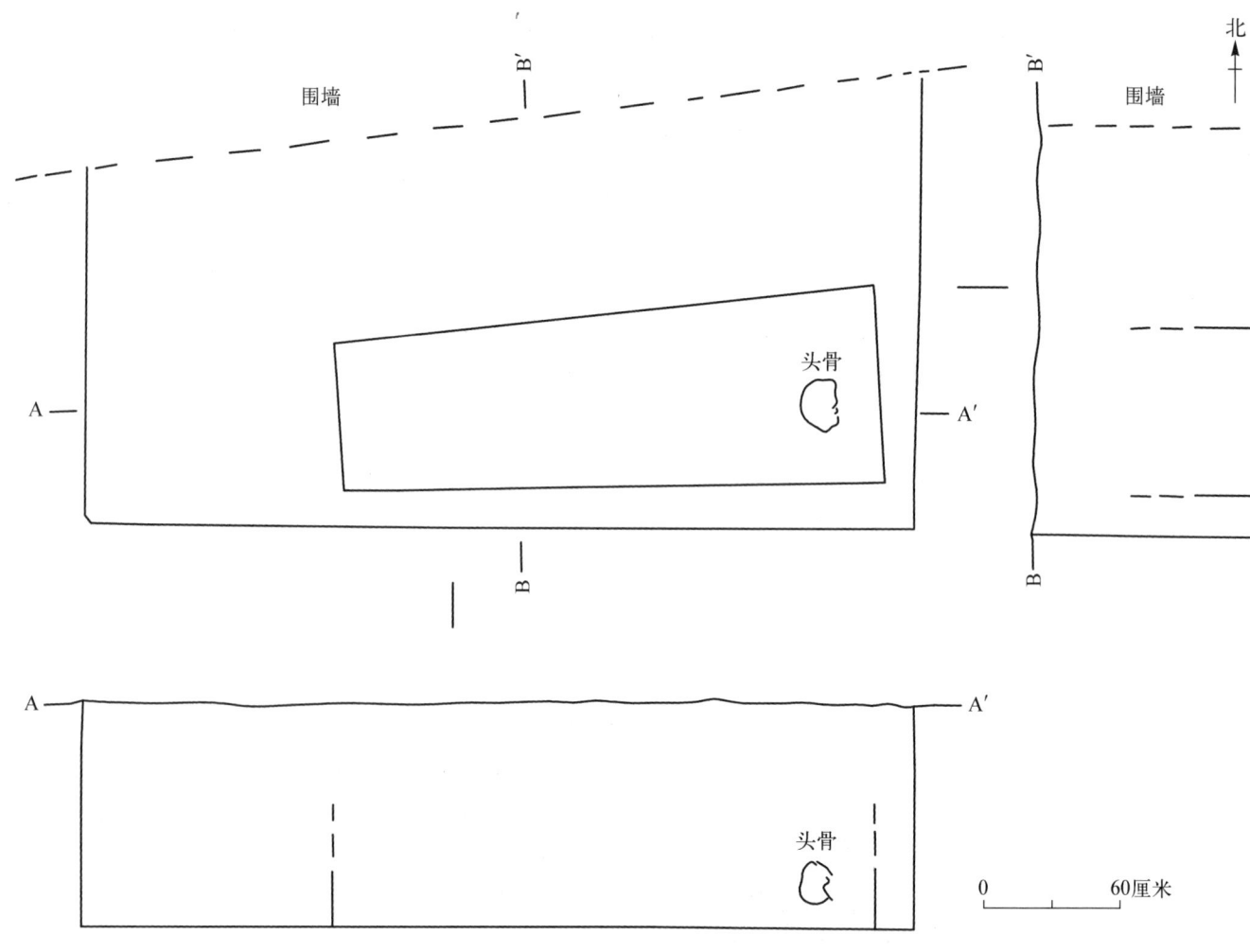

图一五 M36平、剖面图

棺木已朽，仅残剩棺痕。长1.68-1.73米、宽0.46-0.62米、残高0.2米。棺内骨架保存较差，大部分肢骨已缺失，仅余头骨。墓主人性别不明，葬式不明。随葬品有铜钱。

乾隆通宝，1枚。M37:1，模制、完整、圆形、方穿。正面有郭，铸"乾隆通宝"，楷书对读。背面有郭，穿左右为满文"宝泉"，纪局名。钱径2.2厘米、穿径0.55厘米、郭厚0.3厘米（图五二，16）。

M38 位于发掘区北部，北邻M37、南邻M39。东西向，方向为78°。墓口距地表0.5米，墓底距地表深1.58米，内填黄褐色花土。墓圹长2.42米、宽0.71-0.94米、深1.08米（图一七；彩版八，2）。

棺木已朽，仅残剩棺痕。长1.91米、宽0.49-0.67米、残高0.37米。内葬一人，骨架保存一般，部分肢骨已缺失移位。人骨残长1.55米。墓主人为男性，头向西，足向东，面向北，仰身直肢葬。无随葬品。

图一六 M37平、剖面图
1. 铜钱

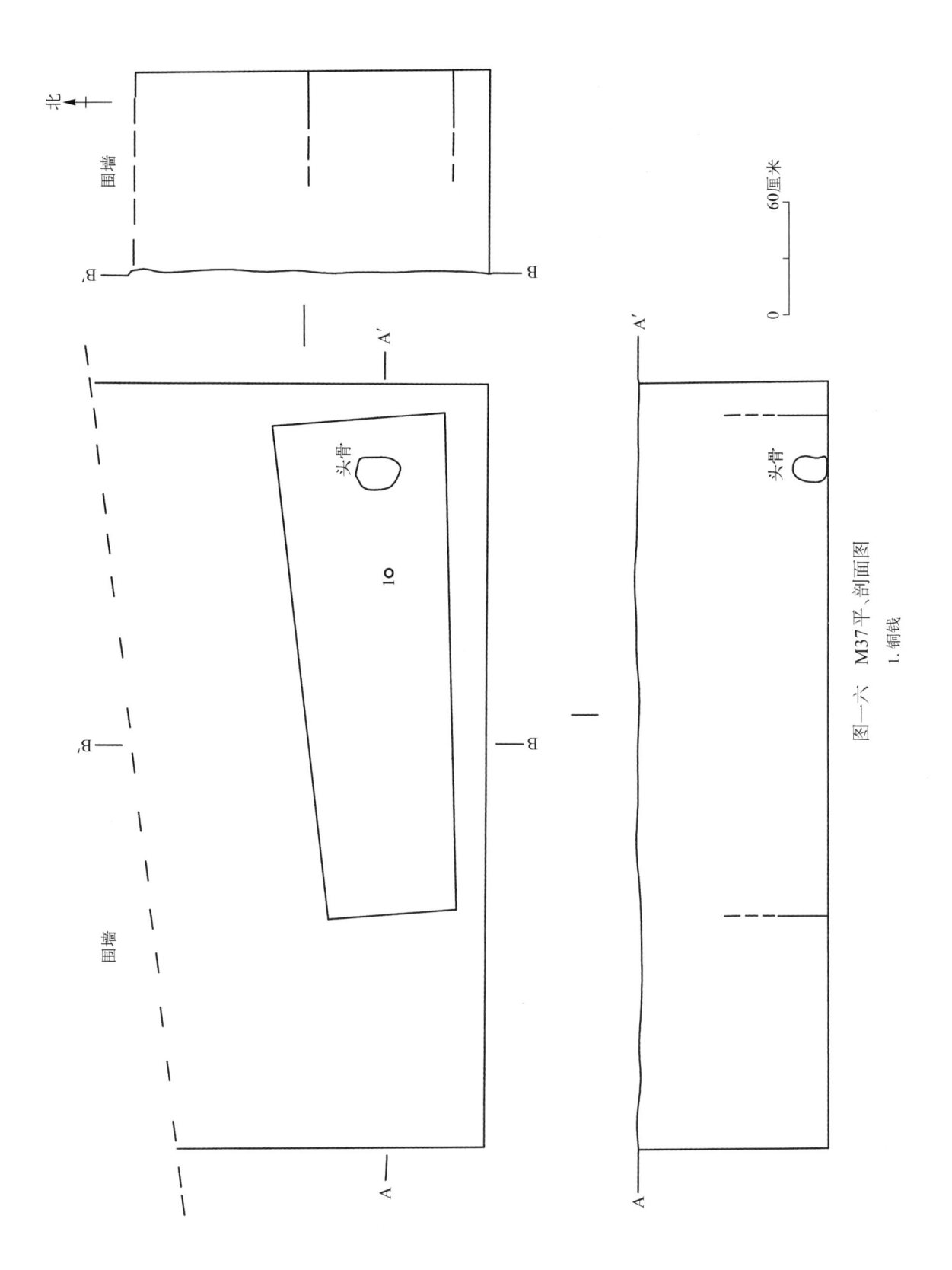

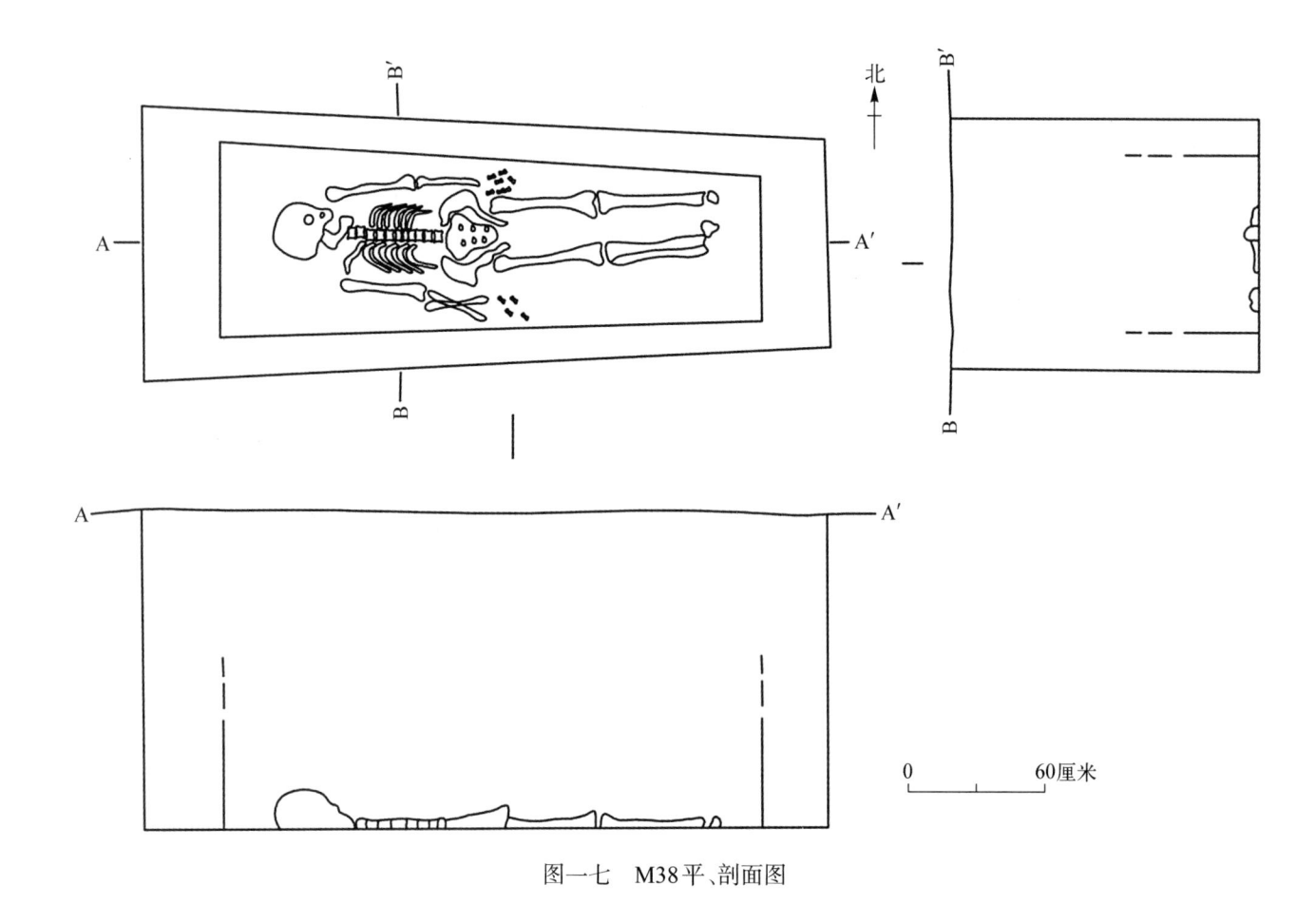

图一七　M38平、剖面图

M39　位于发掘区西北部,北邻M38、南邻M40。东西向,方向为90°。墓口距地表0.4米,墓底距地表深1.4米,内填黄褐色花土。墓圹长2.61米、宽1.09-1.2米、深1米(图一八;彩版九,1)。

棺木已朽,仅残剩棺痕。长1.8米、宽0.54-0.71米、残高0.26米。内葬一人,骨架保存较差,部分肢骨已缺失移位。人骨残长1.6米。墓主人性别不明,头向西,足向东,面向不明,仰身直肢葬。无随葬品。

M44　位于发掘区东北部,南邻M45。东西向,方向为100°。墓口距地表0.4米,墓底距地表深1.11米,内填黄褐色花土。墓圹长2.18-2.51米、宽1.48-1.56米、深0.71米(图一九;彩版九,2)。

棺木已朽,仅残剩棺痕。长2.02-2.03米、宽0.51-0.7米、残高0.36米。内葬一人,骨架保存一般,部分肢骨已缺失移位。人骨残长1.72米。墓主人为男性,头向西,足向东,面向东,仰身直肢葬。随葬品有半釉罐、铜钱。

半釉罐,1件。M44:1,圆唇,直口,短颈,鼓腹,圈足略内凹,肩部有对称双系。轮制,胎质粗糙。外壁肩部施酱褐色釉,口沿下腹部及圈足无釉,露灰胎。素面。口径8.4厘米、腹径11.1厘米、底径6.8厘米、高10.4厘米(图五一,5;彩版五二,1)。

第三章 墓葬及遗物　　23

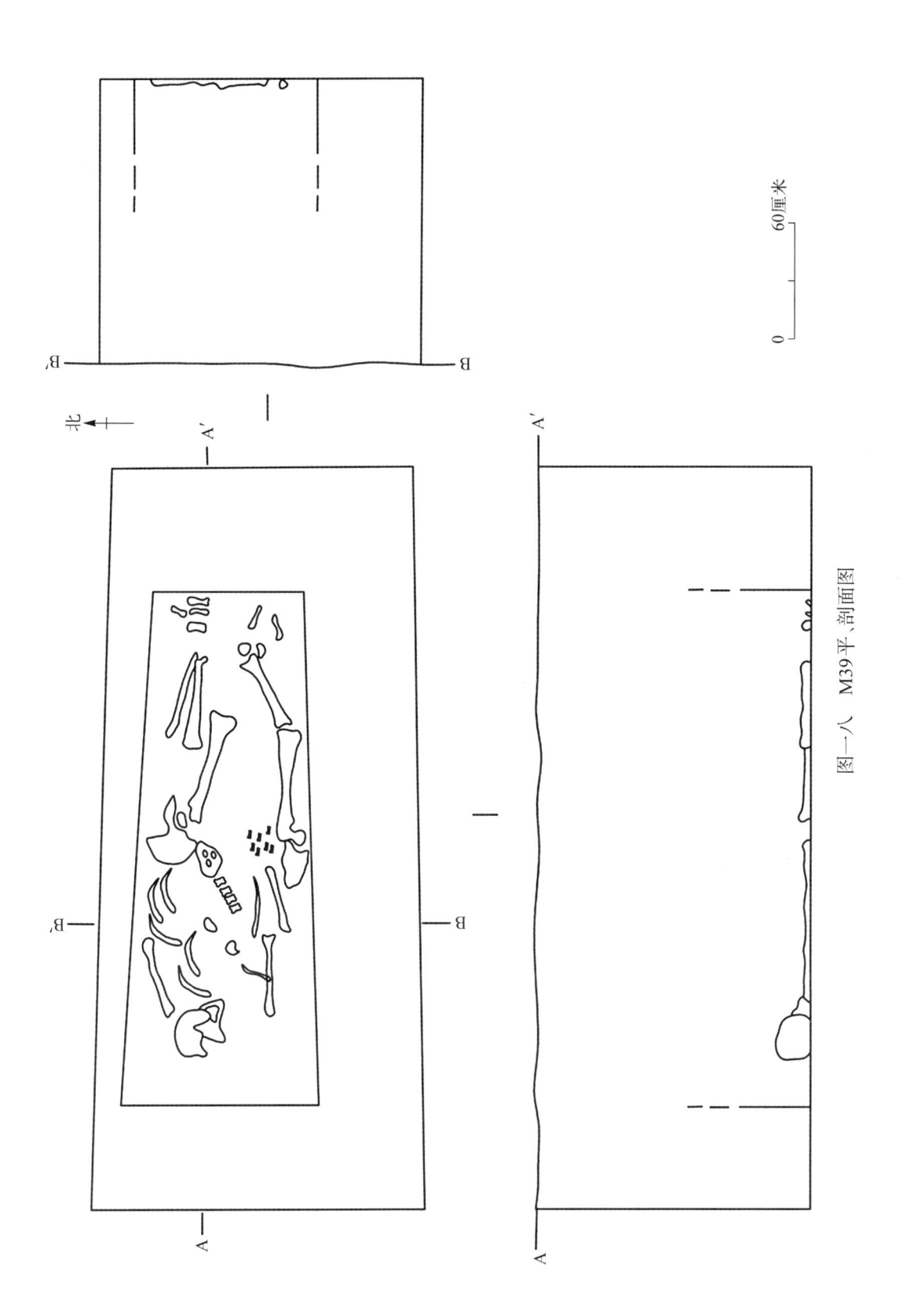

图一八　M39平、剖面图

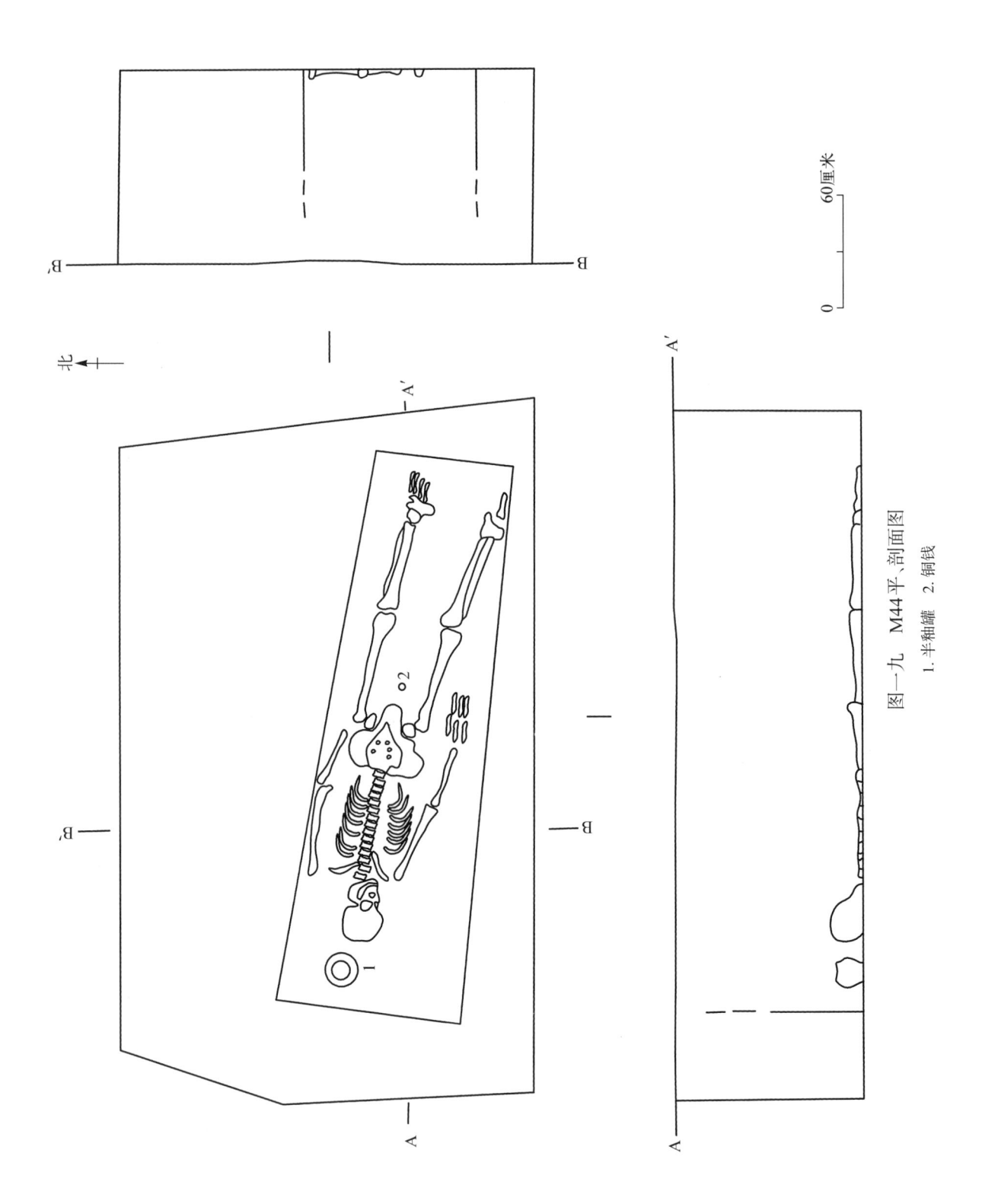

图一九 M44平、剖面图
1. 半釉罐 2. 铜钱

铜钱1枚，锈蚀严重无法辨认。

M45 位于发掘区东北部，南邻M46、北邻M44。东西向，方向为100°。墓口距地表0.4米，墓底距地表深1.18米，内填黄褐色花土。墓圹长3.84米、宽1.72-1.88米、深0.78米（图二〇；彩版一〇，1）。

棺木已朽，仅残剩棺痕。长3.88米、宽0.76-0.96米、残深0.33米。内葬一人，骨架保存一般，部分肢骨已缺失。人骨残长1.7米。墓主人为男性，头向西，足向东，面向南，仰身直肢葬。无随葬品。

M58 位于发掘区中东部，南邻M59。东西向，方向为110°。墓口距地表深0.4米，墓底距地表深1.24米，内填黄褐色花土。墓圹2.57米、宽1.35-1.42米、深0.84米（图二一；彩版一〇，2）。

棺木已朽，仅残剩棺痕。长1.76米、宽0.51-0.65米、残高0.33米。内葬一人，骨架保存较差，部分肢骨已缺失移位。骨架残长1.66米。墓主人为女性，头向西，面向北，仰身直肢葬。随葬品有铜簪、银饰件。

铜簪，1件。M58：1，首为半圆形，内弯。体扁平，上部略宽，末端为圆弧状。通体素面。通长14.6厘米、宽0.6-1厘米、厚0.1-0.4厘米（图五〇，2；彩版四七，3）。

银饰件，1件。M58：2，锈蚀严重，首呈蝴蝶形。直径1.5厘米、高1.9厘米（图五一，4）。

M59 位于发掘区中东部，南邻M60、北邻M58。东西向，方向为105°。墓口距地表深0.4米，墓底距地表深1.02米，内填黄褐色花土。墓圹长2.27米、宽0.84-1.31米、深0.62米（图二二；彩版一一，1）。

棺木已朽，仅残剩棺痕。长1.79米、宽0.5-0.7米、残高0.23米。棺内骨架保存较差，部分肢骨已缺失移位。骨架残长1.76米。墓主人性别不明，头向西，面向北，仰身直肢葬。无随葬品。

M60 位于发掘区中东部，南邻M63。东西向，方向为83°。墓口距地表深0.4米，墓底距地表深1.13米，内填黄褐色花土。墓圹长2.36-2.39米、宽1.05米、深0.73米（图二三；彩版一一，2）。

棺木已朽，仅残剩棺痕。长1.58米、宽0.44-0.52米、残高0.22米，棺内肢骨已迁出。无随葬品。

M61 位于发掘区中东部，南邻M64。东西向，方向为120°。墓口距地表深0.4米，墓底距地表深1.2米，内填黄褐色花土。墓圹长2.45-2.49米、宽1.05-1.07米、深0.8米（图二四；彩版一二，1）。

棺木已朽，仅残剩棺痕。长1.82米、宽0.54-0.64米、残高0.15米，棺内肢骨已迁出。无随葬品。

图二〇 M45 平、剖面图

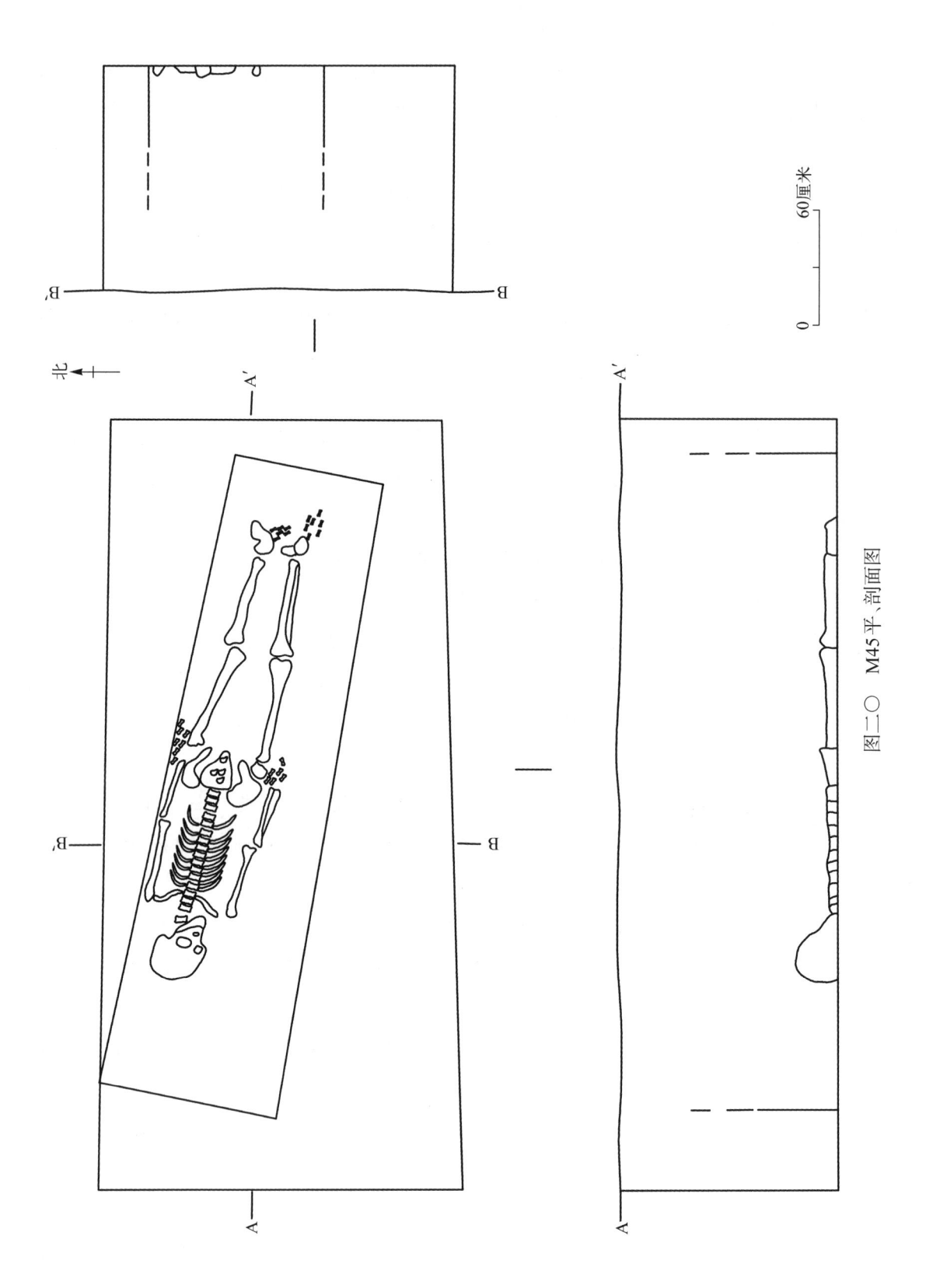

第三章 墓葬及遗物

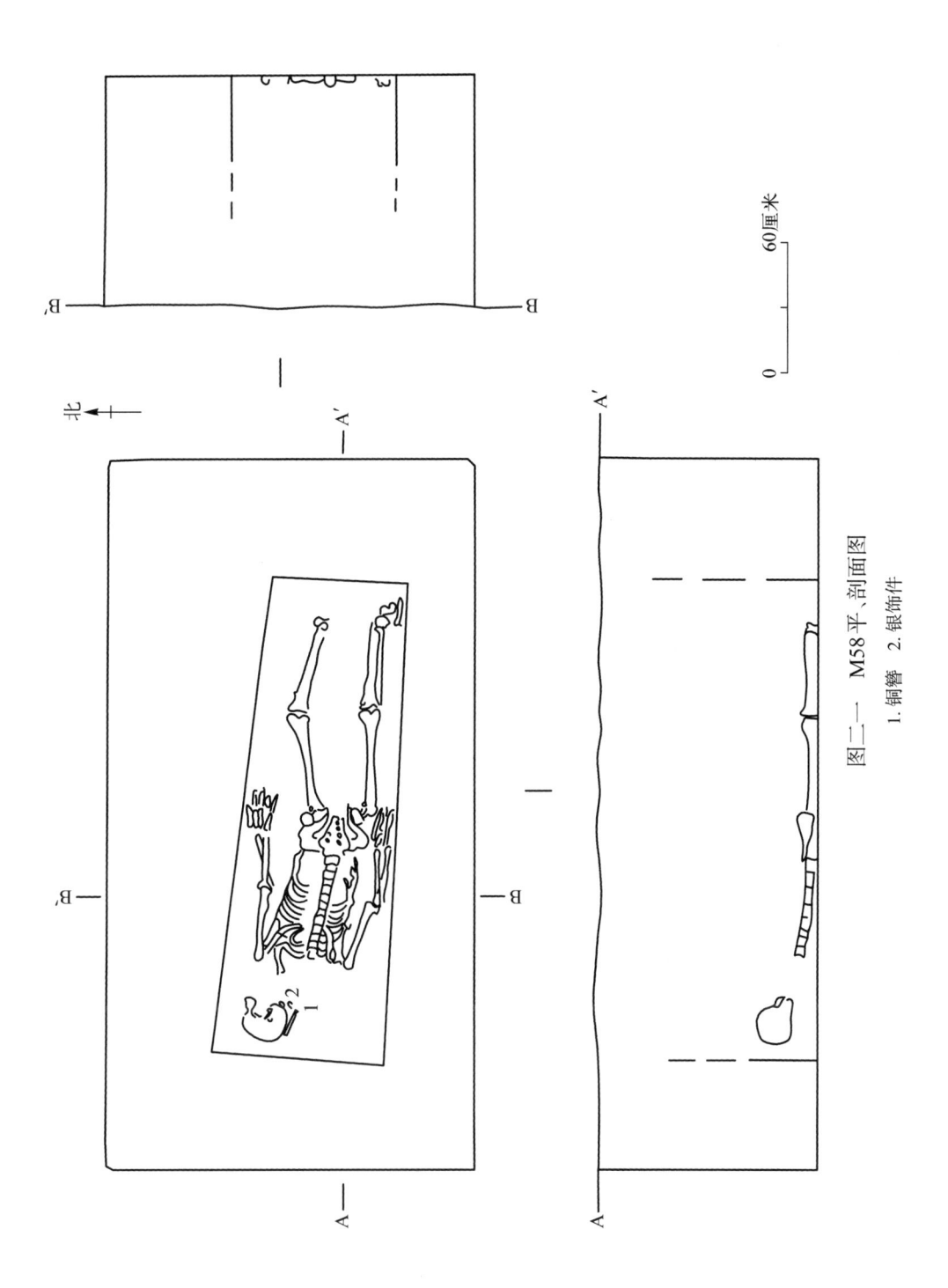

图二一 M58 平、剖面图
1. 铜簪 2. 银饰件

图二二 M59 平、剖面图

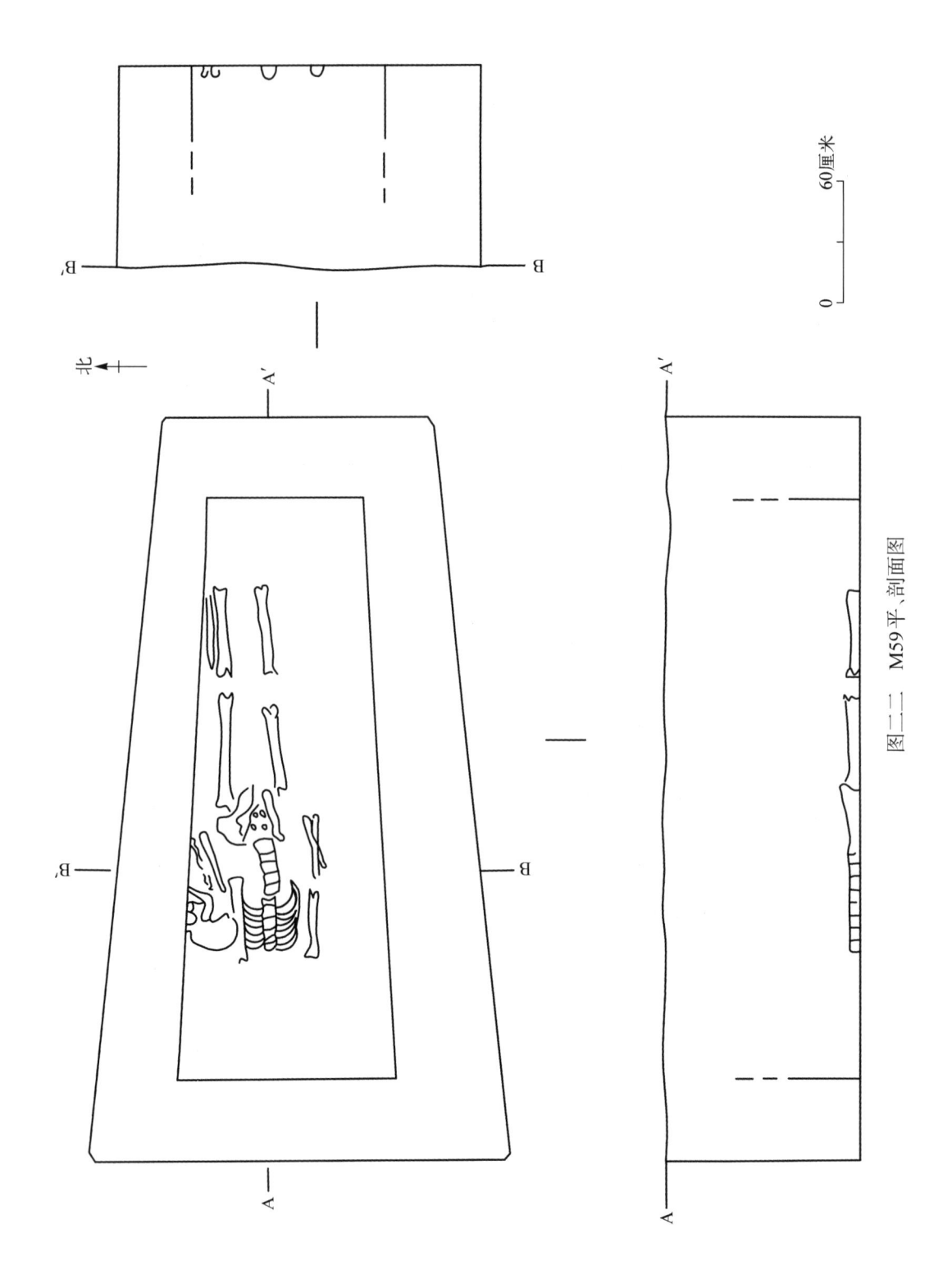

图二三　M60平、剖面图

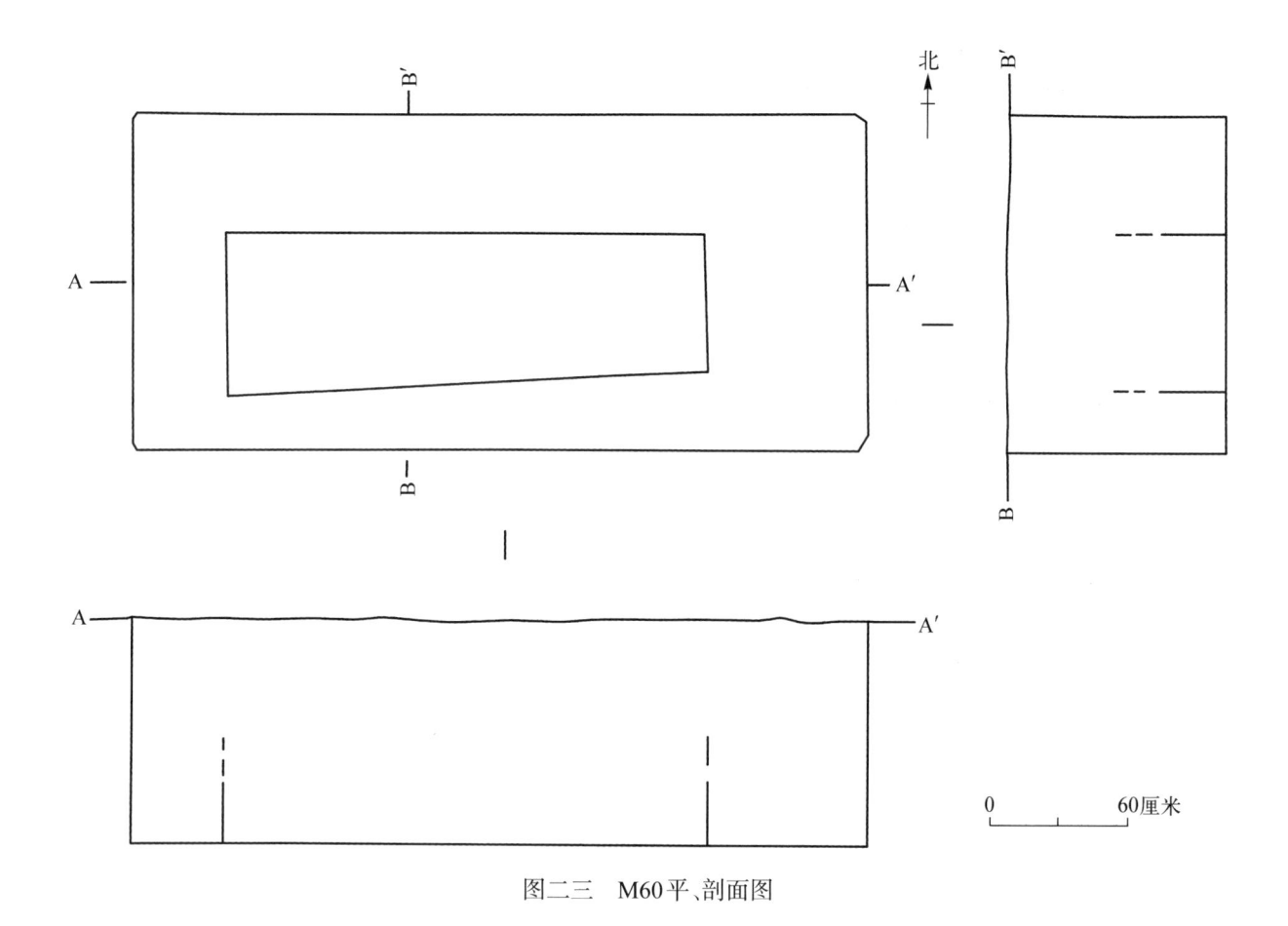

M64　位于发掘区中东部。东西向,方向为110°。墓口距地表深0.4米,墓底距地表深0.86米,内填黄褐色花土。墓圹长2.21~2.31米、宽1.09~1.37米、深0.46米（图二五；彩版一二,2）。

棺木已朽,仅残剩棺痕。长1.88米、宽0.45~0.65米、残高0.11米。内葬一人,保存一般。人骨残长1.74米。墓主人为男性,头向西,面向上,仰身直肢葬。随葬品有铜钱。

嘉庆通宝,1枚。M64:1,模制、完整、圆形、方穿。正面有郭,铸"嘉庆通宝",楷书对读。背面有郭,穿左右为满文"宝源",纪局名。钱径2.3厘米、穿径0.6厘米、郭厚0.2厘米（图五二,17）。

M65　位于发掘区中东部。东西向,方向为110°。墓口距地表深0.4米,墓底距地表深1.26米,内填黄褐色花土。墓圹长2.51米、宽1.88~1.9米、深0.86米（图二六；彩版一三,1）。

棺木已朽,仅残剩棺痕。长1.78~1.81米、宽0.6~0.79米、残高0.29米。内葬一人,骨架保存较差,部分肢骨缺失移位。人骨残长1.42米。墓主人为女性,头向西,足向东,面向东,仰身直肢葬。随葬品有银扁方、银耳环、铜钱。

银扁方,1件。M65:1,首卷曲,体扁平,末端为圆弧状。正面上方錾刻一圆形"寿"字,尾部有线刻纹饰。通长14.3厘米、宽1.1厘米、厚0.1厘米（图五〇,3；彩版四七,5、6）。

图二四　M61 平、剖面图

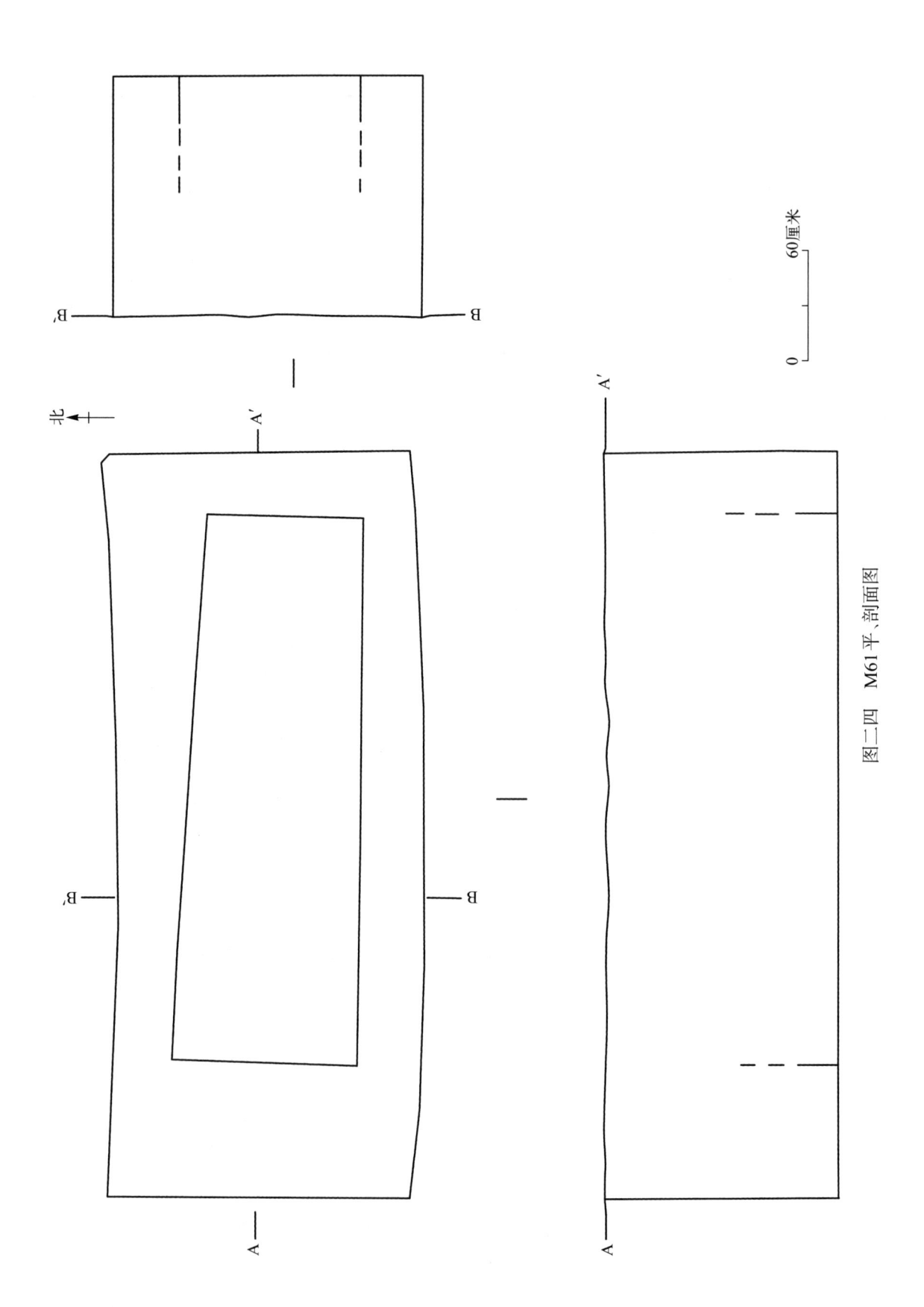

图二五　M64平、剖面图
1. 铜钱

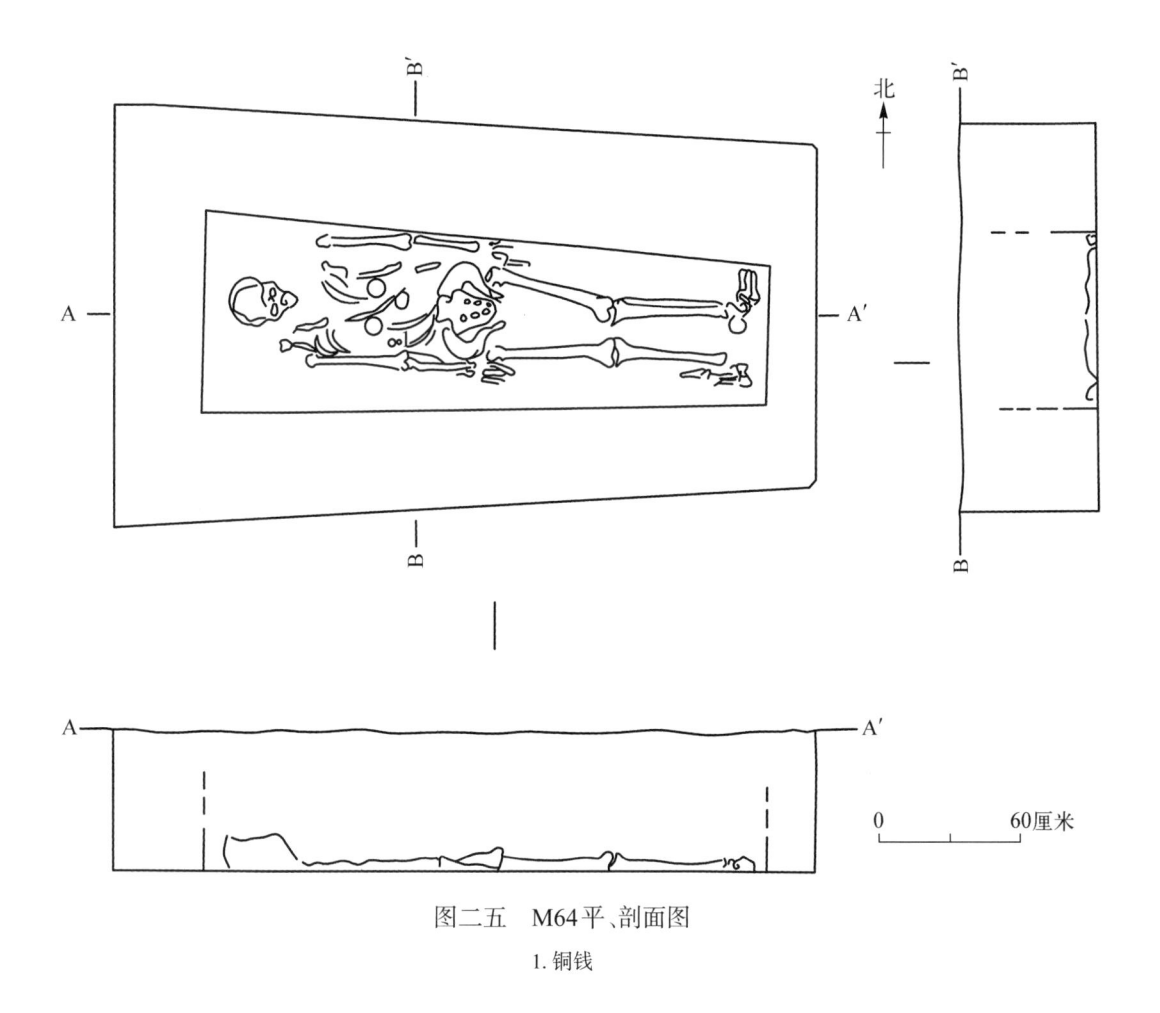

银耳环，1件。M65:2，通体造型呈"C"形，上为一花朵形，花朵一端呈尖状，一端呈扁平状。通长7.4厘米、直径1.3厘米（图五一，6；彩版四七，4）。

道光通宝，1枚。M65:3，模制、完整、圆形、方穿。正面有郭，铸"道光通宝"，楷书，上下左右对读。背面有郭，穿左右为满文"宝源"，纪局名。钱径2厘米、穿径0.65厘米、郭厚0.2厘米（图五二，18）。

其余1枚锈蚀严重，无法辨认。

M68　位于发掘区中东部，东邻M69。东西向，方向为90°。墓口距地表深0.4米，墓底距地表深1.28米，内填黄褐色花土。墓圹长2.36-2.46米、宽0.89-1.05米、深0.88米（图二七；彩版一三，2）。

棺木已朽，仅残剩棺痕。长1.88米、宽0.49-0.7米、残高0.29米。内葬一人，骨架保存较差，部分肢骨缺失移位。骨架残长1.5米。墓主人为女性，头向西，足向东，面向不详，葬式不明。随葬品有银簪、骨簪、铜钱。

银簪，1件。M68:1，体为圆锥形，首呈花瓣形，分两层，底层由花瓣形成圆托，中间有一圆

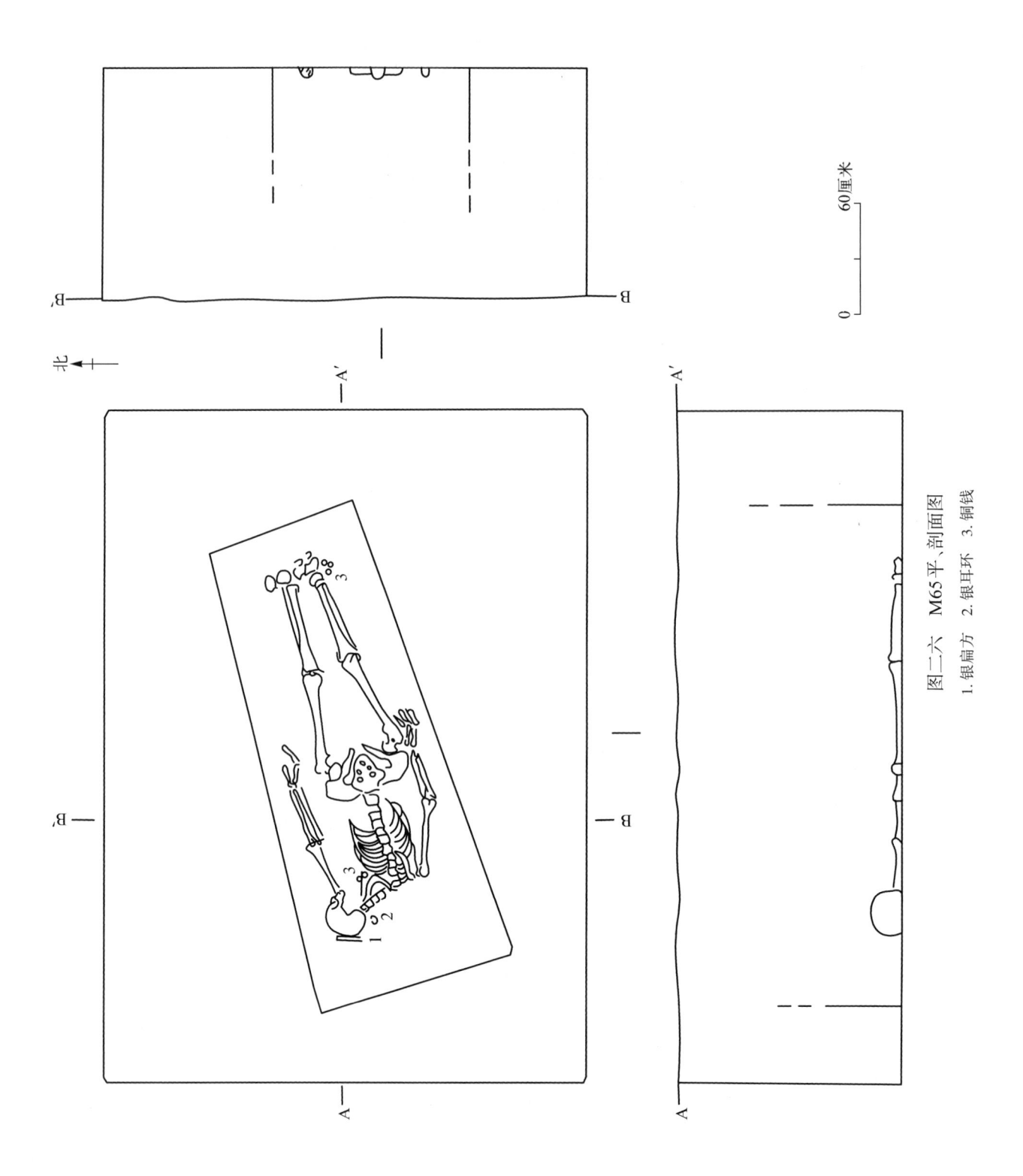

图二六 M65 平、剖面图
1. 银扁方 2. 银耳环 3. 铜钱

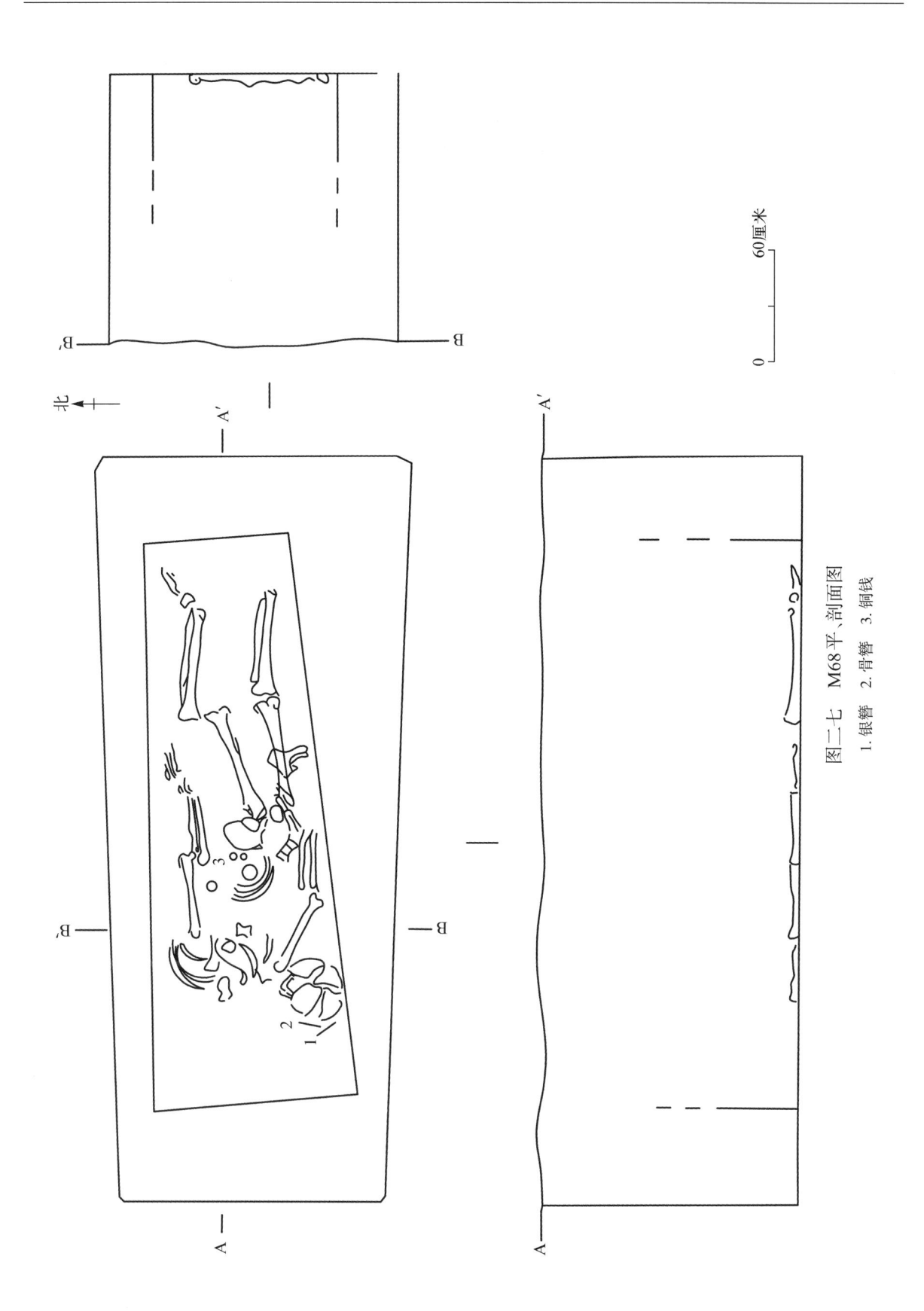

图二七 M68平、剖面图
1. 银簪 2. 骨簪 3. 铜钱

柱形凸起镶嵌物体，其镶嵌物已缺。残长12.6厘米、簪首宽4.1厘米、高2.4厘米（图五〇，4；彩版四八，1）。

骨簪，1件。M68：2，首残，体扁平，下端呈尖状。残长9.3厘米、宽0.5厘米、厚0.3厘米（图五〇，6；彩版四八，2）。

康熙通宝，1枚。M68：3，模制、完整，圆形、方穿，正面有郭，铸"康熙通宝"，楷书对读。背面有郭，穿左右为满文"宝源"，纪局名。钱径2.4厘米、穿径0.6厘米、郭厚0.4厘米（图五三，1）。

M69 位于发掘区中东部，东邻M70。东西向，方向为90°。墓口距地表深0.4米，墓底距地表深1.06米，内填黄褐色花土。墓圹长2.61-2.65米、宽1.15米、深0.66米（图二八；彩版一四，1）。

棺木已朽，仅残剩棺痕。长2.06米、宽0.58-0.7米、残高0.31米。内葬一人，骨架保存较差，部分肢骨缺失移位。骨架残长1.5米。墓主人为女性，头向西，足向东，面向不详，葬式不明。随葬品有银簪、铜簪、铜钱。

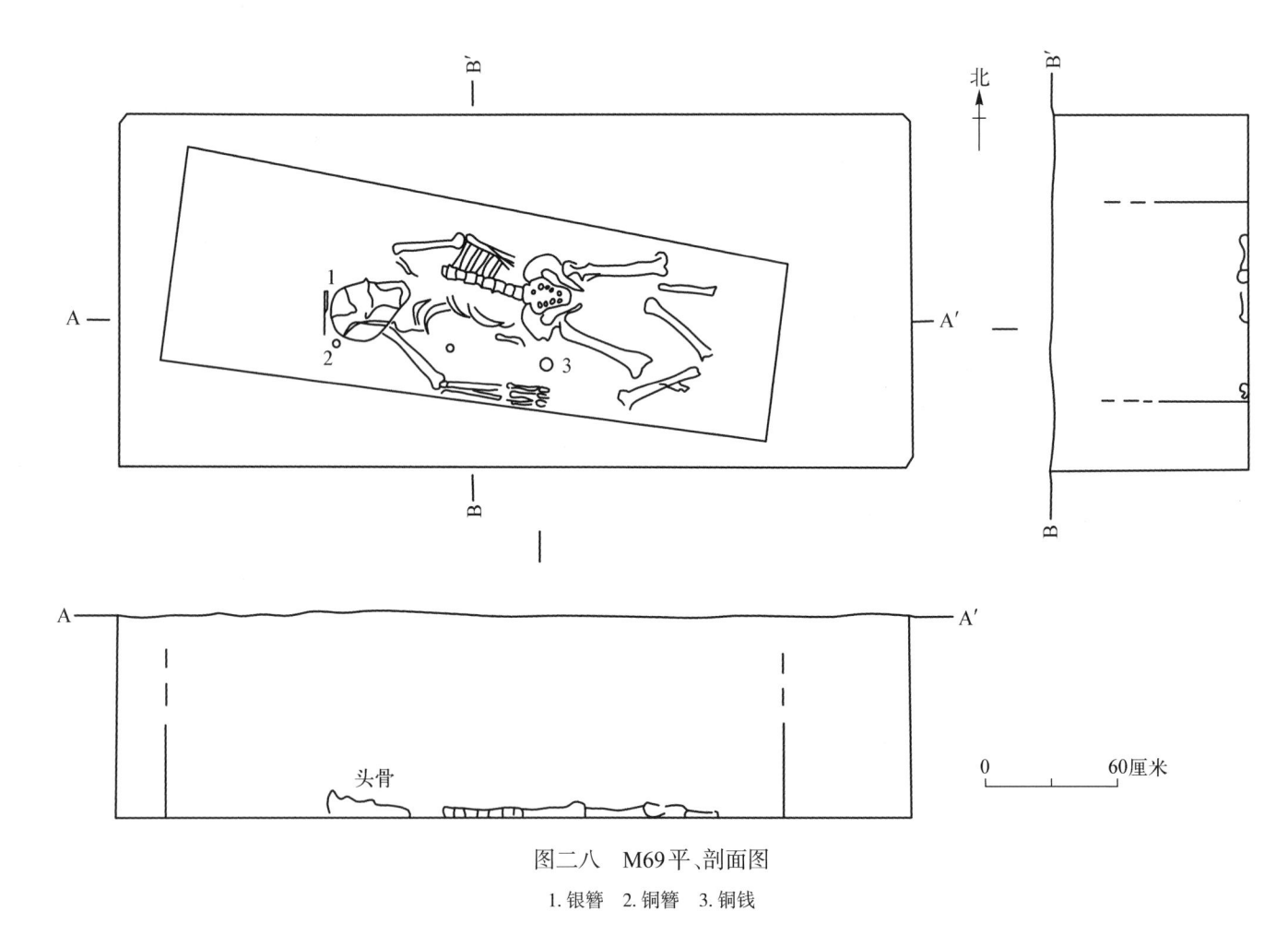

图二八 M69平、剖面图
1.银簪 2.铜簪 3.铜钱

银簪，1件。M69：1，首卷曲，短颈较宽，外折，簪首侧面作梅花状。体扁平，呈长方形，末端呈圆弧状。通体素面，背面戳印"天祥"。通长17.2厘米、宽1厘米、厚0.1-0.4厘米（图五〇，5；彩版四八，3、4）。

铜簪，1件。M69：2，残，只余簪首，锈蚀严重（彩版四八，5）。

乾隆通宝，1枚。M69：3，模制、完整、圆形、方穿。正面有郭，铸"乾隆通宝"，楷书对读。背面有郭，穿左右为满文"宝泉"，纪局名。钱径2.05厘米、穿径0.6厘米、郭厚0.2厘米（图五三，7）。

M70 位于发掘区中东部，东邻M71。东西向，方向为110°。墓口距地表深0.4米，墓底距地表深1.1米，内填黄褐色花土。墓圹长2.58米、宽1.41-1.48米、深0.7米（图二九；彩版一四，2）。

棺木已朽，仅残剩棺痕。长2.16米、宽0.58-0.75米、残高0.3米。棺内骨架保存较差，部分肢骨缺失移位。骨架残长1.5米。墓主人为女性，头向西，足向东，面向不详，仰身直肢葬。无随葬品。

M72 位于发掘区中东部，东邻M73，墓葬西部被现代坑打破。东西向，方向为100°。墓口距地表深0.4米，墓底距地表深1米，内填黄褐色花土。墓圹残长2.26-2.32米、残宽1.44-1.49米、深0.6米（图三〇；彩版一五，1）。

棺木已朽，仅残剩棺痕。长1.77米、宽0.48-0.79米、残高0.19米。内葬一人，骨架保存较差，已腐朽成粉末状，仅能辨认出腿骨范围。骨架残长1.4米。棺底西端置有一块青砖残块，头骨位于青砖残块的南部，头骨已破。墓主人为女性，头向西，面向不详，葬式不详。随葬品有银簪。

银簪，2件。M72：1，首为禅杖形，由铜丝缠绕而成，顶部为葫芦状，宝瓶形饰。分为四面，上套活环。颈部饰数道凸弦纹。体细直，为锥体。通长14.2厘米，簪首宽1.7厘米、高3.3厘米（图五〇，7；彩版四八，6）。M72：2，体缺，首为圆形，截面为凸字形。中间为圆形凸起，上面铸有"福"字，底托为花瓣形。簪首宽2.6厘米、厚0.7厘米（图五一，1；彩版四九，1）。

M74 位于发掘区中东部，南邻M73。东西向，方向为89°。墓口距地表深0.45米，墓底距地表深0.91米，内填黄褐色花土。墓圹长2.48-2.54米、宽1.41-1.52米、深0.46米（图三一；彩版一五，2）。

棺木已朽，仅残剩棺痕。长2.03米、宽0.55-0.68米、残高0.15米。内葬一人，骨架保存较差，头骨已破。骨架残长1.64米。墓主人为男性，头向西，面向下，仰身直肢葬。随葬品有铜钱。

乾隆通宝，1枚。M74：1，模制、完整、圆形、方穿。正面有圆郭，铸"乾隆通宝"，楷书对读。背面有郭，穿左右为满文"宝泉"，纪局名。钱径2.15厘米、穿径0.6厘米、郭厚0.2厘米（图五三，8）。

M75 位于发掘区中东部。东西向，方向为88°。墓口距地表深0.45米，墓底距地表深1.08米，内填黄褐色花土。墓圹长2.6米、宽1.09-1.11米、深0.63米（图三二；彩版一六，1）。

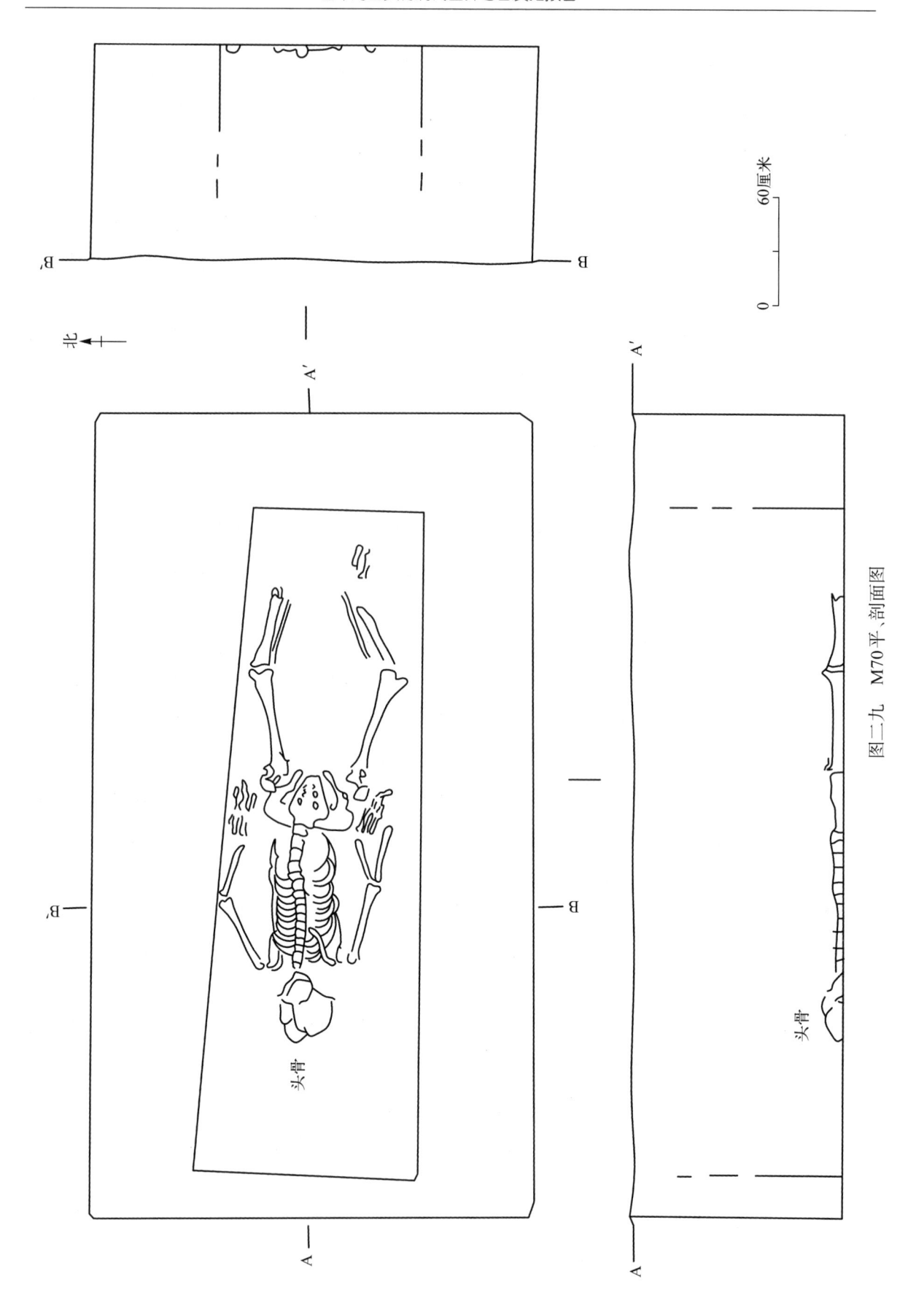

36　昌平沟自头村清代墓葬考古发掘报告

图二九　M70 平、剖面图

第三章 墓葬及遗物

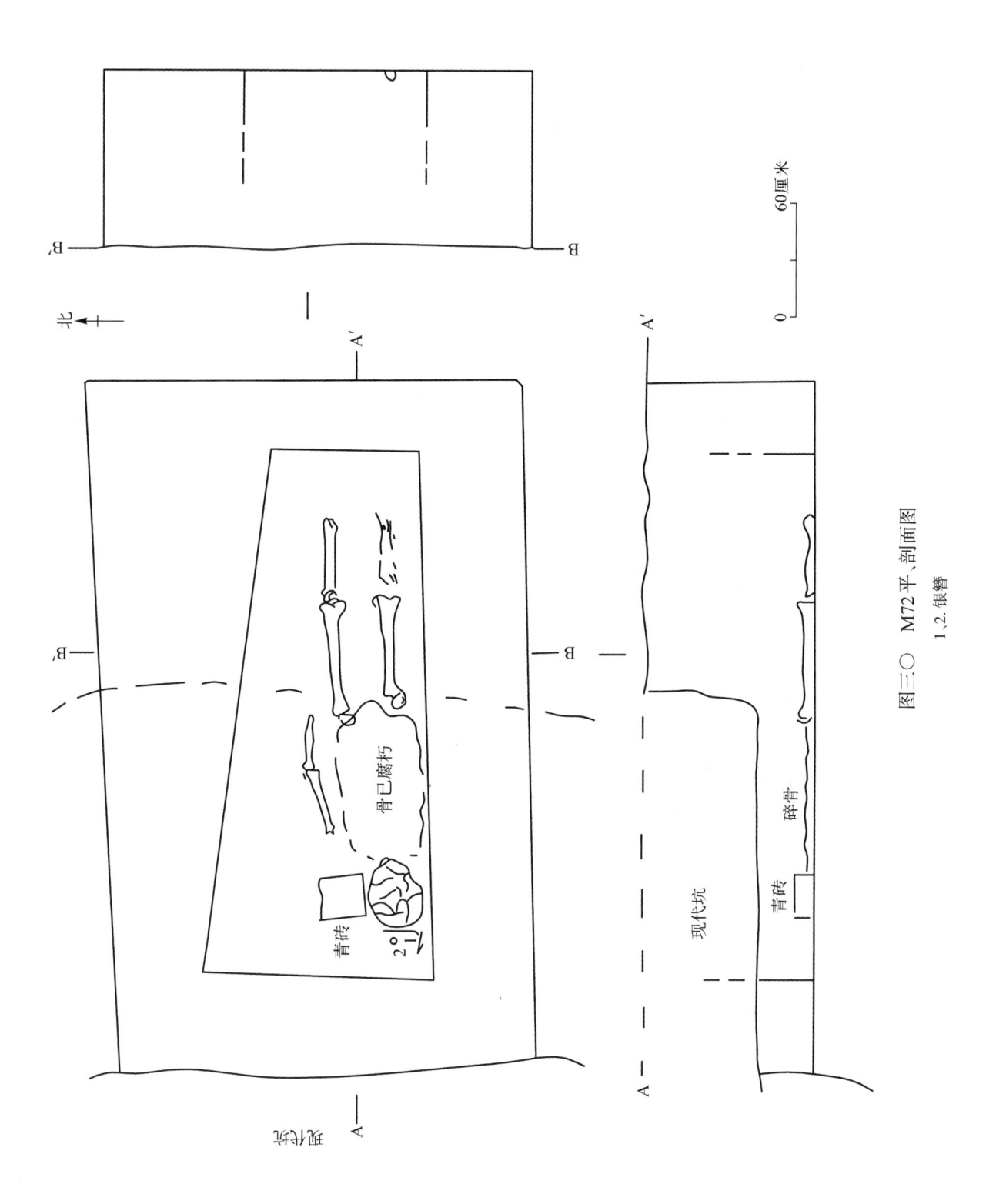

图三〇 M72平、剖面图
1、2. 银簪

图三一 M74平、剖面图
1. 铜钱

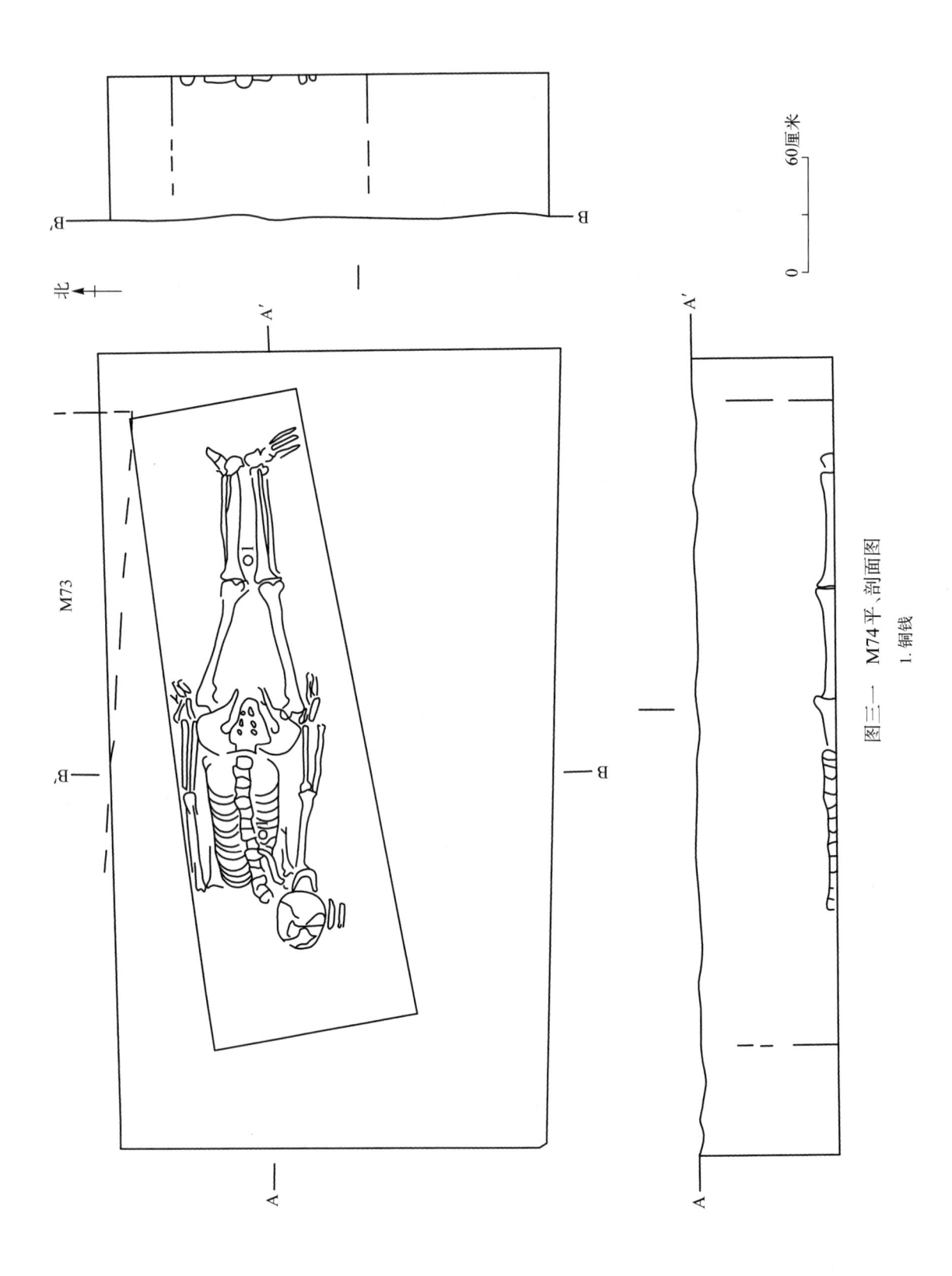

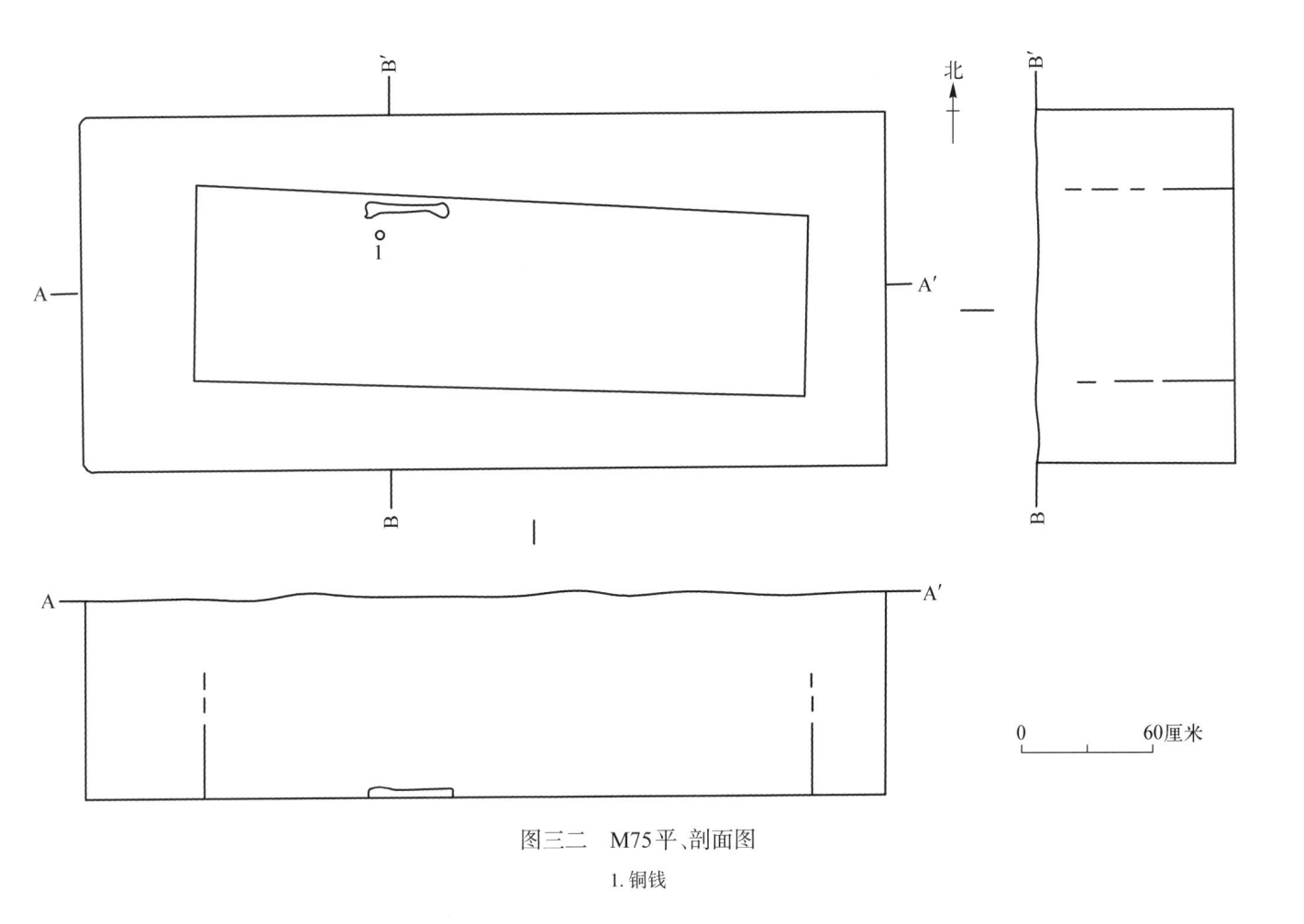

图三二　M75平、剖面图
1.铜钱

棺木已朽，仅残剩棺痕。长1.89~1.97米、宽0.57~0.62米、残高0.23米。棺内骨架已迁出，仅剩1根骨块。随葬品有铜钱。

乾隆通宝，1枚。M75：1，模制、完整，圆形、方穿。正面有郭，铸"乾隆通宝"，楷书对读。背面有郭，穿左右为满文"宝泉"，纪局名。钱径2.2厘米、穿径0.6厘米、郭厚0.3厘米（图五三，9）。

康熙通宝，1枚。M75：5，模制、完整，圆形、方穿，正面有郭，铸"康熙通宝"，楷书对读。背面有郭，穿左右为满文"宝源"，纪局名。钱径2.15厘米、穿径0.55厘米、郭厚0.25厘米（图五三，2）。

M76　位于发掘区东南部。东西向，方向为90°。墓口距地表深0.4米，墓底距地表深1.16米，内填黄褐色花土。墓圹长2.74~2.76米、宽0.9~1.18米、深0.76米（图三三；彩版一六，2）。

棺木已朽，仅残剩棺痕。长3.04米、宽0.77~1.08米、残高0.62米。内葬一人，骨架保存较差，大部分肢骨已缺失移位。骨架残长1.5米。墓主人性别不明，头向西，足向东，面向不详，葬式不详。无随葬品。

图三三　M76 平、剖面图

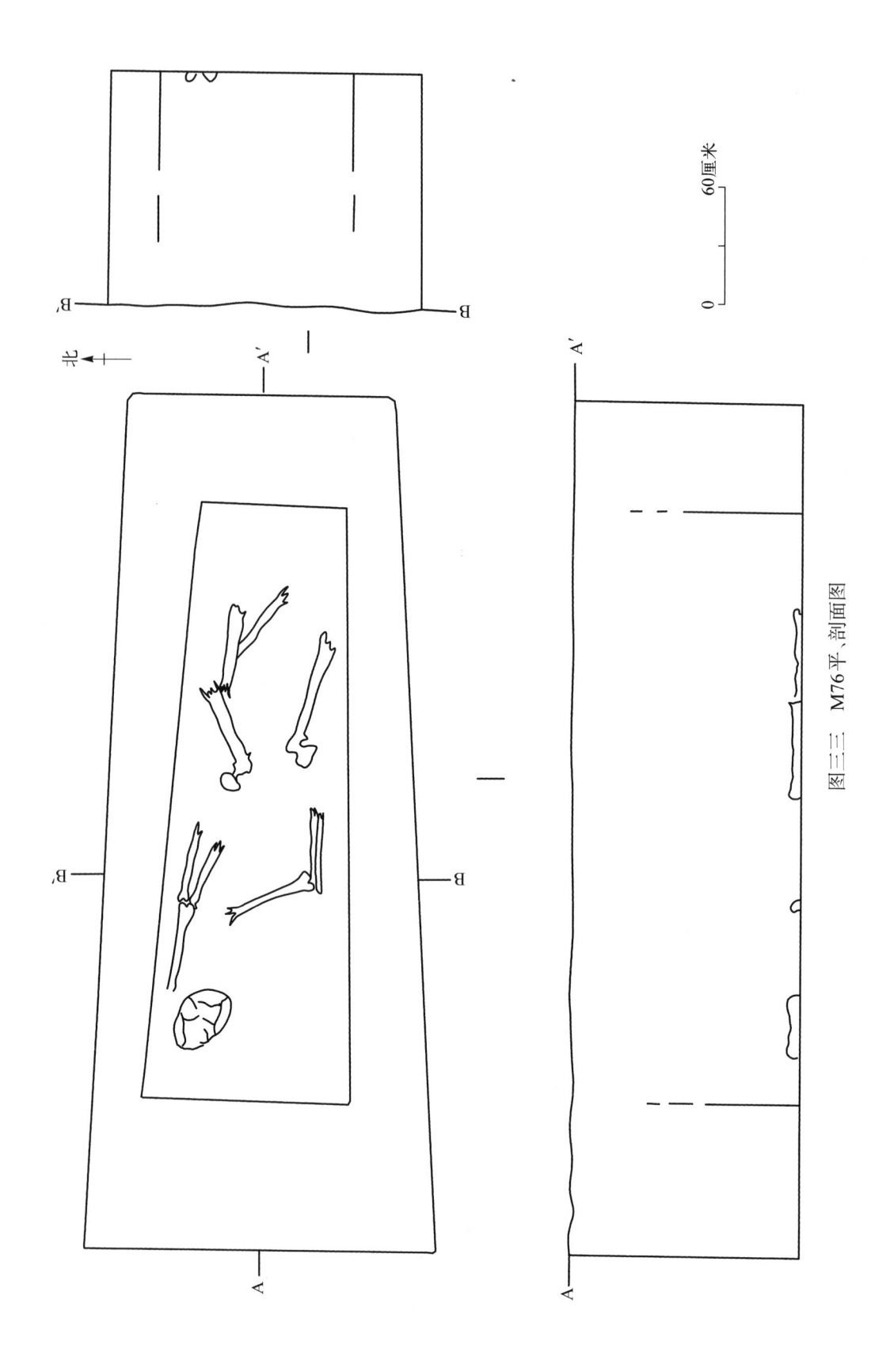

第三章　墓葬及遗物

　　M77　位于发掘区东南部。东西向，方向为90°。墓口距地表深0.4米，墓底距地表深1.1米，内填黄褐色花土。墓圹长2.69米、宽0.98-1.02米、深0.7米（图三四；彩版一七，1）。

　　棺木已朽，仅残剩棺痕。长1.85米、宽0.52-0.67米、残高0.21米。内葬一人，骨架保存较差，大部分肢骨已缺失移位。骨架残长1.5米。墓主人性别不明，头向西，足向东，面向不详，葬式不详。随葬品有铜钱，均锈蚀严重，无法辨认。

　　M78　位于发掘区东南部。东西向，方向为80°。墓口距地表深0.4米，墓底距地表深0.9米，内填黄褐色花土。墓圹长2.3米、宽1.06-1.15米、深0.5米（图三五；彩版一七，2）。

　　棺木已朽，仅残剩棺痕。长2.03米、宽0.64-0.76米、残高0.19米。内葬一人，骨架保存较差，大部分肢骨已缺失移位。骨架残长1.54米。墓主人性别不明，头向西，足向东，面向下，葬式不详。无随葬品。

　　M79　位于发掘区东南部。东西向，方向为80°。墓口距地表深0.4米，墓底距地表深0.74米，内填黄褐色花土。墓圹长2.23米、宽0.95-1.04米、深0.34米（图三六；彩版一八，1）。

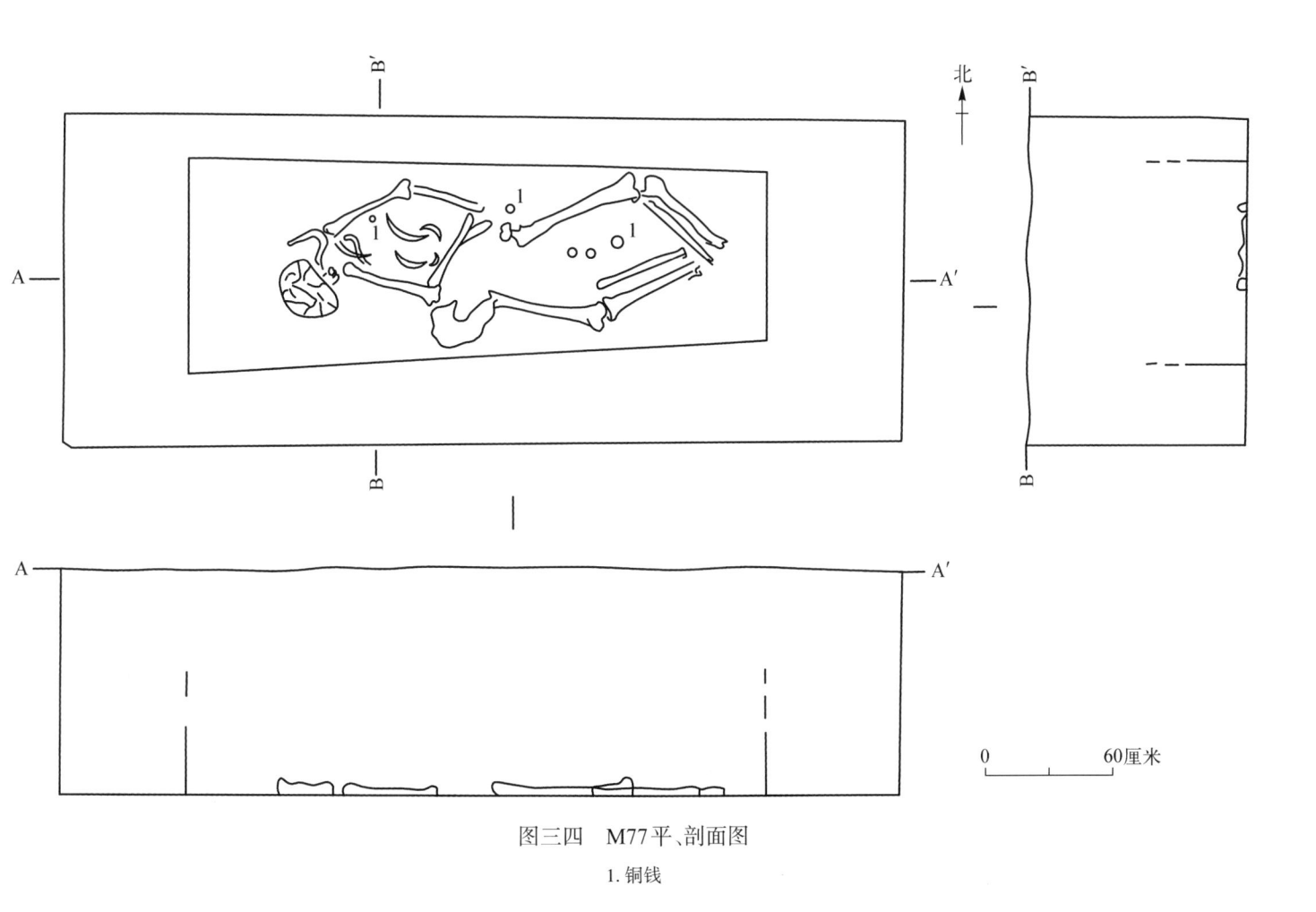

图三四　M77平、剖面图
1.铜钱

图三五 M78 平、剖面图

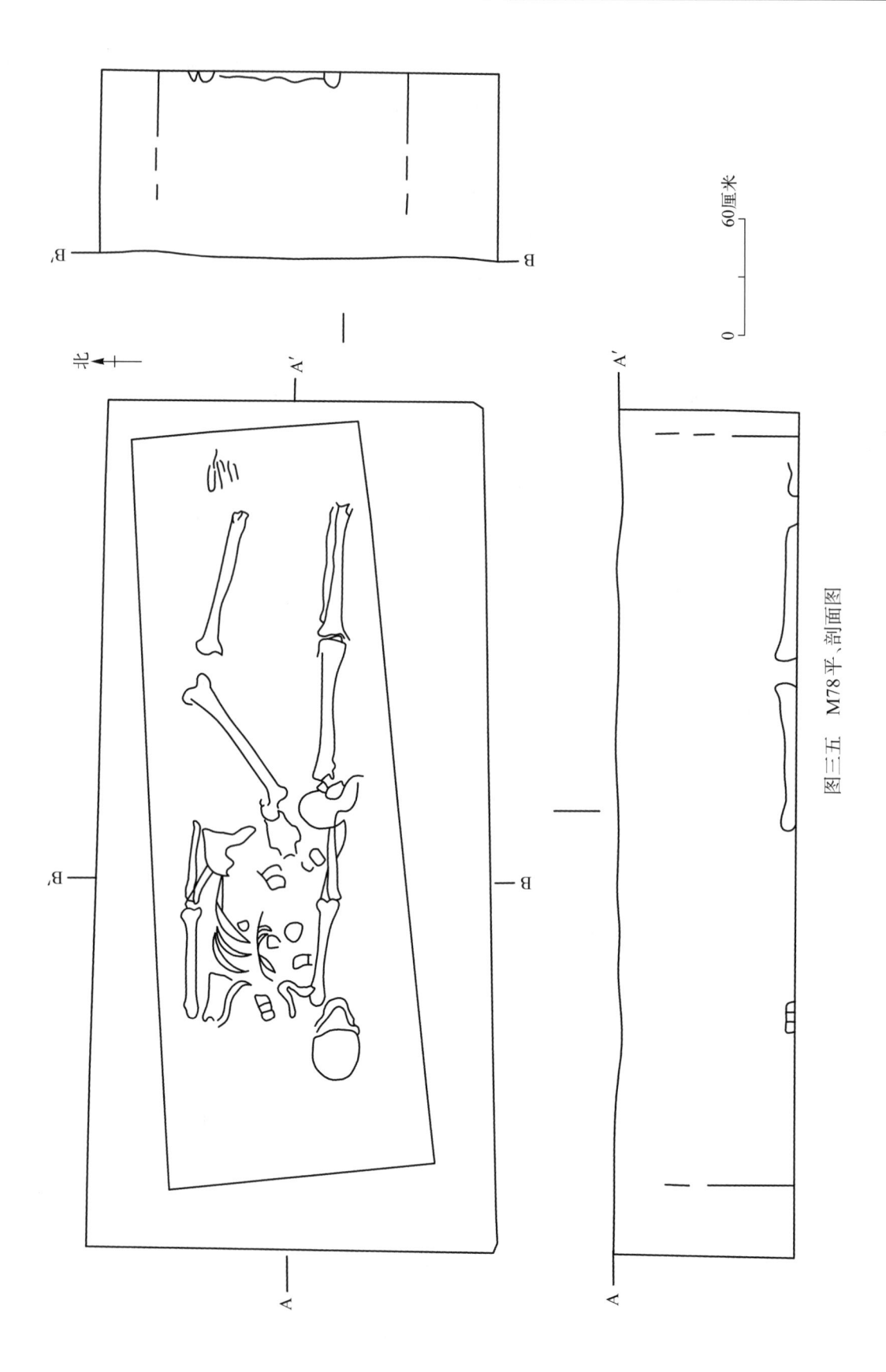

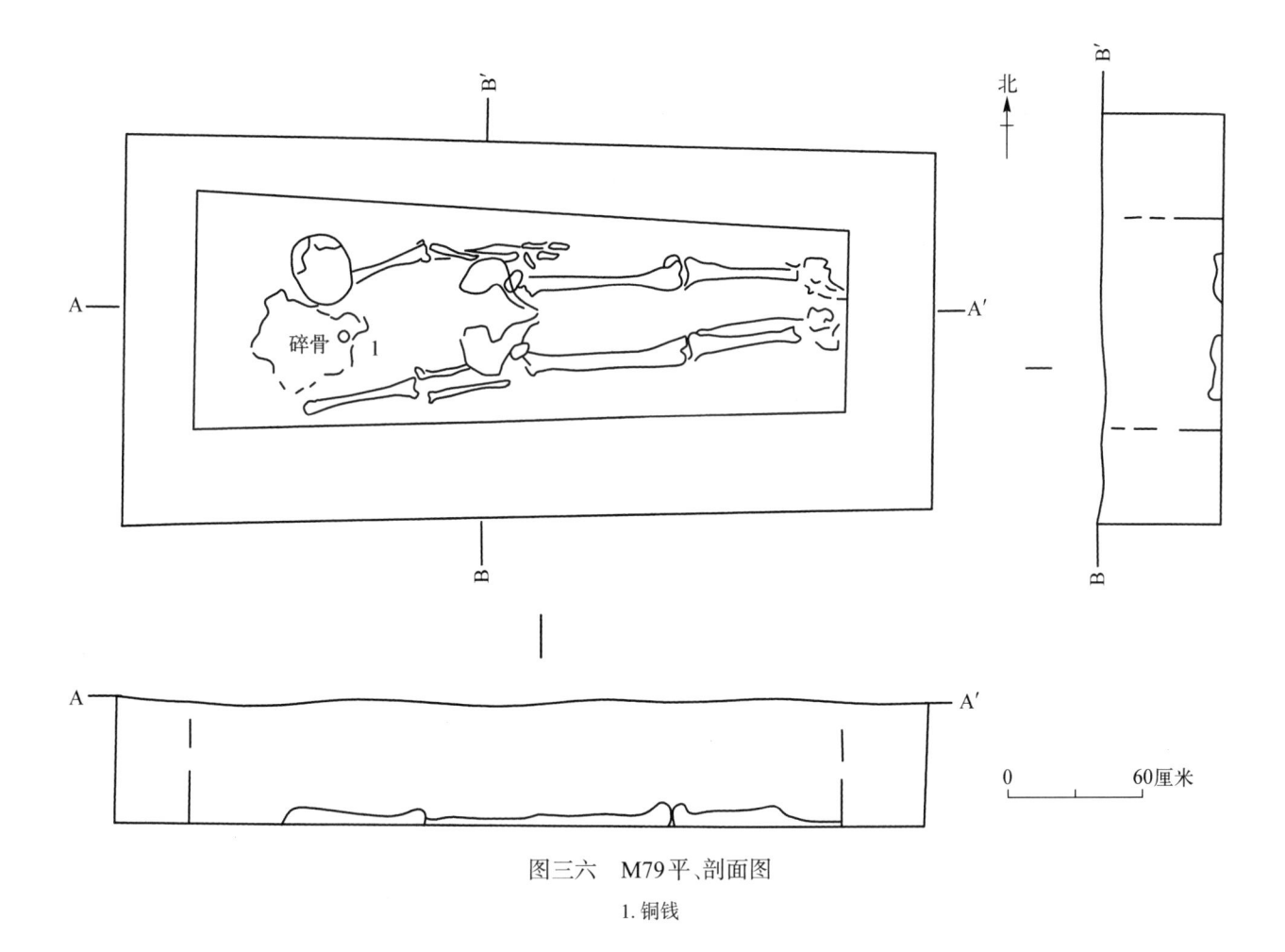

图三六　M79平、剖面图
1.铜钱

棺木已朽，仅残剩棺痕。长1.75~1.79米、宽0.49~0.64米、残高0.11米。内葬一人，骨架保存较差，大部分肢骨已缺失移位。骨架残长1.64米。墓主人性别不明，头向西，足向东，面向不详，仰身直肢葬。随葬品有铜钱。

乾隆通宝，1枚。M79:1，模制、完整，圆形、方穿。正面有郭，铸"乾隆通宝"，楷书对读。背面有郭，穿左右为满文"宝泉"，纪局名。钱径2.35厘米、穿径0.6厘米、郭厚0.2厘米（图五三，10）。

M80　位于发掘区东南部。东西向，方向为90°。墓口距地表深0.4米，墓底距地表深0.98米，内填黄褐色花土。墓圹长2.48米、宽0.9~0.97米、深0.58米（图三七；彩版一八，2）。

棺木已朽，仅残剩棺痕。长1.96米、宽0.59~0.72米、残高0.17米。内葬一人，骨架保存较差，部分肢骨已缺失移位。骨架残长1.6米。墓主人为女性，头向西，足向东，面向东，仰身直肢葬。随葬品有铜烟嘴、铜钱。

铜烟嘴，1件。M80:1，颈部较细。簪体上部较宽，末端残。残长8厘米、宽1.6厘米（图五一，2；彩版四九，2）。

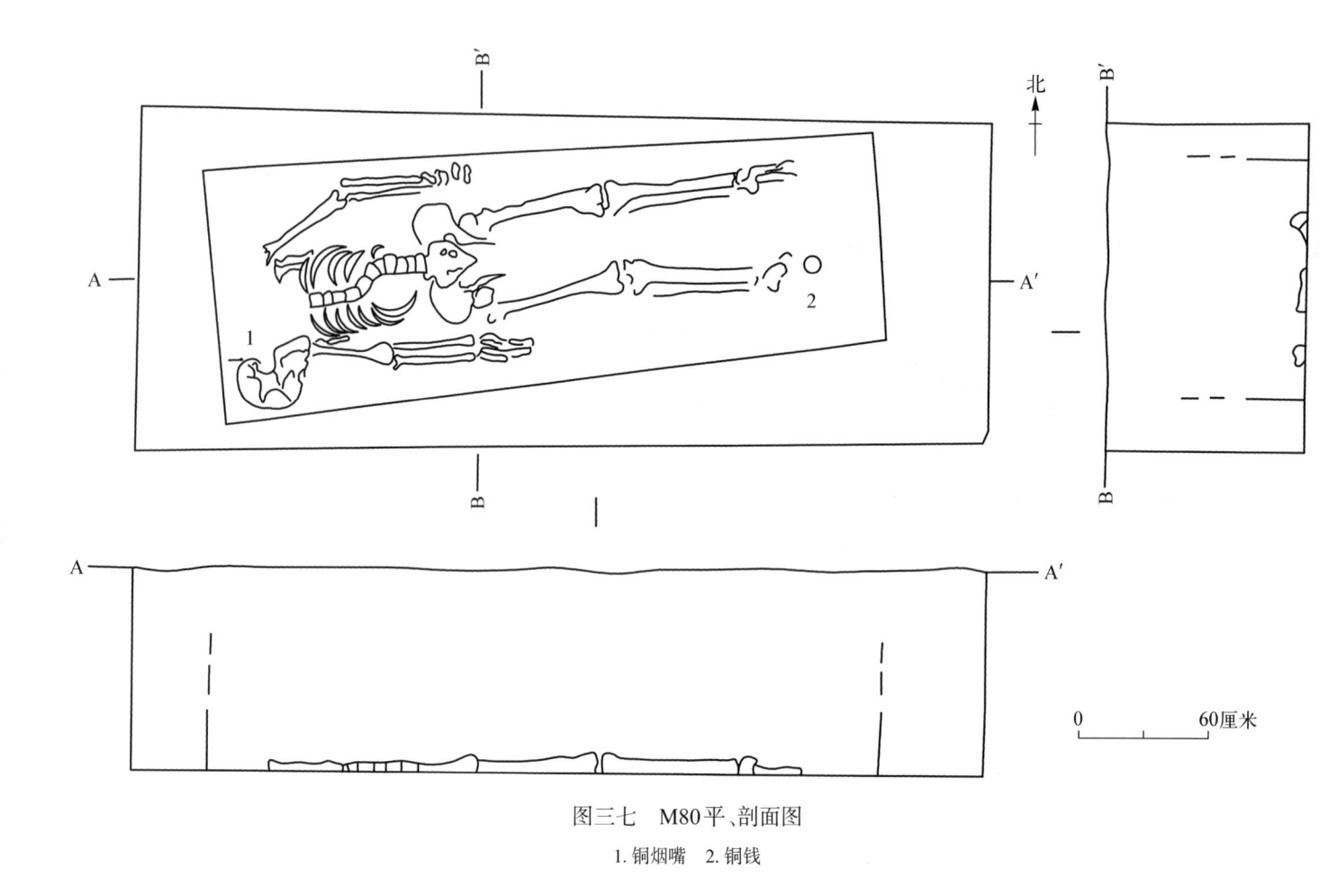

图三七　M80平、剖面图
1. 铜烟嘴　2. 铜钱

乾隆通宝，1枚。M80：2，模制、完整、圆形、方穿。正面有郭，铸"乾隆通宝"，楷书对读。背面有郭，穿左右为满文"宝直"，纪局名。钱径2.2厘米、穿径0.7厘米、郭厚0.3厘米（图五三，11）。

M82　位于发掘区东南部。东西向，方向为112°。墓口距地表深0.4米，墓底距地表深0.95米，内填黄褐色花土。墓圹长2.46米、宽0.82-1.04米、深0.55米（图三八；彩版一九，1）。

棺木已朽，仅残剩棺痕。长1.96米、宽0.45-0.61米、残高0.22米。内葬一人，骨架保存较差，部分肢骨已缺失移位。骨架残长1.48米。墓主人为女性，头向西，足向东，面向不详，仰身直肢葬。随葬品有铜钱。

铜钱，5枚。其中2枚为清钱"康熙通宝"，其余3枚锈蚀严重无法辨认。康熙通宝，2枚。均模制、完整、圆形、方穿。正面有郭，铸"康熙通宝"，楷书对读。M82：1-1，背面有郭，穿左右为满文"宝泉"。钱径2.25厘米、穿径0.55厘米、郭厚0.3厘米（图五三，3）。M82：1-2，背面有郭，穿左右为满文"宝源"，纪局名。钱径2.2厘米、穿径0.6厘米、郭厚0.3厘米（图五三，4）。

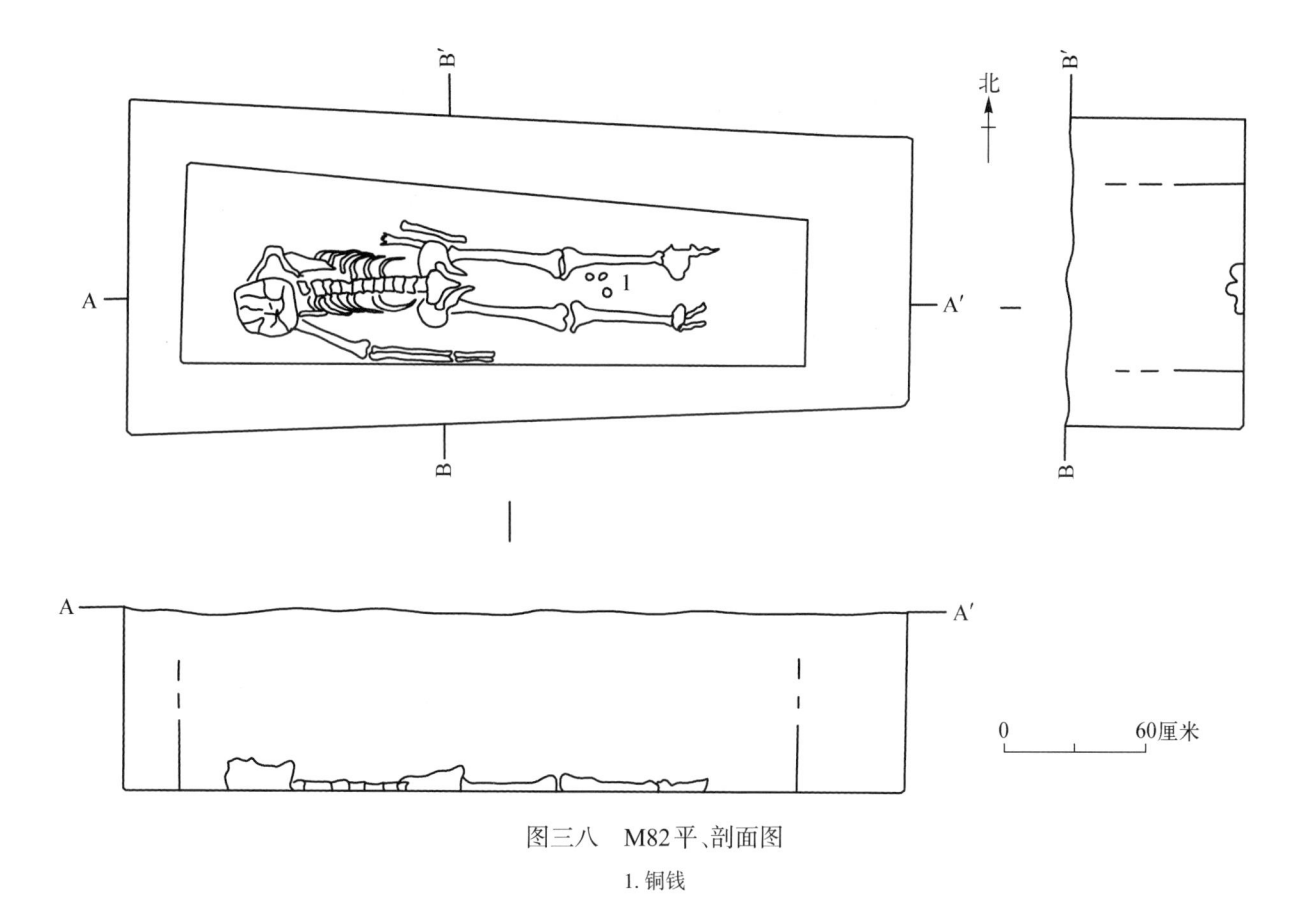

图三八　M82平、剖面图
1. 铜钱

M83　位于发掘区东南部。东西向，方向为75°。墓口距地表深0.40米，墓底距地表深0.84米，内填黄褐色花土。墓圹长2.26米、宽0.79-0.84米、深0.44米（图三九；彩版一九，2）。

棺木已朽，仅残剩棺痕。长2.92米、宽0.77-1.03米、残高0.33米。内葬一人，骨架保存较差，部分肢骨已缺失移位。骨架残长1.7米。墓主人为男性，头向西，足向东，面向东，仰身直肢葬。无随葬品。

M84　位于发掘区东南部。东西向，方向为75°。墓口距地表深0.4米，墓底距地表深1.12米，内填黄褐色花土。墓圹长2.62米、宽1.16-1.36米、深0.72米（图四〇；彩版二〇，1）。

棺木已朽，仅残剩棺痕。长1.88米、宽0.6-0.75米、残高0.29米。内葬一人，骨架保存较差，部分肢骨已缺失移位。骨架残长1.76米。墓主人为男性，头向西，足向东，面向不详，仰身直肢葬。随葬品有铜钱。

乾隆通宝，1枚。M84：1，模制、完整，圆形、方穿，正面有圆郭，铸"乾隆通宝"，楷书对读。背面有郭，穿左右为满文"宝泉"，纪局名。钱径2.2厘米、穿径0.6厘米、郭厚0.2厘米（图五三，12）。

M85　位于发掘区东南部，东邻M91、南邻M86。东西向，方向为98°。墓口距地表深0.4米，墓底距地表深1.2米，内填黄褐色花土。墓圹长2.39米、宽0.83-1.05米、深0.8米（图四一；

图三九 M83平、剖面图

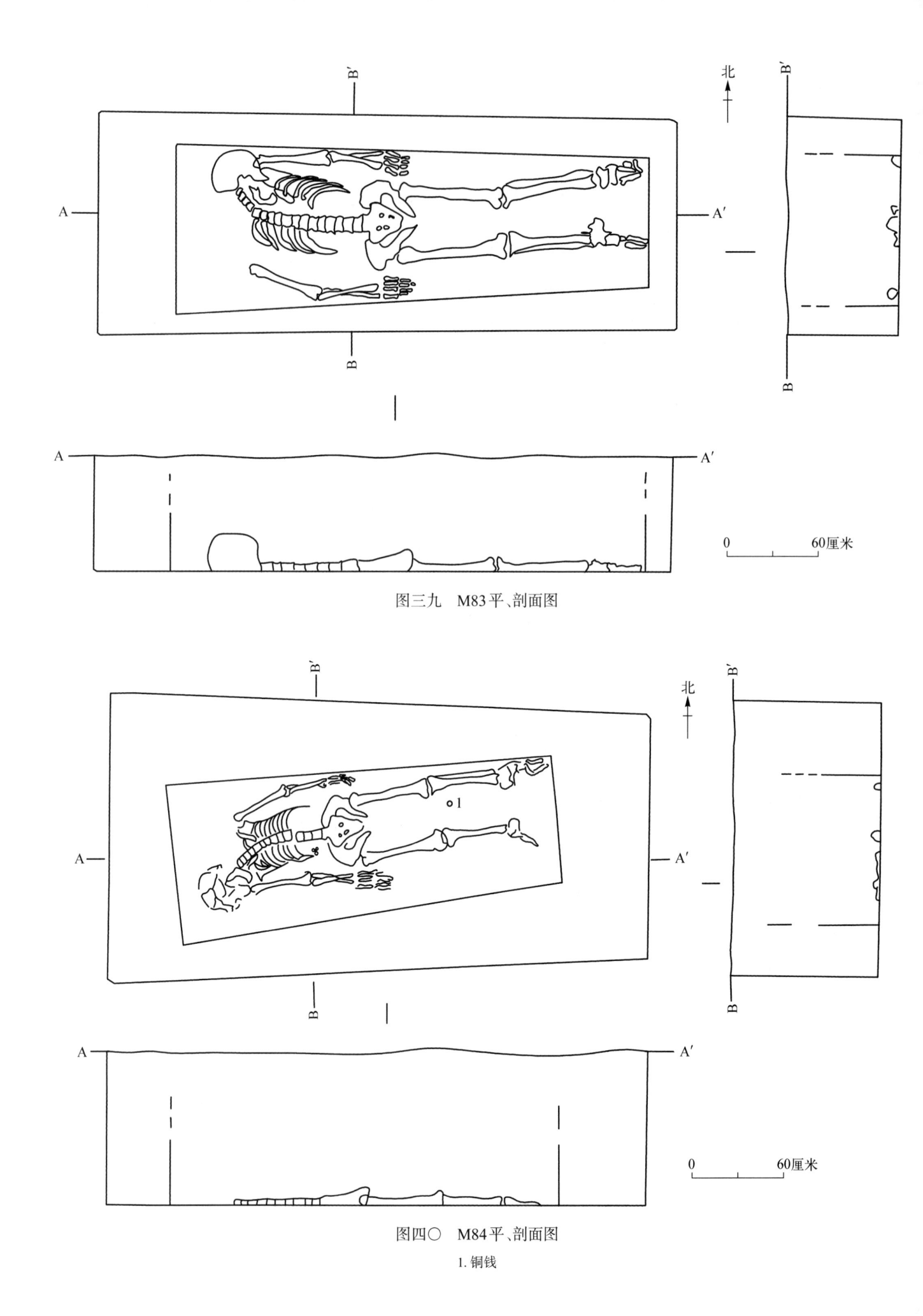

图四〇 M84平、剖面图

1. 铜钱

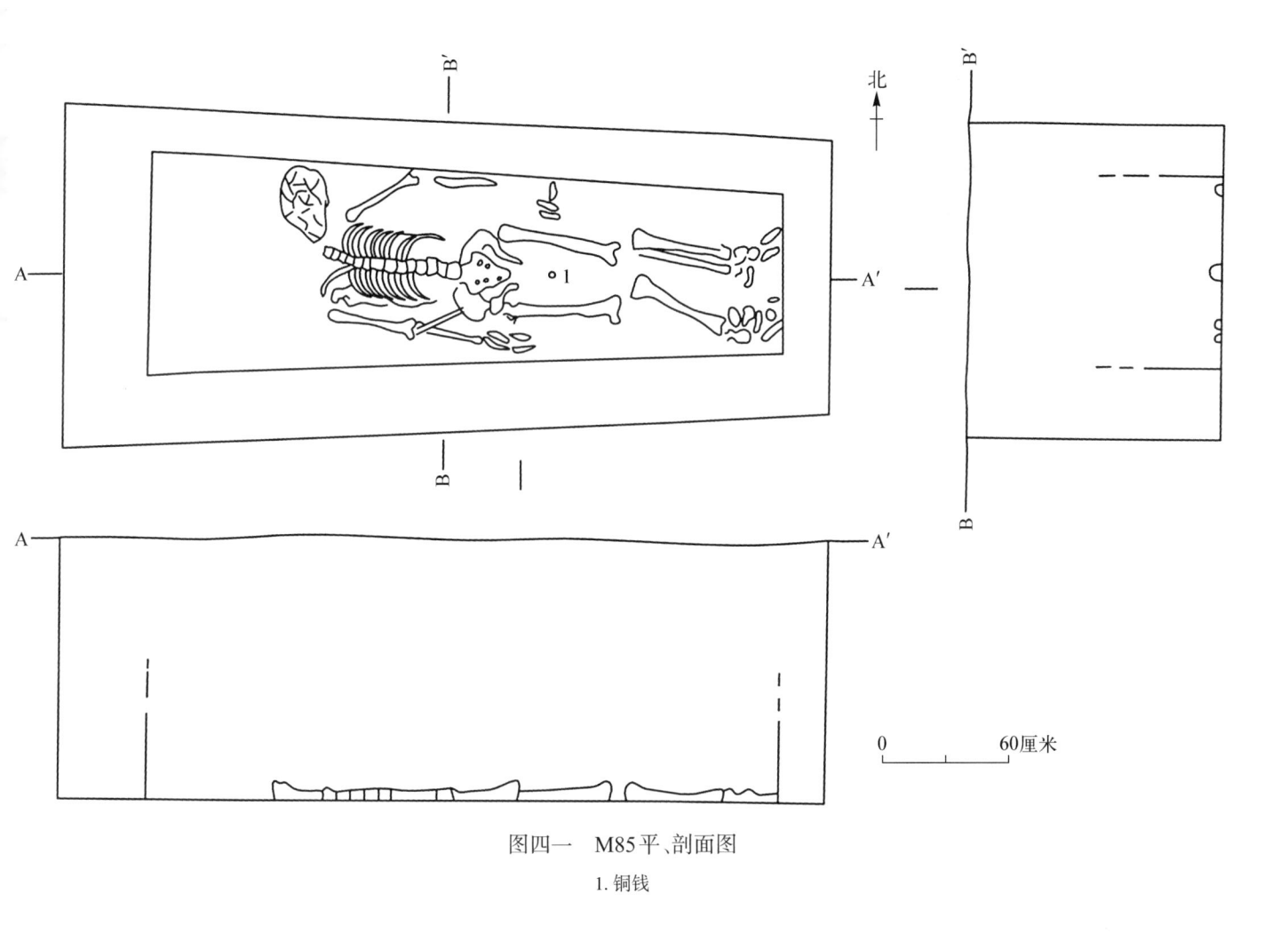

图四一　M85平、剖面图
1. 铜钱

彩版二〇，2）。

棺木已朽，仅残剩棺痕。长1.98米、宽0.48~0.68米、残高0.24米。内葬一人，骨架保存较差，部分肢骨已缺失移位。骨架残长1.56米。墓主人为女性，头向西，足向东，面向不详，仰身直肢葬。随葬品有铜钱。

乾隆通宝，1枚。M85:1，模制、完整、圆形、方穿。正面有郭，铸"乾隆通宝"，楷书，上下左右对读。背面有郭，字迹锈蚀严重无法辨认。钱径2.2厘米、穿径0.6厘米、郭厚0.25厘米（图五三，13）。

M86　位于发掘区东南部，北邻M85。东西向，方向为110°。墓口距地表深0.4米，墓底距地表深0.7米，内填黄褐色花土。墓圹长1.99米、宽0.73~0.88米、深0.3米（图四二；彩版二一，1）。

棺木已朽，仅残剩棺痕。长1.78米、宽0.48~0.56米、残高0.14米。内葬一人，骨架保存较差，部分肢骨已缺失移位。骨架残长1.6米。墓主人为男性，头向西，足向东，面向北，仰身直肢葬。无随葬品。

M87　位于发掘区东南部，东邻M92。东西向，方向为90°。墓口距地表深0.4米，墓底距地表深1.4米，内填黄褐色花土。墓圹长2.38米、宽0.87~0.88米、深1米（图四三；彩版二一，2）。

图四二　M86平、剖面图

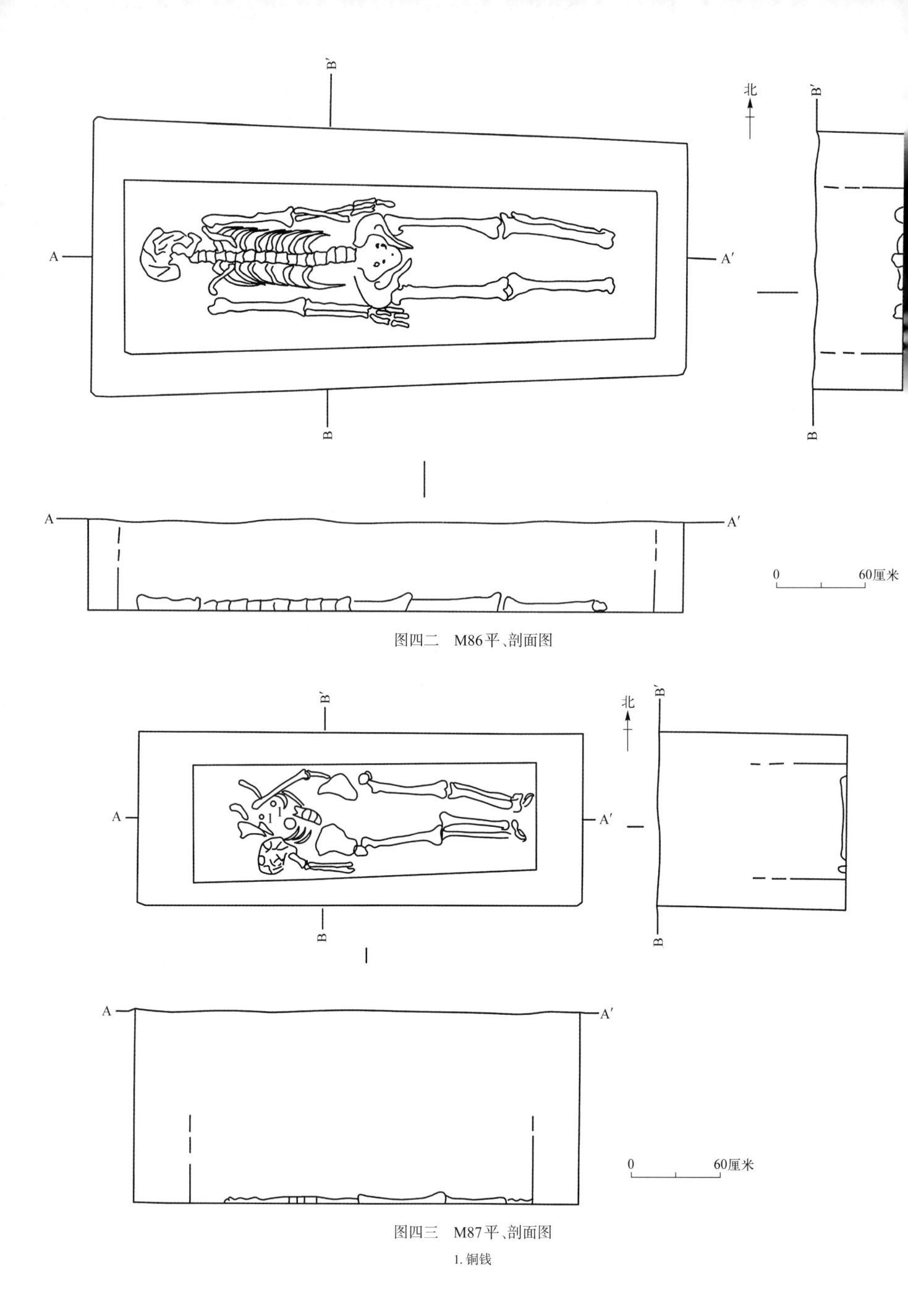

图四三　M87平、剖面图

1. 铜钱

棺木已朽,仅残剩棺痕。长1.84米、宽0.55~0.61米、残高0.29米。内葬一人,骨架保存较差,部分肢骨已缺失移位。骨架残长1.64米。墓主人性别不明,头向西,足向东,面向不详,仰身直肢葬。随葬品有铜钱。

康熙通宝,1枚。M87:1,模制、完整、圆形、方穿。正面有圆郭,铸"康熙通宝",楷书对读。背面有郭,穿左右为满文"宝泉",纪局名。钱径2.7厘米、穿径0.7厘米、郭厚0.3厘米(图五三,5)。

M88 位于发掘区东南部。东西向,方向为110°。墓口距地表深0.4米,墓底距地表深0.74米,内填黄褐色花土。墓圹长2.02米、宽0.78~0.97米、深0.34米(图四四;彩版二二,1)。

棺木已朽,仅残剩棺痕。长1.66米、宽0.52~0.7米、残高0.22米。内葬一人,骨架保存较差,大部分肢骨已缺失移位。骨架残长1.66米。墓主人性别不明,头向西,足向东,面向不详,葬式不详。随葬品有铜钱。

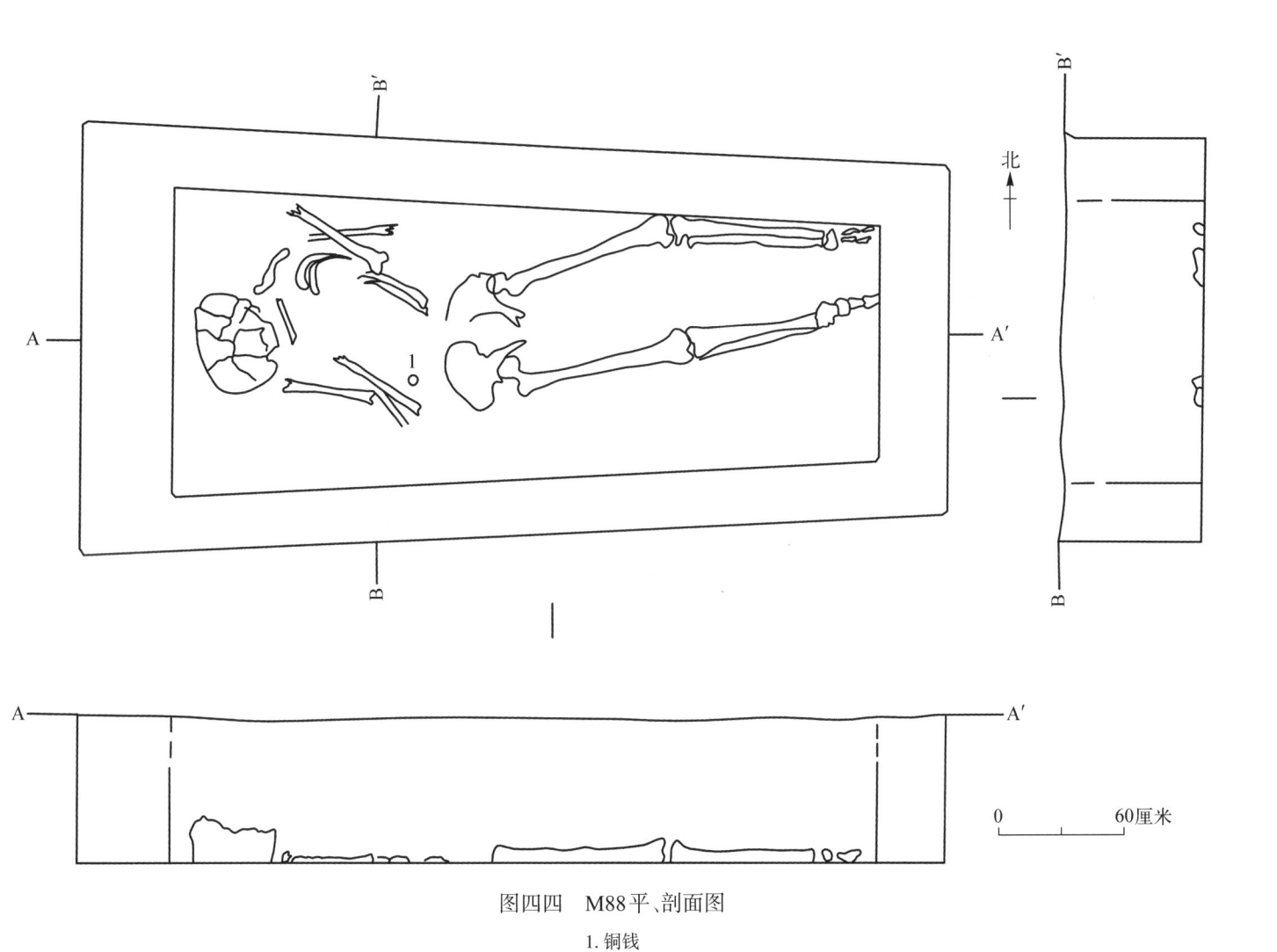

图四四 M88平、剖面图
1.铜钱

康熙通宝，1枚。M88：1，模制、完整、圆形、方穿。正面有郭，铸"康熙通宝"，楷书对读。背面有郭，穿左右为满文"宝泉"，纪局名。钱径2.2厘米、穿径0.55厘米、郭厚0.2厘米（图五三，6）。

M89 位于发掘区东南部。东西向，方向为135°。墓口距地表深0.4米，墓底距地表深1.6米，内填黄褐色花土。墓圹长2.49米、宽1.15-1.39米、深1.2米（图四五；彩版二二，2）。

棺木已朽，仅残剩棺痕。长1.96米、宽0.7米、残高0.39米。内葬一人，骨架保存较差，部分肢骨已缺失移位。骨架残长1.72米。墓主人为男性，头向西，足向东，面向不详，仰身直肢葬。无随葬品。

M90 位于发掘区东南部。东西向，方向为90°。墓口距地表深0.4米，墓底距地表深1.1米，内填黄褐色花土。墓圹长2米、宽0.67-0.84米、深0.7米（图四六；彩版二三，1）。

棺木已朽，仅残剩棺痕。长1.77米、宽0.51-0.65米、残高0.21米。内葬一人，骨架保存较差，部分肢骨已缺失移位。骨架残长1.62米。墓主人为女性，头向西，足向东，面向北，仰身直肢葬。无随葬品。

M91 位于发掘区东南部，西邻M85。东西向，方向为100°。墓口距地表深0.4米，墓底距地表深1.06米，内填黄褐色花土。墓圹长1.7米、宽0.77-0.94米、深0.66米（图四七；彩版二三，2）。

棺木已朽，仅残剩棺痕。长1.38米、宽0.4-0.44米、残高0.11米。内葬一人，骨架保存较差，部分肢骨已缺失移位。骨架残长1.24米。墓主人性别不明，头向西，足向东，面向不详，仰身直肢葬。无随葬品。

M92 位于发掘区东南部，西邻M87。东西向，方向为110°。墓口距地表深0.4米，墓底距地表深1.24米，内填黄褐色花土。墓圹长3.48米、宽1.24米、深0.84米（图四八；彩版二四，1）。

棺木已朽，仅残剩棺痕。长1.76米、宽0.48-0.53米、残高0.29米。内葬一人，保存较差，部分肢骨已缺失移位。骨架残长1.62米。墓主人为男性，头向西，足向东，面向东，仰身直肢葬。无随葬品。

M93 位于发掘区东南部，西邻M88。东西向，方向为110°。墓口距地表深0.4米，墓底距地表深1.6米，内填黄褐色花土。墓圹长2.29米、宽0.93-1.02米、深1.2米（图四九；彩版二四，2）。

棺木已朽，仅残剩棺痕。长1.97米、宽0.49-0.62米、残高0.38米。内葬一人，保存较差，部分肢骨已缺失移位。骨架残长1.76米。墓主人性别不明，头向西，足向东，面向下，仰身直肢葬。随葬品有铜钱。

嘉庆通宝，1枚。M93：1，模制、完整、圆形、方穿。正面有郭，铸"嘉庆通宝"，楷书对读。背面有郭，穿左右为满文"宝源"，纪局名。钱径2.2厘米、穿径0.6厘米、郭厚0.3厘米（图五三，14）。

图四五 M89平、剖面图

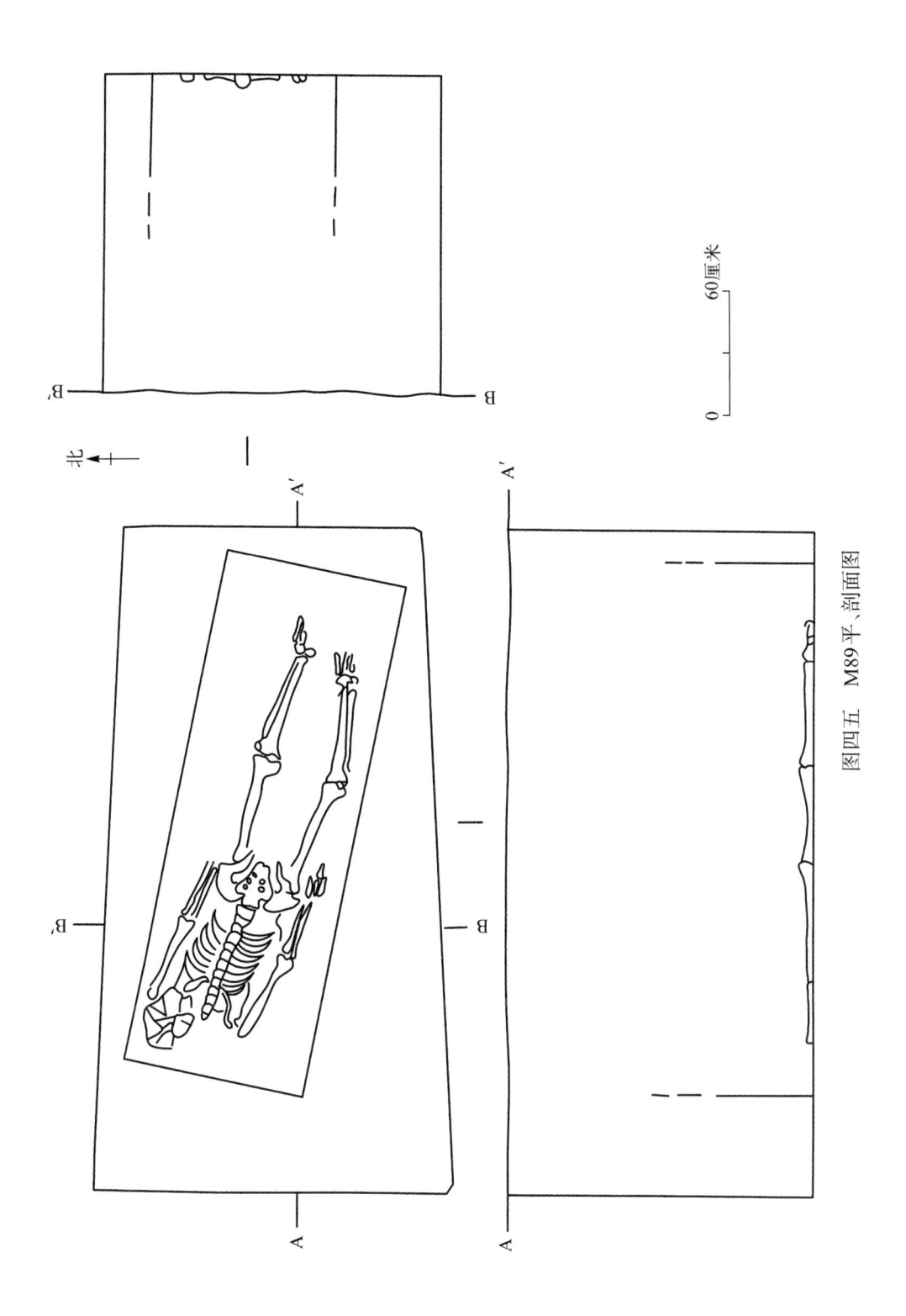

图四六　M90平、剖面图

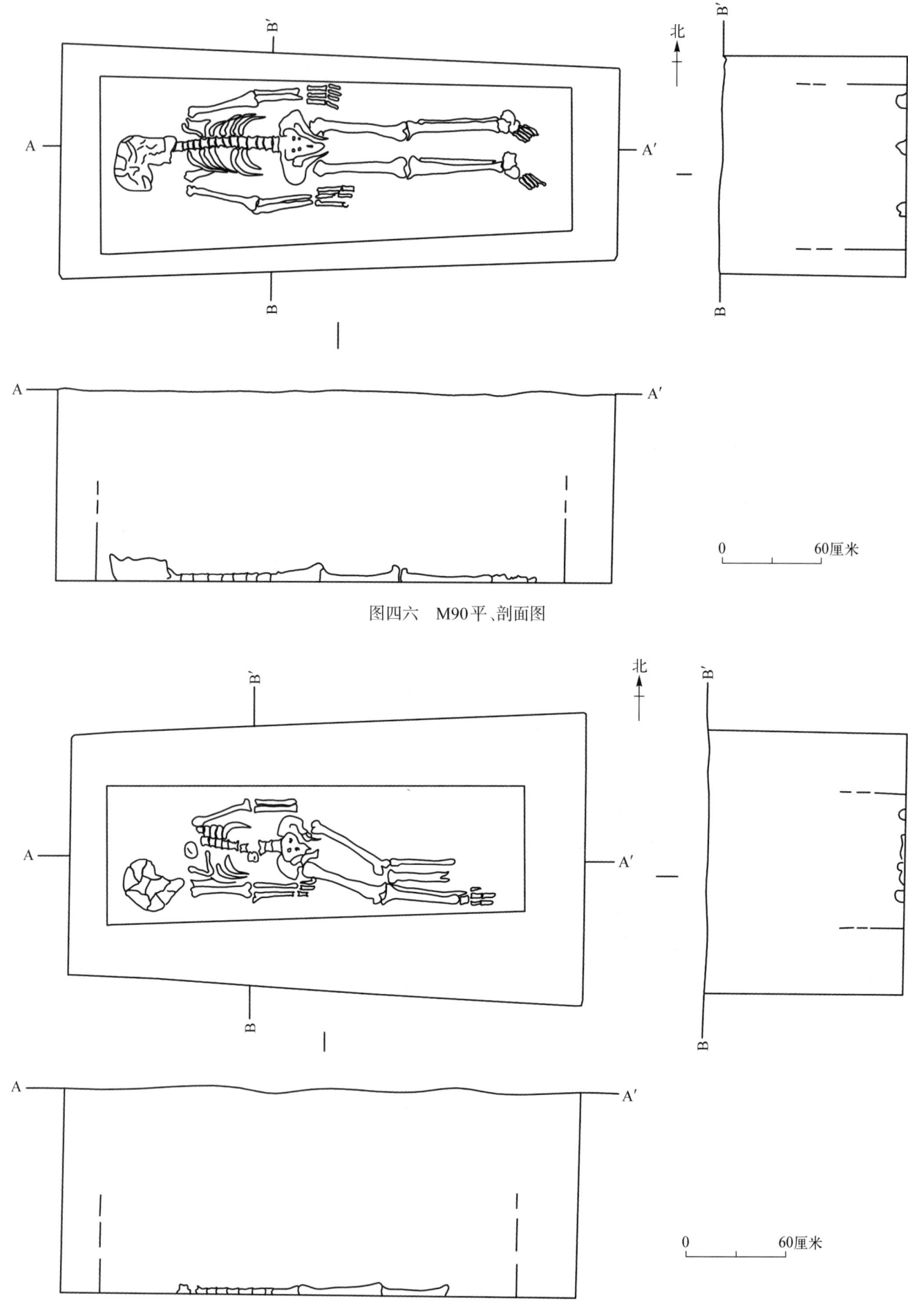

图四七　M91平、剖面图

图四八 M92平、剖面图

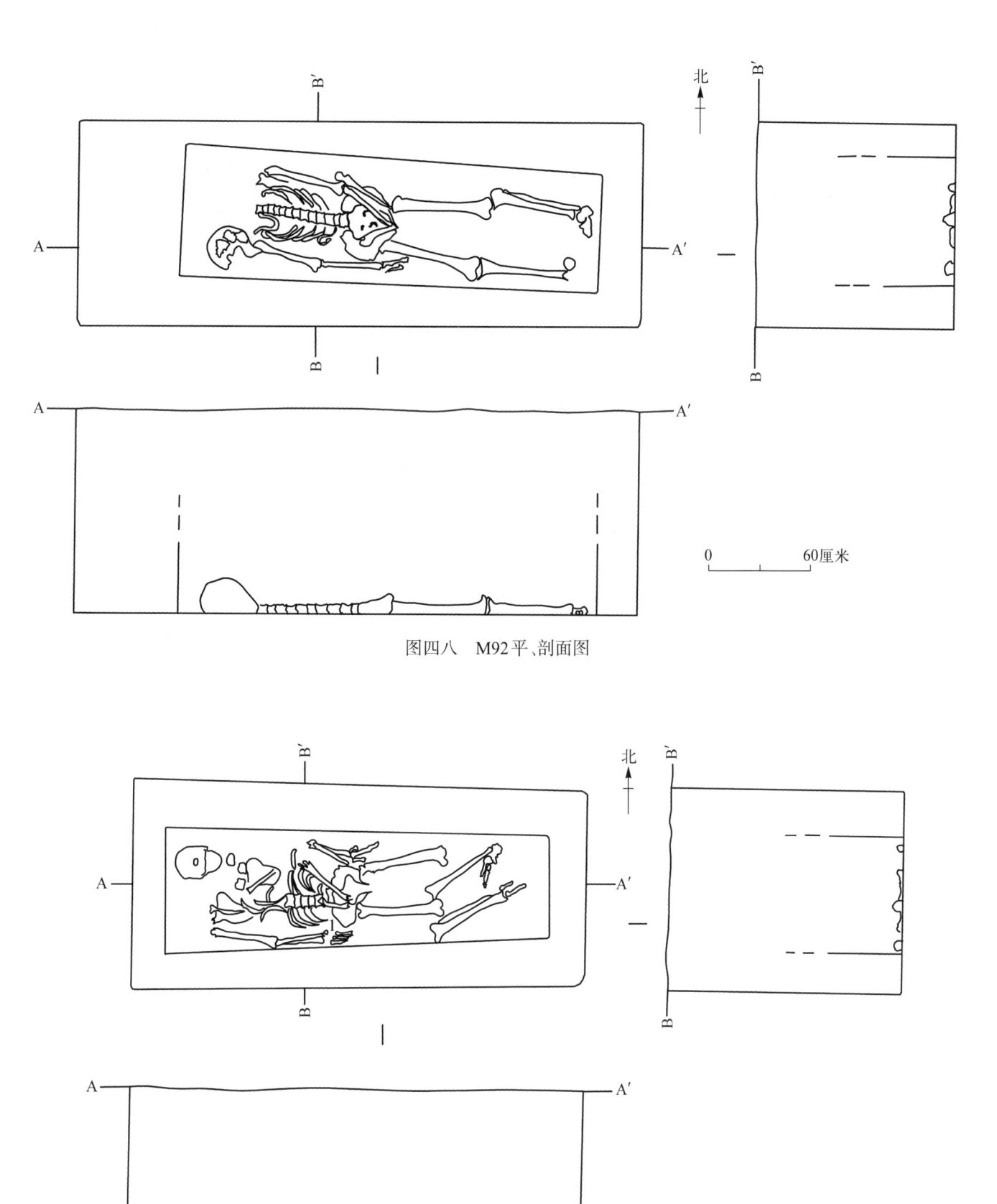

图四九 M93平、剖面图
1.铜钱

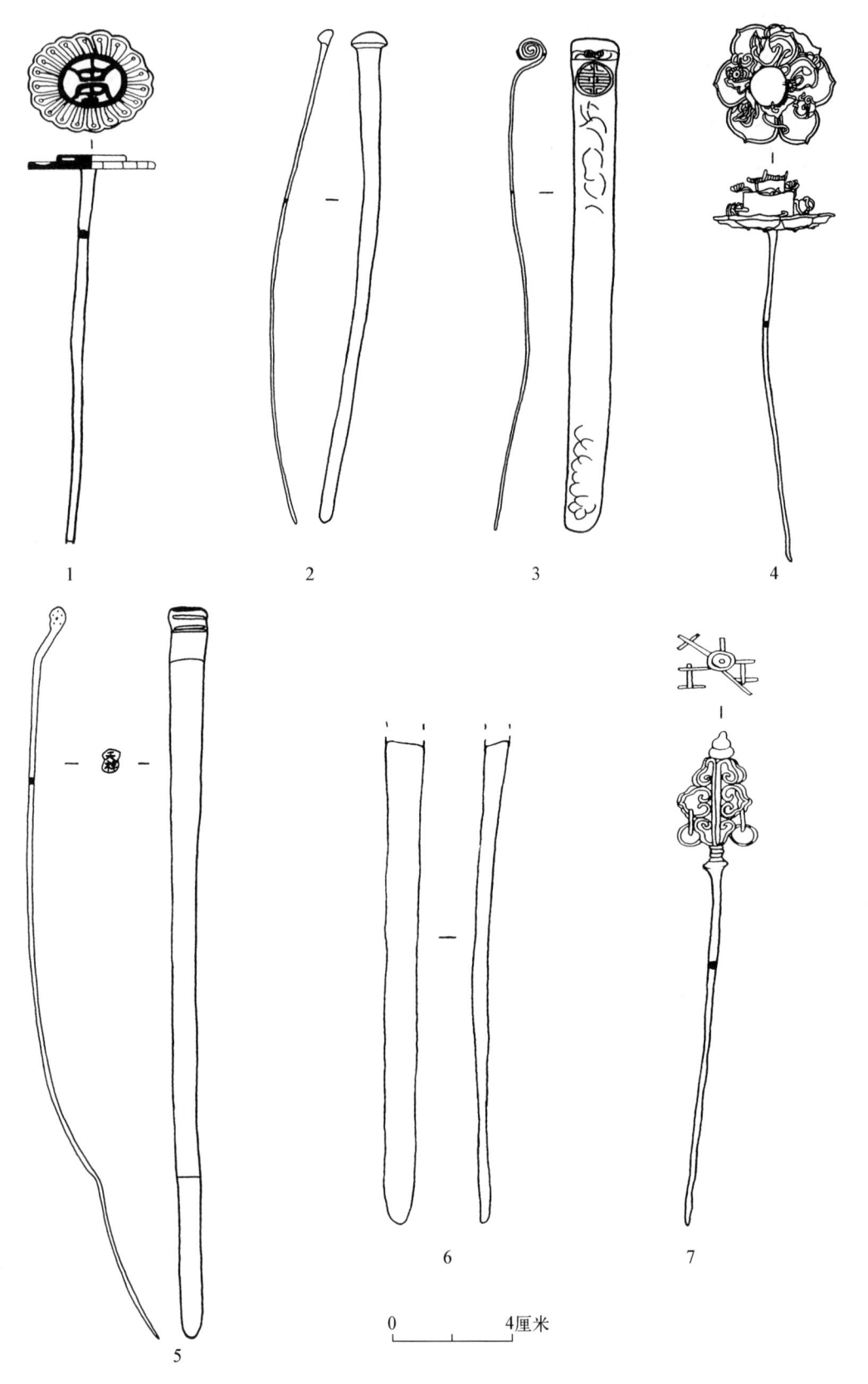

图五〇 单棺墓随葬器物（一）

1、2. 铜簪（M2∶2、M58∶1） 3. 银扁方（M65∶1） 4、5、7. 银簪（M68∶1、M69∶1、M72∶1） 6. 骨簪（M68∶2）

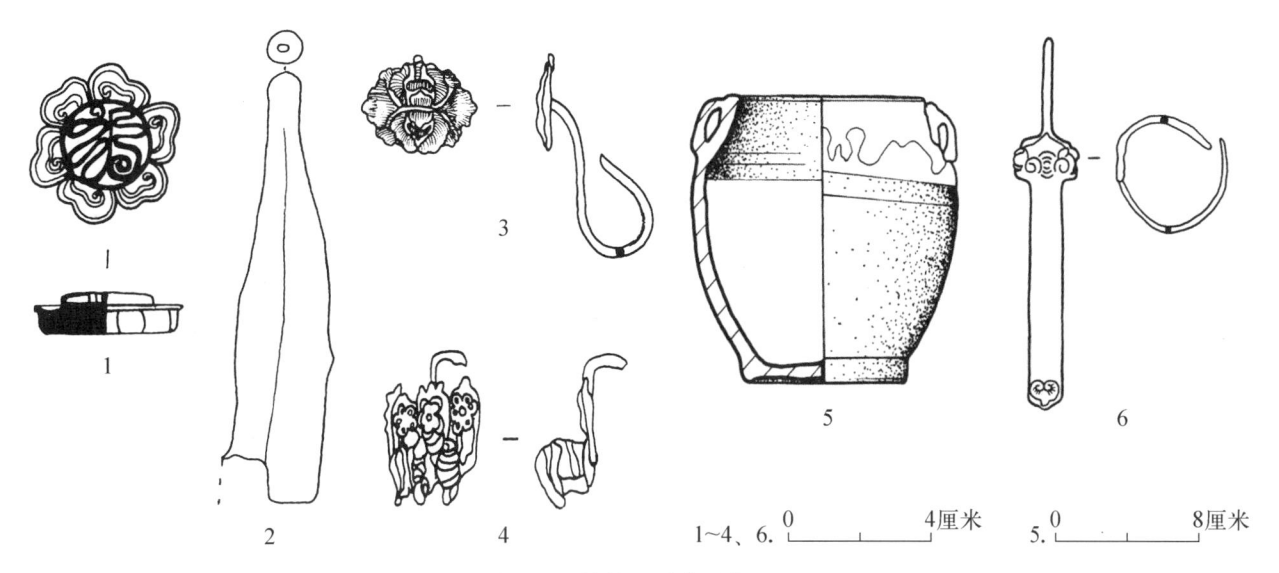

图五一 单棺墓随葬器物(二)

1. 银簪(M72：2) 2. 铜烟嘴(M80：1) 3、6. 银耳环(M2：1、M65：2) 4. 银饰件(M58：2) 5. 半釉罐(M44：1)

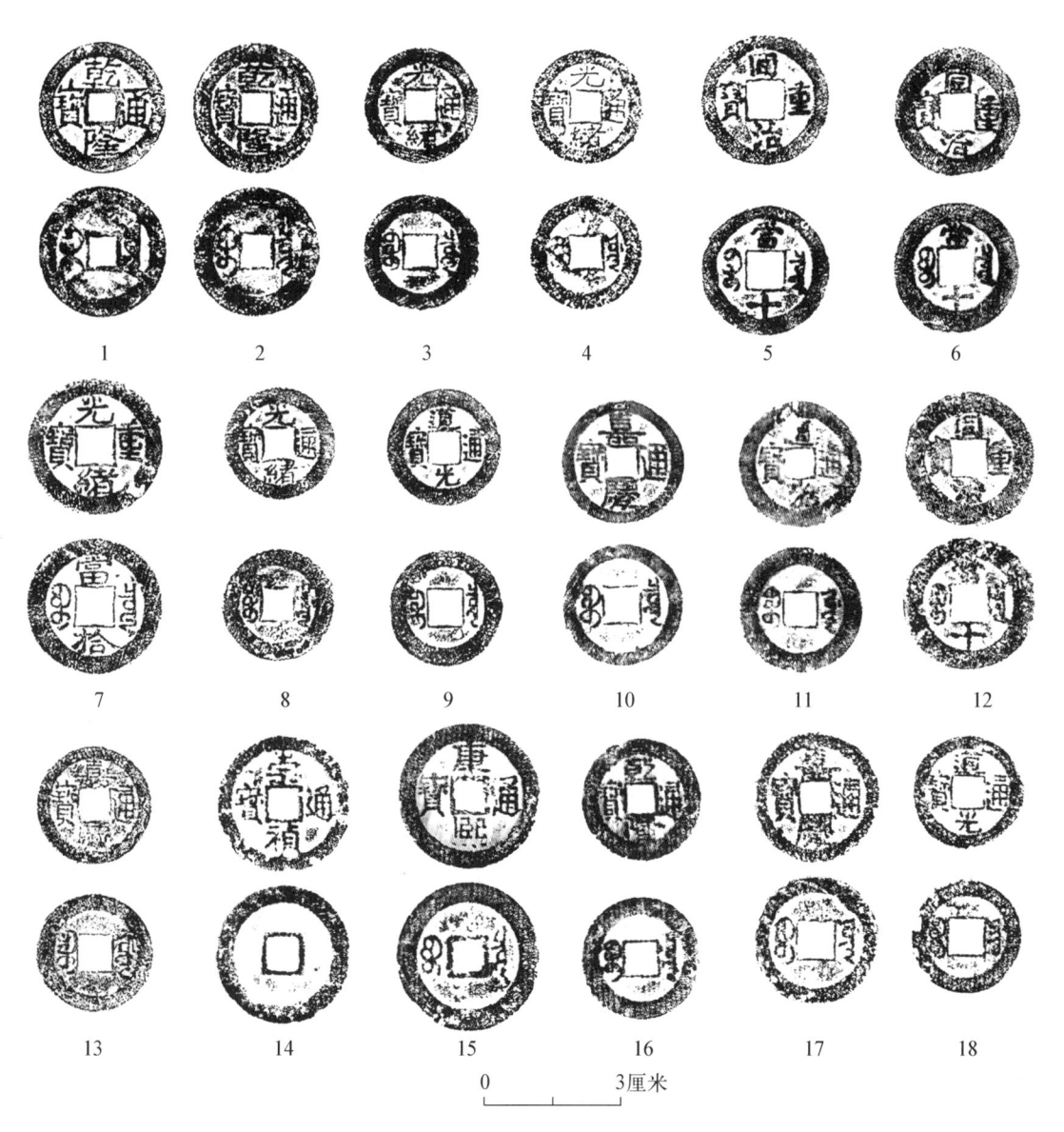

图五二 单棺墓随葬铜钱(一)

1、2、16. 乾隆通宝(M2：3-1、M2：3-2、M37：1) 3、4、8. 光绪通宝(M2：3-3、M2：3-6、M6：1-1)
5、6、12. 同治重宝(M5：1-1、M5：1-2、M12：1) 7. 光绪重宝(M5：1-3) 9、11、18. 道光通宝(M6：1-2、M11：1-2、M65：3)
10、13、17. 嘉庆通宝(M11：1-1、M13：1、M64：1) 14. 崇祯通宝(M24：1) 15. 康熙通宝(M30：1-1)

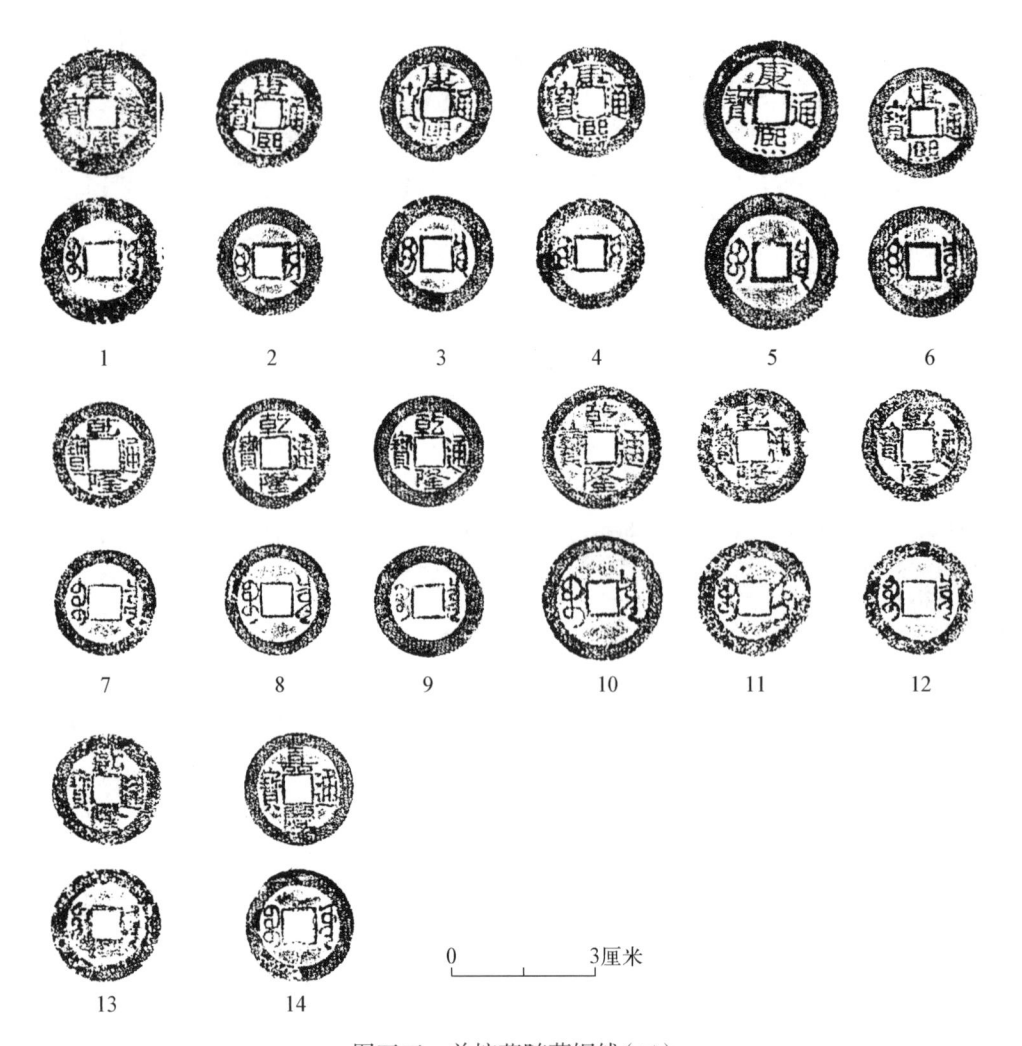

图五三　单棺墓随葬铜钱（二）

1～6.康熙通宝（M68:3、M75:5、M82:1-1、M82:1-2、M87:1、M88:1）
7～13.乾隆通宝（M69:3、M74:1、M75:1、M79:1、M80:2、M84:1、M85:1）　14.嘉庆通宝（M93:1）

2. 双棺墓：41座，M1、M3、M4、M9、M14-M17、M19-M23、M25、M27-M29、M33、M35、M40-M43、M46-M57、M63、M66、M67、M71、M73、M81。平面均呈长方形，均为长方形竖穴土圹墓。

M1　位于发掘区西南部，北邻M3。南北向，方向为347°。墓口距地表0.2米，墓底距地表深1.2米，内填黄褐色花土。墓圹长2.37米、宽1.5-1.7米、深1米。内置东西双棺，西棺打破东棺（图五四；彩版二五，1）。

西棺棺木已朽，仅残剩棺痕。长1.8米、宽0.5-0.6米、残高0.2米。棺内骨架已迁出。随葬品有铜钱。

东棺棺木已朽，仅残剩棺痕。长1.76米、宽0.56-0.7米、残高0.23米。棺内骨架已迁出。随葬品有铜钱。

铜钱12枚。乾隆通宝，1枚。M1：2-1，模制、完整，圆形、方穿。正面有郭，铸"乾隆通宝"，楷书对读。背面有郭，穿左右为满文"宝泉"，纪局名。钱径2.2厘米、穿径0.6厘米、郭厚0.3厘米（图一〇一，1）。

嘉庆通宝，1枚。M1：1-1，模制、完整，圆形、方穿。正面有郭，铸"嘉庆通宝"，楷书对读。背面有郭，穿左右为满文"宝泉"，纪局名。钱径2.1厘米、穿径0.6厘米、郭厚0.2厘米（图一〇一，8）。

道光通宝，1枚。M1：1-2，模制、完整，圆形、方穿。正面有郭，铸"道光通宝"，楷书对读。背面有郭，穿左右为满文"宝泉"，纪局名。钱径2.1厘米、穿径0.6厘米、郭厚0.2厘米（图一〇一，7）。

同治重宝，5枚。均模制、完整，圆形、方穿。正面有郭，铸"同治重宝"，楷书对读。背面有郭，穿上下为"当十"，穿左右为满文"宝泉"，纪局名。标本M1：1-3，钱径2.5厘米、穿径0.7厘米、郭厚0.4厘米（图一〇一，10）。标本M1：1-4，钱径2.6厘米、穿径0.7厘米、郭厚0.4厘米（图一〇一，11）。

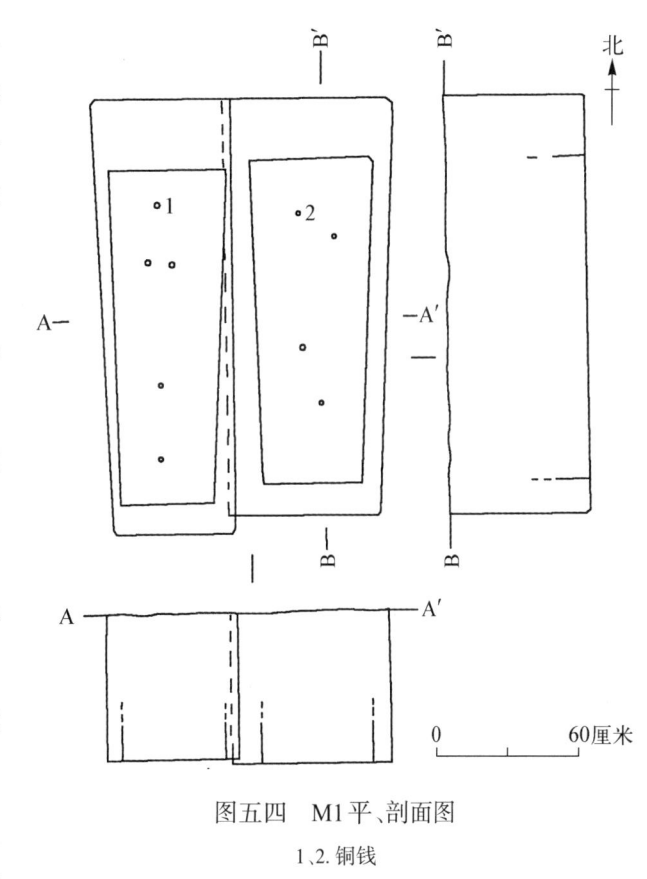

光绪重宝，4枚。均模制、完整，圆形、方穿。正面有郭，铸"光绪重宝"，楷书对读。标本M1：1-5，背面有郭，穿上下为"当拾"，穿左右为满文"宝泉"，纪局名。钱径2.55厘米、穿径0.65厘米、郭厚0.35厘米（图一〇一，15）。标本M1：1-6，背面有郭，穿上下为"当拾"，穿左右为满文"宝源"，纪局名。钱径2.2厘米、穿径0.65厘米、郭厚0.2厘米（图一〇一，16）。

图五四 M1平、剖面图
1、2.铜钱

M3 位于发掘区西部，东邻M2、南邻M1。南北向，方向为352°。墓口距地表0.2米，墓底距地表深1.07米，内填黄褐色花土。墓圹长2.6米、宽1.84-1.98米、深0.87米。内置东西双棺，东棺打破西棺（图五五；彩版二五，2）。

西棺棺木已朽，仅残剩棺痕。长1.93米、宽0.58-0.69米、残高0.2米。棺内骨架保存较差。墓主人为女性，头向北，面向东，仰身直肢葬。随葬品有银扁方、银簪、银耳环、铜钱。

东棺棺木已朽，仅残剩棺痕。长1.88米、宽0.56-0.67米、残高0.21米。棺内人骨保存一般。墓主人为男性，头向北，面向东，仰身直肢葬。随葬品有铜钱。

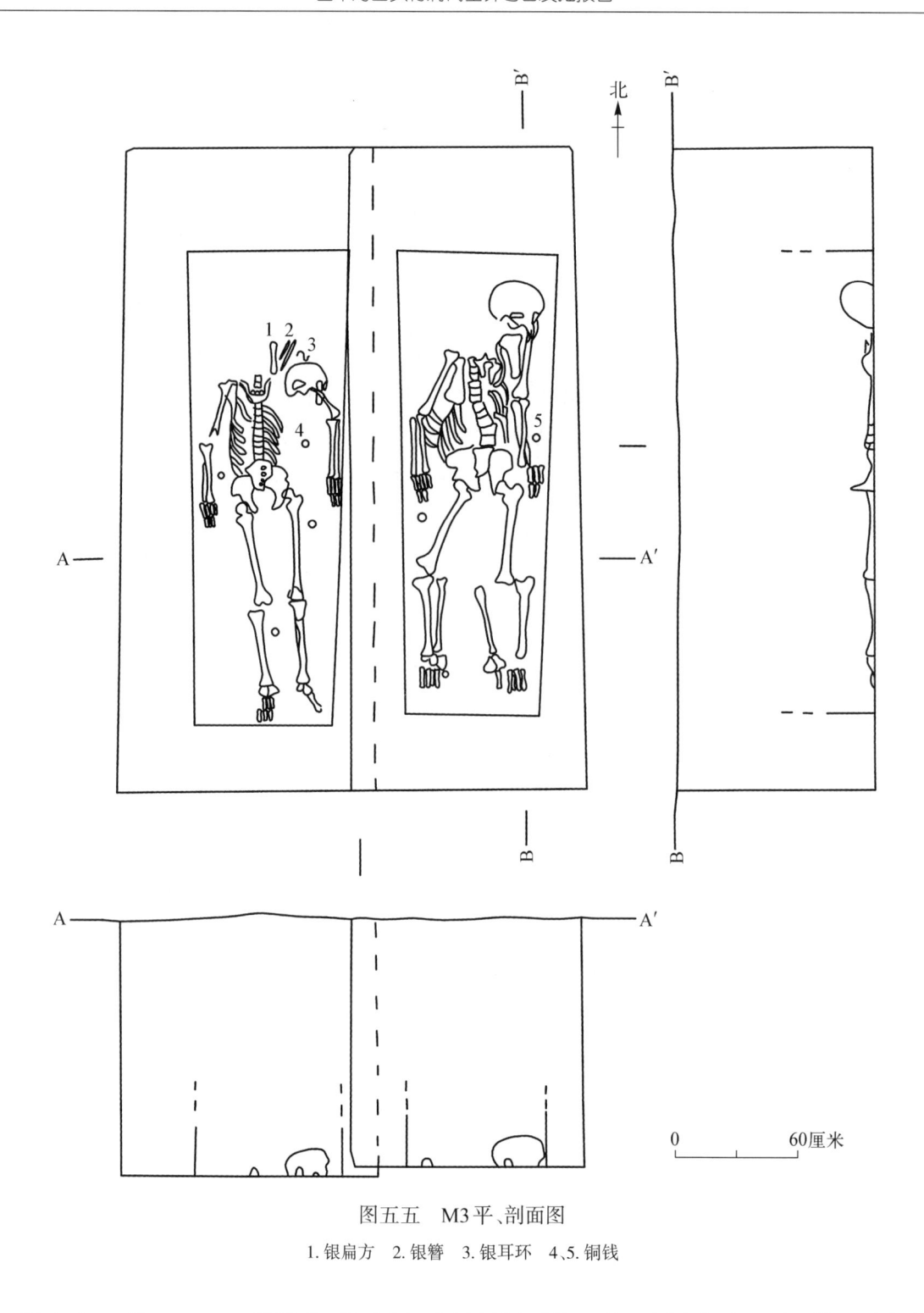

图五五 M3平、剖面图
1.银扁方 2.银簪 3.银耳环 4、5.铜钱

银扁方，1件。M3：1，首卷曲，体扁平，末端呈圆弧状。首上刻有如意云纹，体上端錾刻圆形福字纹，下端饰蝙蝠纹和卷云纹。通长14.3厘米、宽1.9厘米、厚0.05厘米（图九五，1；彩版四九，3~6）。

银簪，3件。M3：2-1，首为葵花瓣形，截面为凸字形。中间为圆形凸起，铸有一"福"字。

底托为花瓣形,上面錾刻花蕊形纹。背面錾刻有"定兴"字样,竖行。体细直,末端呈弧状。通长12.1厘米、首直径2.3厘米、高0.45厘米。M3:2-2,形制与M3:2-1相似。通长12.2厘米、首直径2.3厘米、高0.4厘米。M3:2-3,首残,体细直,末端呈尖状。通长12.2厘米、首直径2.3厘米、高0.4厘米(图九五,2~4;彩版五〇,2)。

银耳环,1组(2件)。整体近似"S"形。M3:3-1,一端尖细为钩,坠呈椭圆形。残高1.5厘米。M3:3-2,整体近似"S"形,一端尖细为钩,坠缺失。残宽3厘米(图九五,9、10;彩版五〇,1)。

铜钱7枚。同治重宝,4枚。均模制、完整、圆形、方穿。正面有郭,铸"同治重宝",楷书对读。标本M3:4-1,背面有郭,穿上下为"当十",穿左右为满文"宝泉",纪局名。钱径2.7厘米、穿径0.7厘米、郭厚0.4厘米(图一〇一,12)。标本M3:4-2,背面有郭,穿上下为"当十",穿左右为满文"宝源",纪局名。钱径2.8厘米、穿径0.7厘米、郭厚0.4厘米(图一〇一,13)。

光绪通宝,3枚。均模制、完整、圆形、方穿。正面有郭,铸"光绪通宝",楷书对读。标本M3:5-2,背面有郭,穿左右为满文"宝苏",纪局名。钱径2.1厘米、穿径0.6厘米、郭厚0.2厘米(图一〇一,17)。标本M3:5-3,背面有郭,穿左右为满文"宝泉",纪局名。钱径2.1厘米、穿径0.6厘米、郭厚0.25厘米(图一〇一,18)。

M4 位于发掘区西部。南北向,方向为340°。墓口距地表0.2米,墓底距地表深1.2米,内填黄褐色花土。墓圹长2.52米、宽2.03米、深1米。内置东西双棺,西棺打破东棺(图五六;彩版二六,1)。

西棺棺木已朽,仅残剩棺痕。长1.84米、宽0.48-0.66米、残高0.3米。棺内人骨保存完整,墓主人为女性,头向北,面向东,仰身直肢葬。随葬品有银耳环、银扁方、铜簪、铜钱。

东棺棺木已朽,仅残剩棺痕。长1.93米、宽0.58-0.66米、残高0.3米。棺内人骨保存一般,墓主人为男性,头向北,面向东,仰身直肢葬。随葬品有铜钱2枚。

银耳环,1组(2件),形制、大小基本相同。整体近似"S"形。一端尖细,一端为圆饼形,上刻圆形"福"字纹。M4:1-1,直径1.2厘米、厚0.2厘米。M4:1-2,直径1.2厘米、厚0.2厘米(图九五,11、12;彩版五〇,3)。

银扁方,1件。M4:4,首卷曲,体扁平,末端呈圆弧状。体上部錾刻圆形福字纹和花草纹,下端錾刻纹饰。通长13.2厘米、宽1-1.3厘米(图九五,8;彩版五一,1、2)。

铜簪,3件。M4:2-1,首为圆形,花朵状。底托圆形,做花瓣状,缠绕有铜丝。体细直,末端呈尖状。通长13.5厘米、首直径2.7厘米、高1.4厘米。M4:2-2与M4:2-3形制、大小基本相同。首为圆形,截面为凸字形。中间为圆形凸起,上面分别铸"寿"和"福"字。M4:2-2,通长13.1厘米、首直径1.5-2.4厘米、高0.4厘米。M4:2-3,通长13厘米、首直径1.5-2.5厘米、高0.4厘米(图九五,5~7;彩版五〇,5、6)。

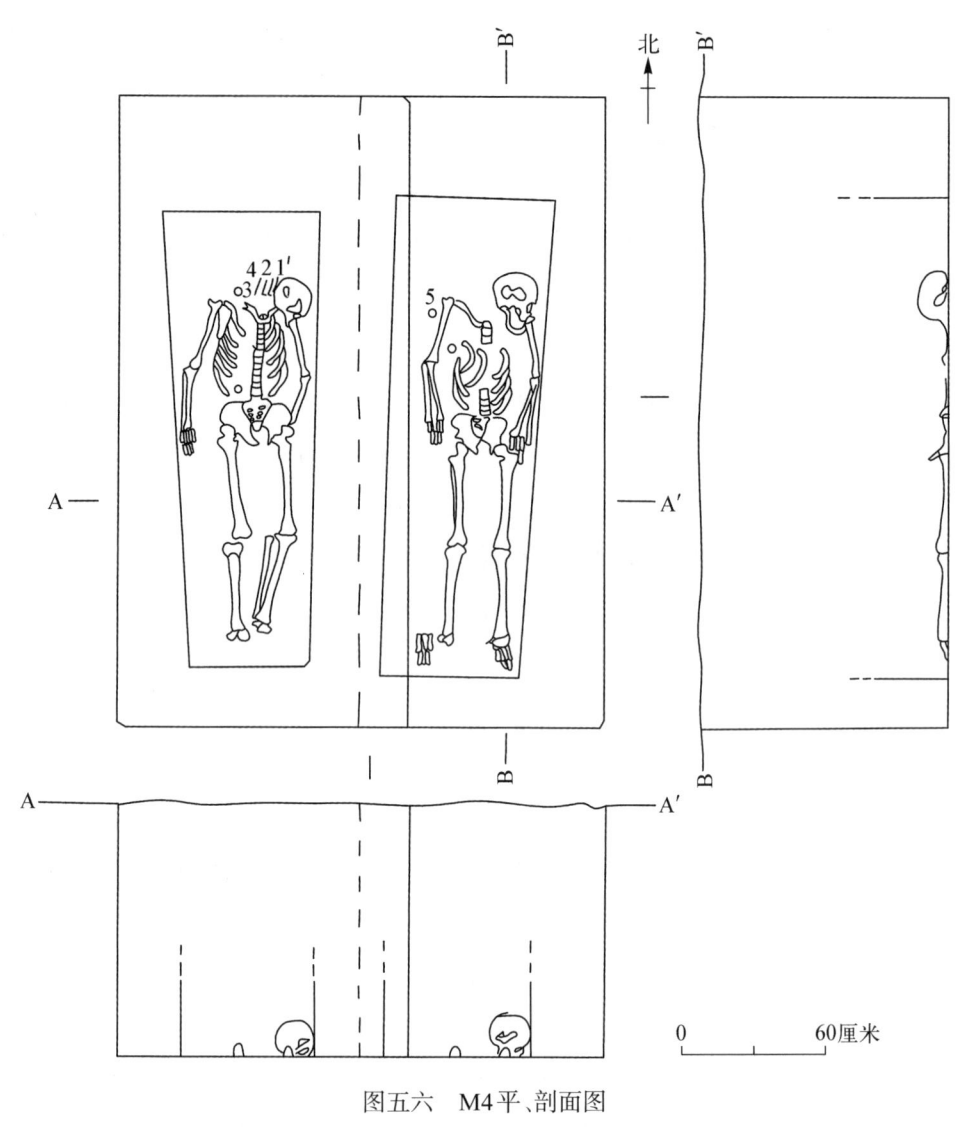

图五六 M4平、剖面图
1. 银耳环 2. 铜簪 3、5. 铜钱 4. 银扁方

同治重宝，4枚。均模制、完整，圆形、方穿。正面有郭，铸"同治重宝"，楷书对读。背面有郭，穿左右为满文"宝泉"，纪局名。标本M4：3-1，钱径2.5厘米、穿径0.7厘米、郭厚0.3厘米（图一○一，14）。

M9 位于发掘区西北部。东西向，方向为268°。墓口距地表深0.5米，墓底距地表深1.53米，内填黄褐色花土。墓圹长2.26-2.29米、宽1.53-1.76米、深1.03米。内置南北双棺，北棺打破南棺（图五七；彩版二六，2）。

北棺棺木已朽，仅残剩棺痕。长1.92米、宽0.52-0.68米、残高0.46米。棺内骨架保存较差，部分肢骨缺失移位。骨架残长1.36米。墓主人为女性，头向东，足向西，面向下，仰身直肢葬。随葬品有银扁方、铜钱。

南棺棺木已朽，仅残剩棺痕。长1.87米、宽0.44—0.69米、残高0.44米。棺内骨架保存较差，部分肢骨缺失移位。骨架残长1.66米。墓主人为男性，头向东，足向西，面向上，仰身直肢葬。棺内随葬铜钱3枚。

银扁方，1件。M9：1，首卷曲，体扁平，末端呈圆弧状。体上部錾刻圆形福字纹和花草纹，下端錾刻纹饰。通长15.3厘米、宽1厘米、厚0.05厘米（图九六，1；彩版五一，3、4）。

铜钱6枚，均锈蚀严重无法辨认。

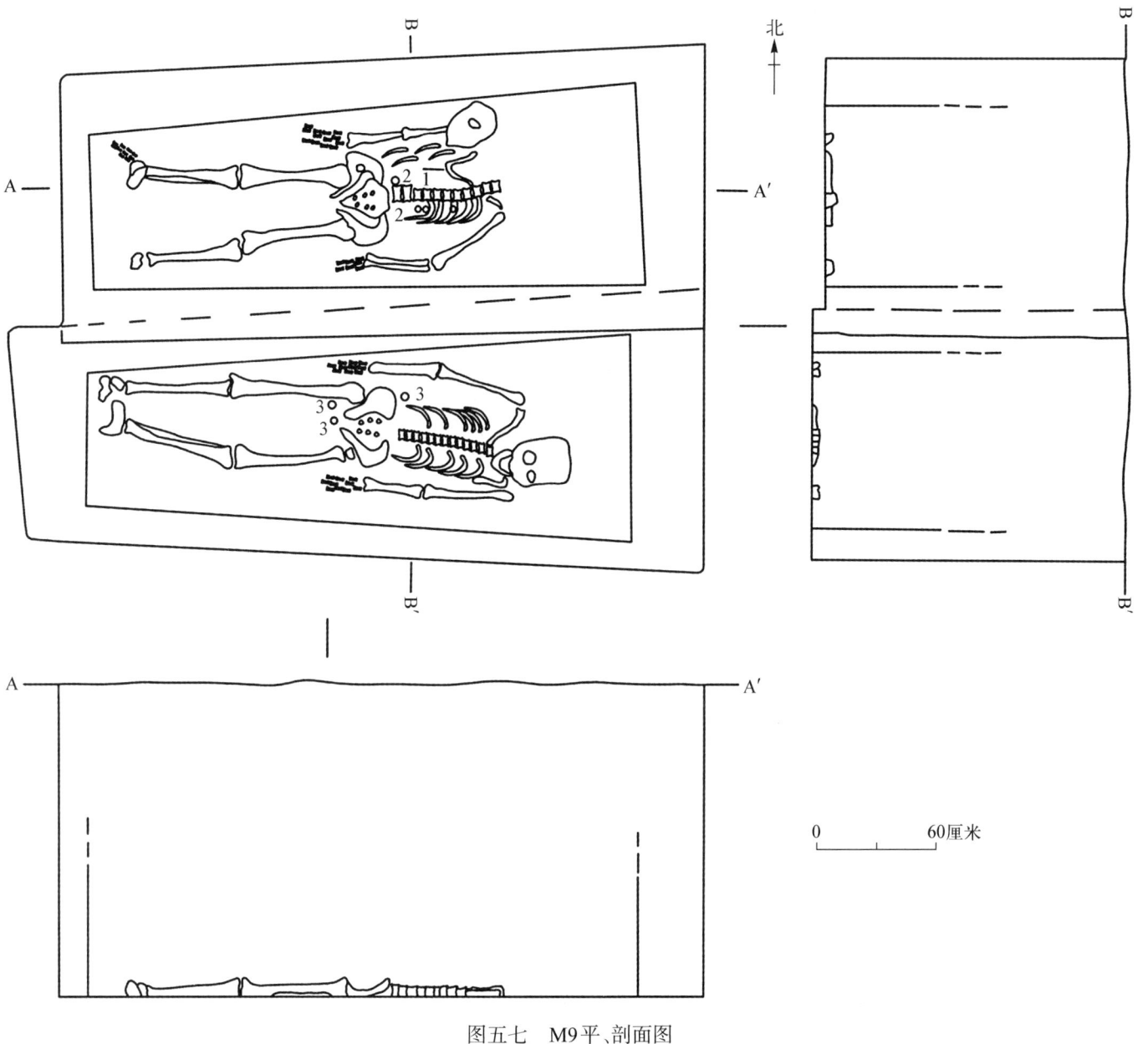

图五七　M9平、剖面图
1. 银扁方　2、3. 铜钱

M14 位于发掘区西北部。东西向，方向为265°。墓口距地表0.5米，墓底距地表深1.66米，内填黄褐色花土。墓圹长2.56-2.68米、宽1.92-2.04米、深1.16米。内置南北双棺，北棺打破南棺（图五八；彩版二七，1）。

北棺棺木已朽，仅残剩棺痕。长1.78米、宽0.51-0.66米、残高0.29米。棺内骨架已迁出，葬式不明。无随葬品。

南棺棺木已朽，仅残剩棺痕。长1.82米、宽0.6-0.7米、残高0.22米。棺内骨架已迁出，葬式不明。随葬品有铜钱1枚。

乾隆通宝，1枚。M14∶1，模制、完整，圆形、方穿。正面有郭，铸"乾隆通宝"，楷书对读。背

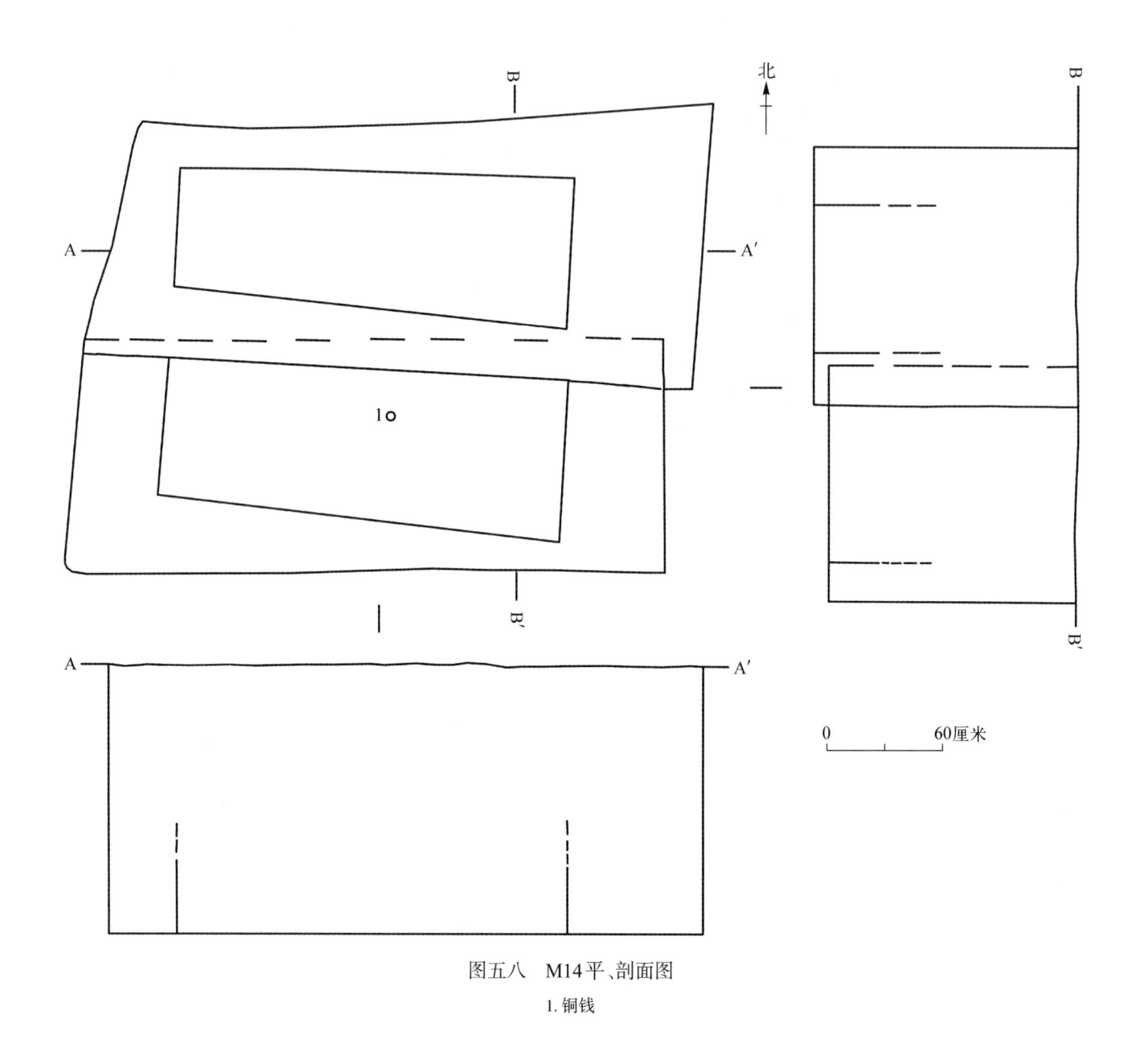

图五八　M14平、剖面图
1.铜钱

面有郭，穿左右为满文"宝源"，纪局名。钱径2厘米、穿径0.7厘米、郭厚0.2厘米（图一〇一，2）。

M15 位于发掘区西北部。东西向，方向为265°。墓口距地表0.5米，墓底距地表深1.57米，内填黄褐色花土。墓圹长2.54-2.64米、宽1.83米、深1.07米。内置南北双棺，北棺打破南棺（图五九；彩版二七，2）。

北棺棺木已朽，仅残剩棺痕。长1.88米、宽0.67-0.73米、残高0.24米。棺内骨架保存较差。骨架残长1.62米。墓主人为女性，头向东，面向下，仰身直肢葬。随葬品有银簪、铜钱。

南棺棺木已朽，仅残剩棺痕。长2.02米、宽0.48-0.7米、残高0.2米。棺内骨架保存一般。骨架残长1.67米。墓主人为男性，头向东，面向上，仰身直肢葬。棺内无随葬品。

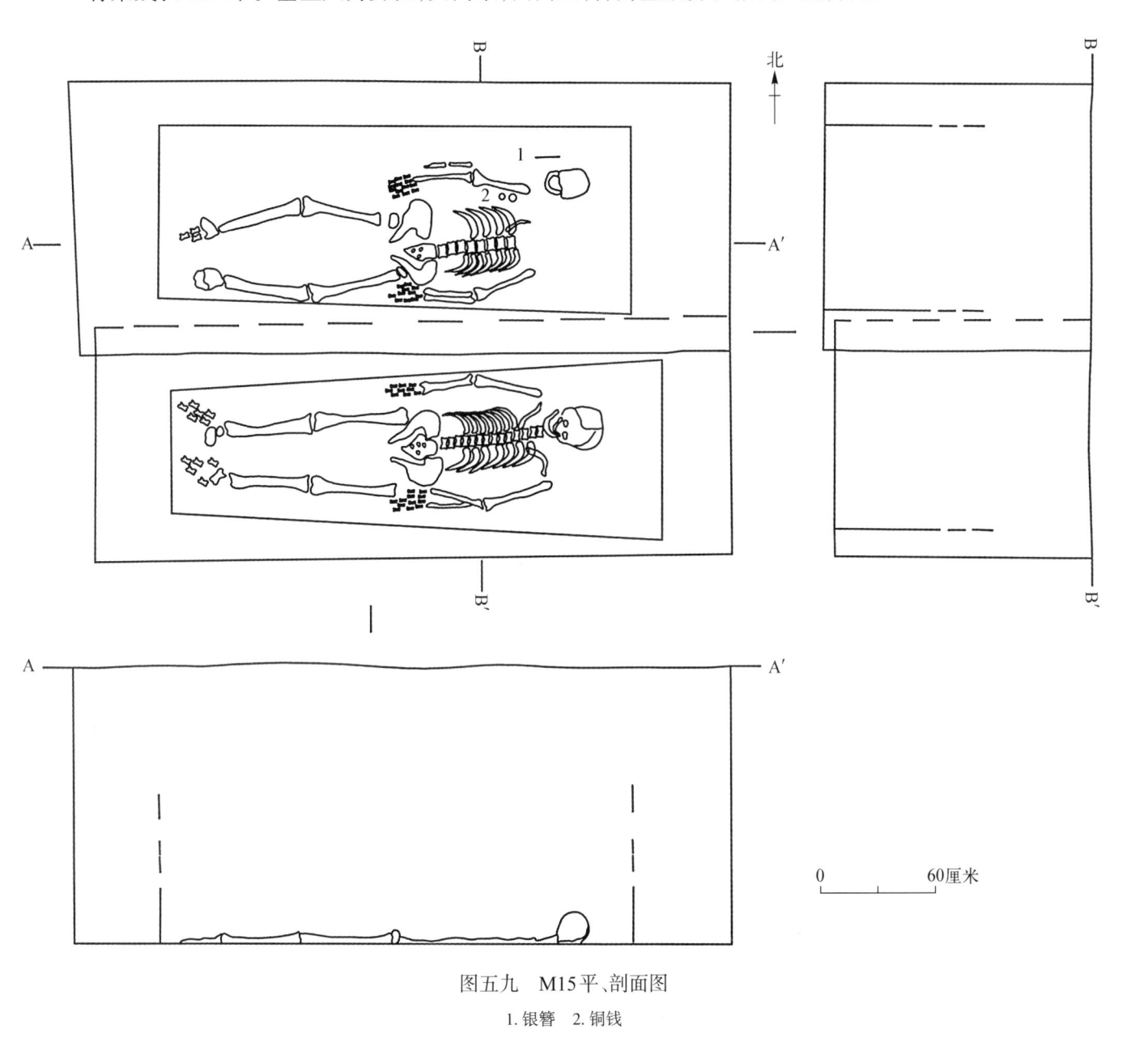

图五九　M15平、剖面图
1. 银簪　2. 铜钱

银簪，1件。M15：1，首为禅杖形，用银丝缠绕而成，顶端为葫芦状，宝瓶形饰。体细长，末端残。残长10.7厘米、首宽1.2厘米、高2.9厘米（图九六，2；彩版五〇，4）。

铜钱1枚，锈蚀严重无法辨认。

M16　位于发掘区西北部，西邻M10。东西向，方向为300°。墓口距地表0.45米，墓底距地表深1.54米，内填黄褐色花土。墓圹长2.3-2.58米、宽1.64-1.83米、深1.09米。内置南北双棺，北棺打破南棺（图六〇；彩版二八，1）。

北棺棺木已朽，仅残剩棺痕。长1.92米、宽0.6-0.7米、残高0.24米。棺内骨架保存一般。骨架残长1.48米。墓主人为女性，头向东，面向下，仰身直肢葬。随葬品有银耳环、银簪、铜钱。

南棺棺木已朽，仅残剩棺痕。长1.91米，宽0.5-0.64米、残高0.2米。棺内骨架保存一般。骨架残长1.72米。墓主人为男性，头向东，面向下，仰身直肢葬。随葬品有铜钱。

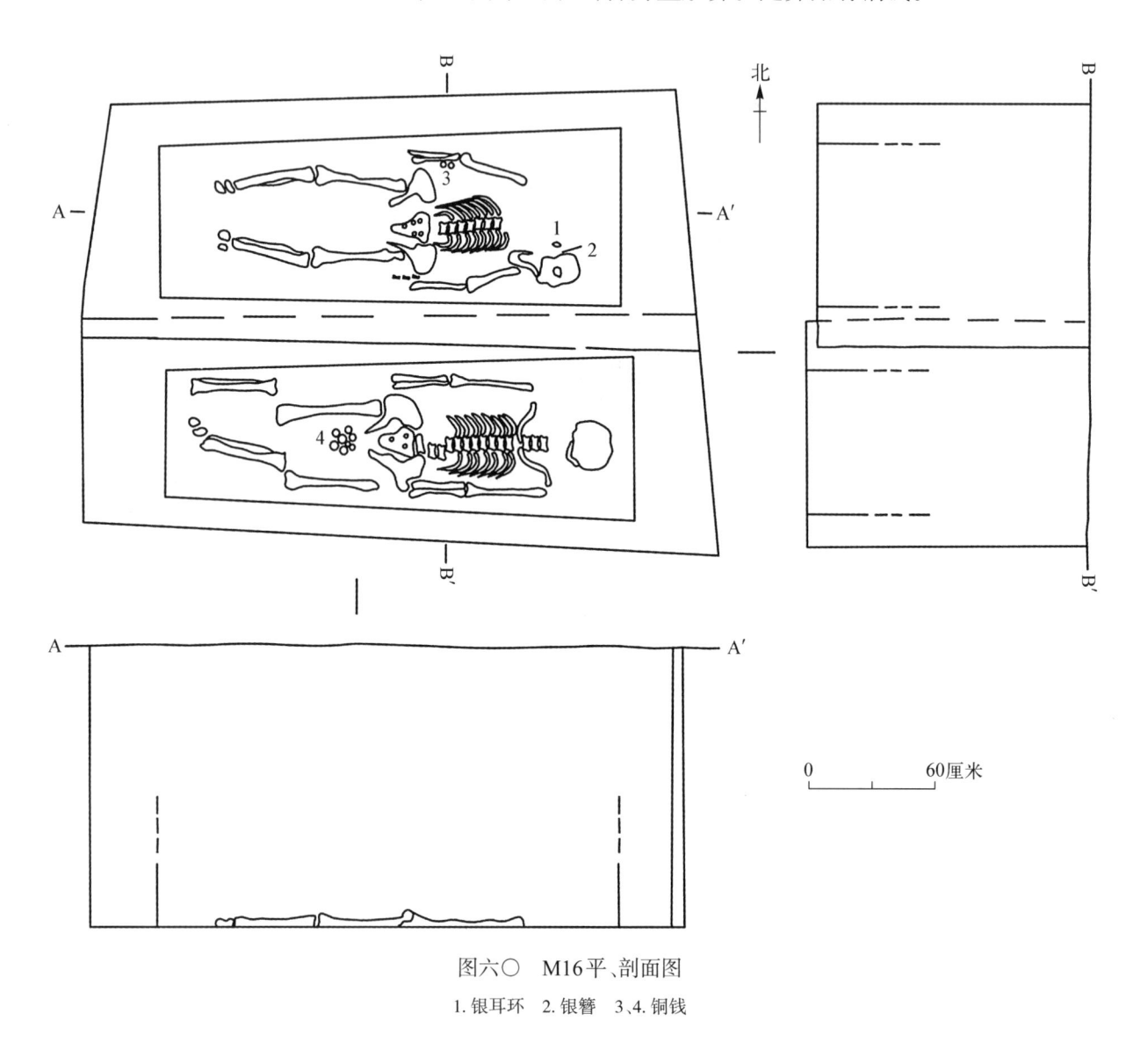

图六〇　M16平、剖面图
1. 银耳环　2. 银簪　3、4. 铜钱

银耳环，1件。M16:1，整体近似"S"形，一端尖细为钩，一端为圆饼状。素面。直径0.9厘米、通长2.6厘米（图九六，14；彩版五一，5）。

银簪，1件。M16:2，首为禅杖形，用银丝缠绕而成，顶端为葫芦状，宝瓶形饰。体细长。通长13.6厘米、首宽1.8厘米、高3.3厘米（图九六，3；彩版五一，6）。

铜钱9枚。乾隆通宝6枚。均为圆形、方穿，正、背面有圆郭。钱面文"乾隆通宝"，楷书对读。标本M16:4-1，背穿左右为满文"宝泉"，纪局名。钱径2.2厘米、穿径0.6厘米、郭厚0.25厘米（图一〇一，3）。标本M16:4-4，背穿左右为满文"宝源"，纪局名。钱径2厘米、穿径0.65厘米、郭厚0.2厘米（图一〇一，4）。

M17 位于发掘区西北部，东北角打破M10，南部被M8打破。东西向，方向为270°墓口距地表0.51米，墓底距地表深1.53米，内填黄褐色花土。墓圹长2.37-2.45米、宽1.57-1.81米、深1.03米。内置南北双棺，北棺打破南棺（图六一；彩版二八，2）。

北棺棺木已朽，仅残剩棺痕。长1.78米、宽0.6-0.73米、残高0.28米。棺内骨架保存较差。骨架残长1.44米。墓主人为女性，头向东，面向下，仰身直肢葬。随葬品有银头饰、铜簪、银耳环、铜扁方、铜钱。

南棺棺木已朽，仅残剩棺痕。长1.81米、宽0.48-0.65米、残高0.27米。棺内骨架保存较差。骨架残长1.55米。墓主人为男性，头向东，面向下，仰身直肢葬，为男性。无随葬品。

银头饰，1件。M17:1，首为五瓣花朵形，乳白色，中部镶嵌一红色宝石。体残缺。直径2.9厘米、高1.1厘米（图九六，8；彩版五三，1、2）。

铜簪，1件。M17:2，首为圆形，截面为凸字形。中间为圆形凸起，上面铸"福"字。底托为花瓣形。体残缺。首直径2.4厘米、厚0.3厘米（图九六，9；彩版五三，3）。

银耳环，1组（2件）。M17:3与M17:4形制、大小基本相同。整体均呈"S"形，一端尖细为钩，一端为圆饼状，素面。M17:3，直径1.3厘米、通长2.9厘米（图九六，14；彩版五三，5）。M17:4，直径1.3厘米、通长3.7厘米（图九六，15；彩版五三，6）。

铜扁方，1件。M17:5，首卷曲，体扁平，末端呈弧状。通体素面。通长14.7厘米、宽2.2厘米、厚0.1厘米（图九六，4；彩版五三，4）。

铜钱8枚。乾隆通宝，2枚。均模制、完整，圆形、方穿。正面有郭，铸"乾隆通宝"，楷书对读。M17:6-1，背面有郭，穿左右为满文"宝晋"，纪局名。钱径2.1厘米、穿径0.55厘米、郭厚0.2厘米（图一〇一，5）。M17:6-3，背面有郭，穿左右为满文"宝泉"，纪局名。钱径2.2厘米、穿径0.6厘米、郭厚0.3厘米（图一〇一，6）。

嘉庆通宝，1枚。M17:6-2，模制、完整，圆形、方穿。正面有郭，铸"嘉庆通宝"，楷书对读。背面有郭，穿左右为满文"宝福"，纪局名。钱径2.2厘米、穿径0.6厘米、郭厚0.25厘米（图一〇一，9）。

图六一 M17平、剖面图

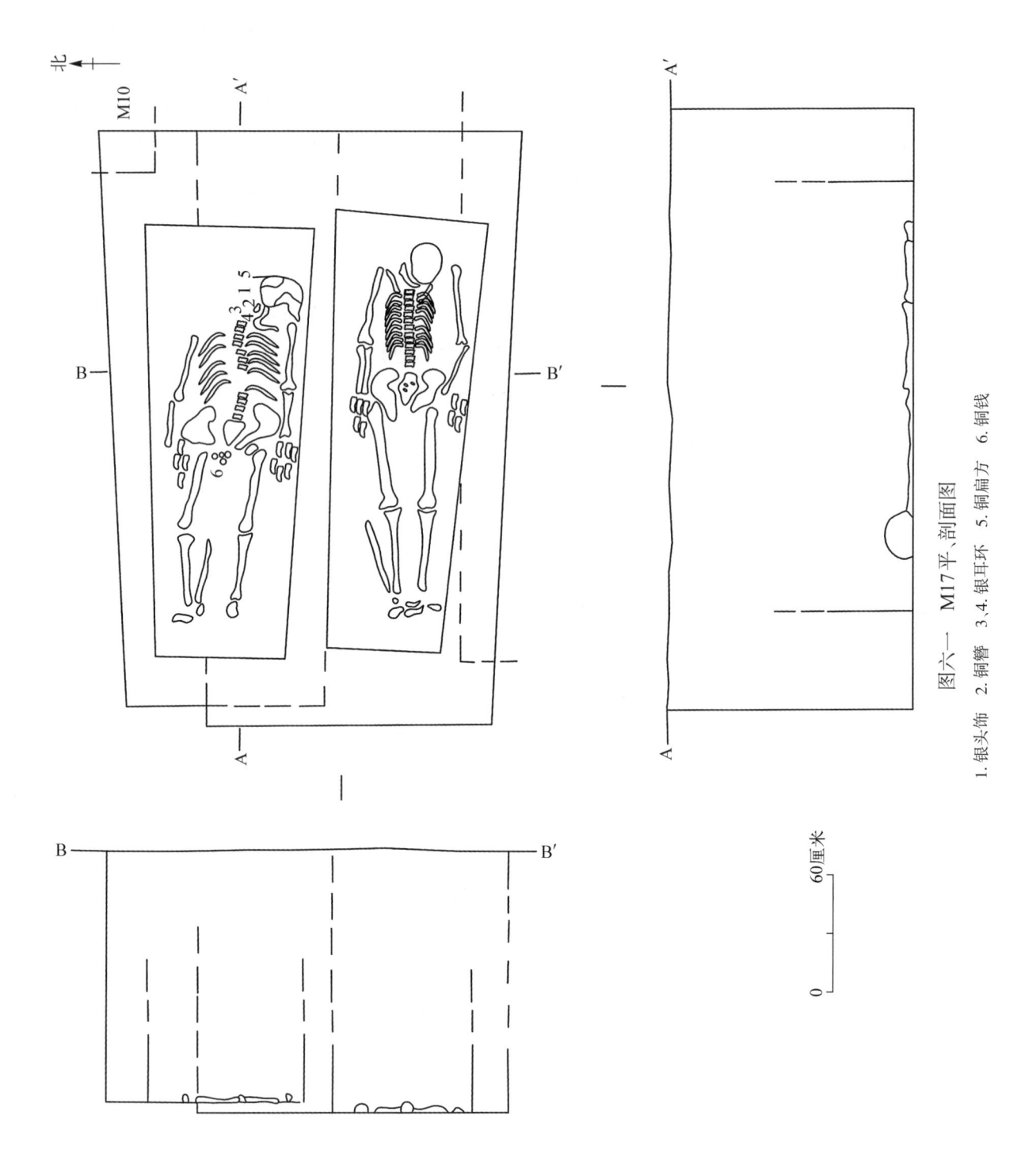

1. 银头饰 2. 铜簪 3、4. 银耳环 5. 铜扁方 6. 铜钱

咸丰通宝，1枚。M17∶6-4，模制、完整，圆形、方穿。正面有郭，铸"咸丰通宝"，楷书对读。背面有郭，穿左右为满文"宝源"，纪局名。钱径2.1厘米、穿径0.6厘米、郭厚0.2厘米（图一〇二，1）。

道光通宝，1枚。M17∶6-5，模制、完整，圆形、方穿。正面有郭，铸"道光通宝"，楷书对读。背面有郭，穿左右为满文"宝泉"，纪局名。钱径2.1厘米、穿径0.6厘米、郭厚0.2厘米（图一〇二，2）。

其余3枚锈蚀严重，无法辨认。

M19 位于发掘区南部。南北向，方向为330°。墓口距地表0.5米，墓底距地表深1.41米，内填黄褐色花土。墓圹长2.71-2.79米、宽1.20-1.47米、深0.91米。内置东西双棺（图六二；彩版二九，1）。

北棺棺木已朽，仅残剩棺痕。长2.08米、宽0.59-0.61米、残高0.36米。棺内骨架保存较差，头向北，面向不明，葬式不明。随葬品有铜钱。

南棺棺木已朽，仅残剩棺痕，为二次葬。长1.01米、宽0.42-0.51米、残高0.36米。棺内骨架由大的骨块和头骨堆放而成。墓主人性别不明，头向北，面向下。随葬品有陶罐。

陶罐，1件。M19∶2，方唇，直口，矮颈，溜肩，斜腹，平底。上腹部及口沿施绿釉，以下露灰胎。素面。外壁有轮制抹痕。口径10.8厘米、底径7.8厘米、高11.3厘米（图九六，5；彩版五二，2）。

铜钱1枚。锈蚀严重无法辨认。

M20 位于发掘区南部，北部被现代坑打破。南北向，方向为360°。墓口距地表0.5米，墓底距地表深1.33-1.4米，内填黄褐色花土。墓圹长2.39-2.48米、宽2.16-2.24米、深0.83-0.9米。内置东西双棺，西棺打破东棺（图六三；彩版二九，2）。

西棺棺木已朽，仅残剩棺痕。长1.9米、宽0.56-0.75米、残高0.39米。棺内骨架保存较差。骨架残长1.6米。墓主人为女性，头向北，足向南，面向下，仰身直肢葬。随葬品有铜押发、铜簪。

东棺棺木已朽，仅残剩棺痕。长1.89米、宽0.58-0.65米、残高0.39米。棺内骨架保存较差。骨架残长1.58米。墓主人为男性，头向北，面向上，仰身直肢葬。随葬品有铜簪。

铜押发，1件。M20∶1，扁长体，两端为圆弧尖状，束腰。面錾刻纹饰。略残。残长11.3厘米、宽1-1.2厘米、厚0.1厘米（图九六，6；彩版五四，1）。

铜簪，2件。标本M20∶2，首为花瓣形，截面为凸字形。中间为圆形凸起，首上铸"寿"字。体呈锥状。通长9.3厘米、首直径1.4-2.3厘米、高0.3厘米（图九六，7；彩版五四，2）。

M21 位于发掘区南部，北邻M22，南部被现代坑打破。南北向，方向为10°。墓口距地表0.5米，墓底距地表深1.3-1.33米，内填黄褐色花土。墓圹长2.68米、宽2.17-2.18米、深0.8-0.83米。内置东西双棺，西棺打破东棺（图六四；彩版三〇，1）。

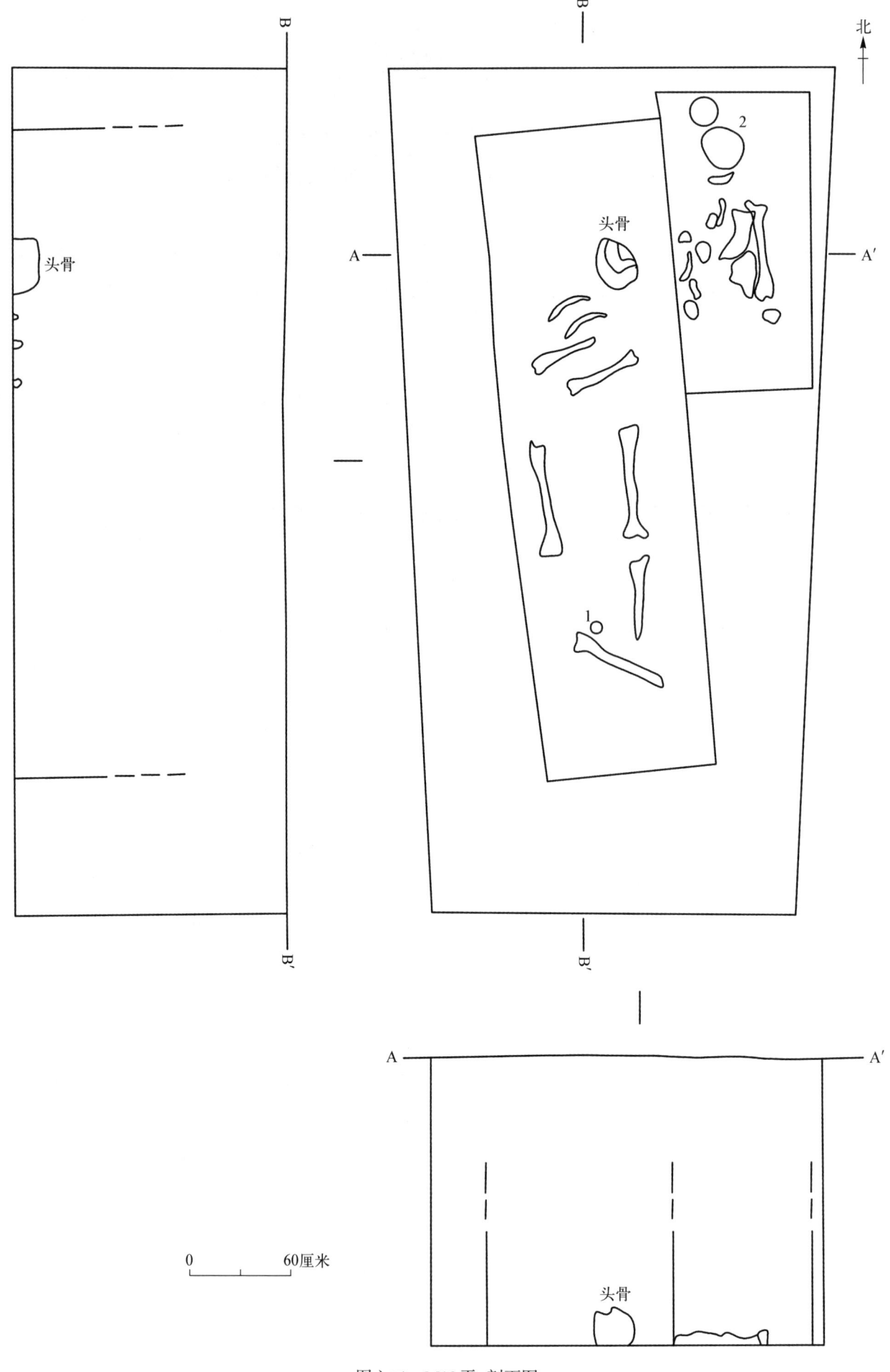

图六二　M19平、剖面图

1. 铜钱　2. 陶罐

第三章 墓葬及遗物

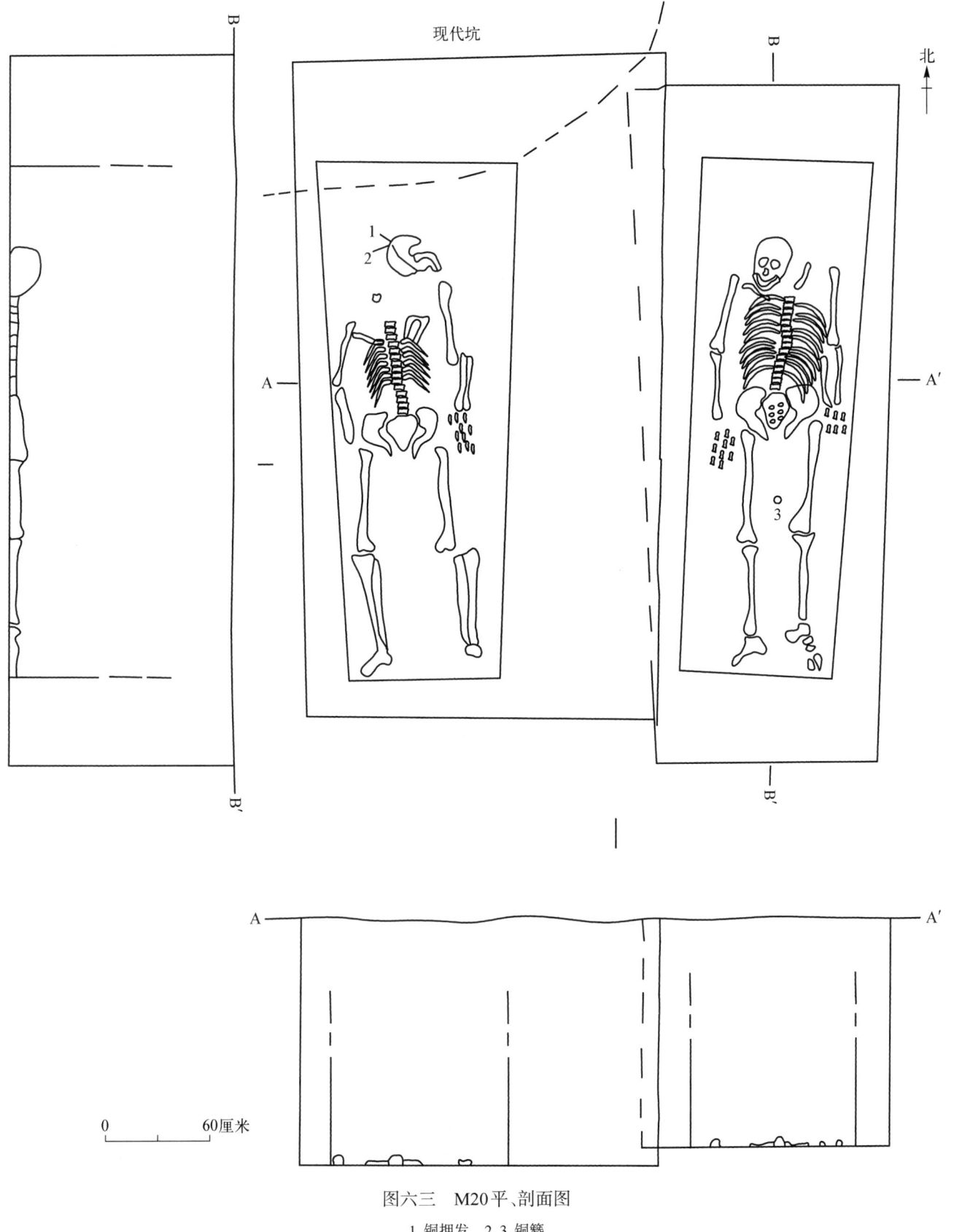

图六三 M20平、剖面图
1. 铜押发 2、3. 铜簪

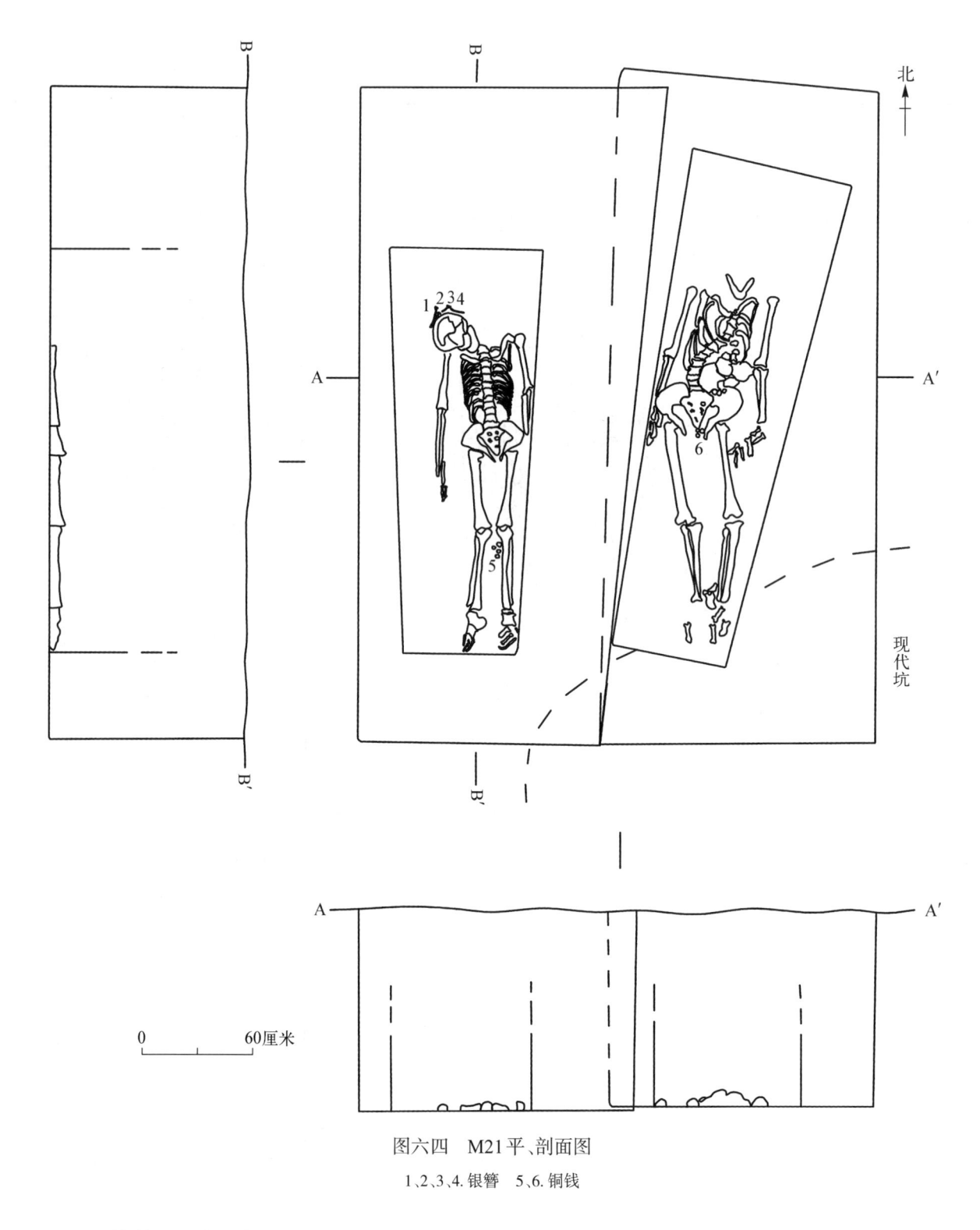

图六四 M21平、剖面图
1、2、3、4.银簪 5、6.铜钱

西棺棺木已朽,仅残剩棺痕。长1.66米、宽0.47-0.69米、残高0.32米。棺内骨架保存较差。骨架残长1.4米。墓主人为女性,头向北,面向不明,仰身直肢葬。随葬品有银簪、铜钱。

东棺棺木已朽,仅残剩棺痕。长2.07米、宽0.48-0.69米、残高0.3米。棺内骨架保存较差,头骨移位。骨架残长1.56米。墓主人为男性,足向南,仰身直肢葬。随葬品有铜钱。

银簪,4件。M21:1,首为手掌形,大拇指已残缺,食指弯曲。腕部有纹饰,下位如意纹。体细直。残长16.2厘米、首厚0.7厘米、宽1.4厘米、高4.3厘米(图九七,1;彩版五四,3)。M21:2,首呈花瓣形,残缺。底托为两层花瓣形状。通长7.5厘米、残宽3.9厘米、高1.5厘米(图九七,2;彩版五四,4)。M21:3与M21:4形制、大小基本一致。首为花瓣形,截面为凸字形。中间为圆形凸起,首上分别铸"寿""福"字。体呈锥状。M21:3,通长7.2厘米、首直径2.6厘米、高0.4厘米(图九七,3;彩版五四,5)。M21:4,通长7.2厘米、首直径2.6厘米、高0.4厘米(图九七,4;彩版五四,6)。

铜钱6枚。道光通宝,2枚。均模制、完整,圆形、方穿。正面有郭,铸"道光通宝",楷书对读。背面有郭,穿左右为满文"宝泉",纪局名。M21:5-1,钱径2.1厘米、穿径0.6厘米、郭厚0.2厘米(图一〇二,3)。M21:6-1,钱径2.1厘米、穿径0.6厘米、郭厚0.25厘米(图一〇二,4)。

光绪通宝,2枚。均模制、完整,圆形、方穿。正面有郭,铸"光绪通宝",楷书对读。背面有郭,穿左右为满文"宝泉",纪局名。M21:5-2,钱径2厘米、穿径0.6厘米、郭厚0.2厘米。M21:6-2,钱径2.1厘米、穿径0.6厘米、郭厚0.3厘米(图一〇二,5)。

其余2枚锈蚀严重,无法辨认。

M22 位于发掘区南部,东邻M23。南北向,方向为16°。墓口距地表0.5米,墓底距地表深1.18米,内填黄褐色花土。墓圹长2.54-2.78米、宽2.22-2.45米、深0.68米。内置东西双棺,东棺打破西棺(图六五;彩版三〇,2)。

东棺棺木已朽,仅残剩棺痕。长1.69米、宽0.53-0.66米、残高0.22米。棺内骨架保存一般。骨架残长1.74米。墓主人为女性,头向北,面向下,仰身直肢葬。随葬品有铜钱。

西棺棺木已朽,仅残剩棺痕。长1.79米、宽0.52-0.65米、残高0.19米。棺内骨架保存较差。骨架残长1.56米。墓主人性别不明,头向北,面向不明,仰身直肢葬。随葬品有铜钱。

铜钱10枚。乾隆通宝,1枚。M22:1-1,模制、完整,圆形、方穿。正面有郭,铸"乾隆通宝",楷书对读。背面有郭,穿左右为满文"宝泉",纪局名。钱径2.1厘米、穿径0.6厘米、郭厚0.2厘米(图一〇二,7)。

道光通宝,2枚。均模制、完整,圆形、方穿。正面有郭,铸"道光通宝",楷书对读。背面有郭,穿左右为满文"宝源",纪局名。M22:1-2,钱径2.1厘米、穿径0.6厘米、郭厚0.2厘米(图一〇二,8)。M22:2,钱径2.1厘米、穿径0.6厘米、郭厚0.2厘米(图一〇二,9)。

其余7枚均锈蚀严重,无法辨认。

M23 位于发掘区南部,西邻M22。南北向,方向为18°。墓口距地表0.5米,墓底距地表深0.82米,内填黄褐色花土。墓圹长2.27米、宽1.46-2.06米、深0.32米,内置东西双棺,东棺打破西棺(图六六;彩版三一,1)。

图六五　M22 平、剖面图

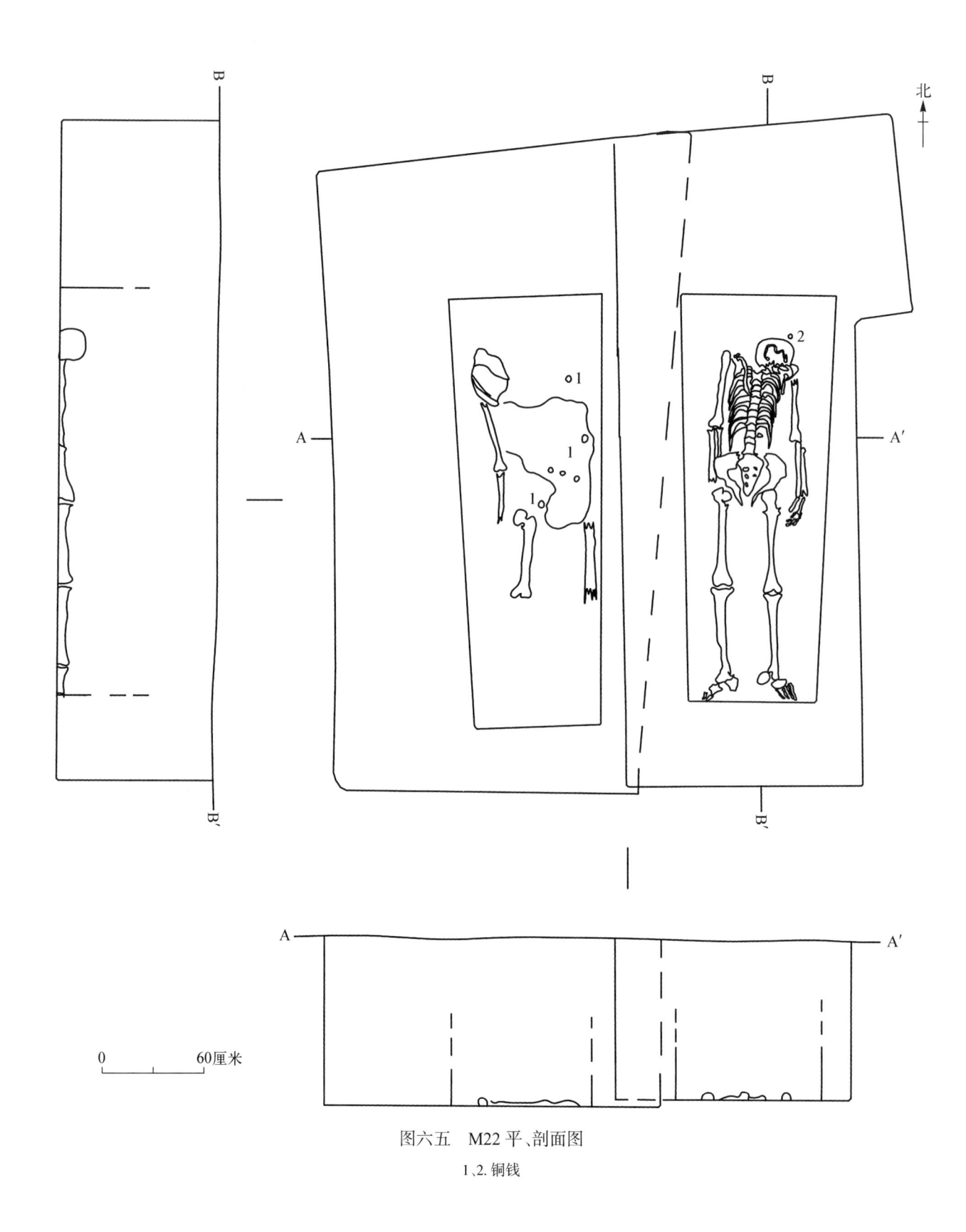

1、2. 铜钱

第三章 墓葬及遗物

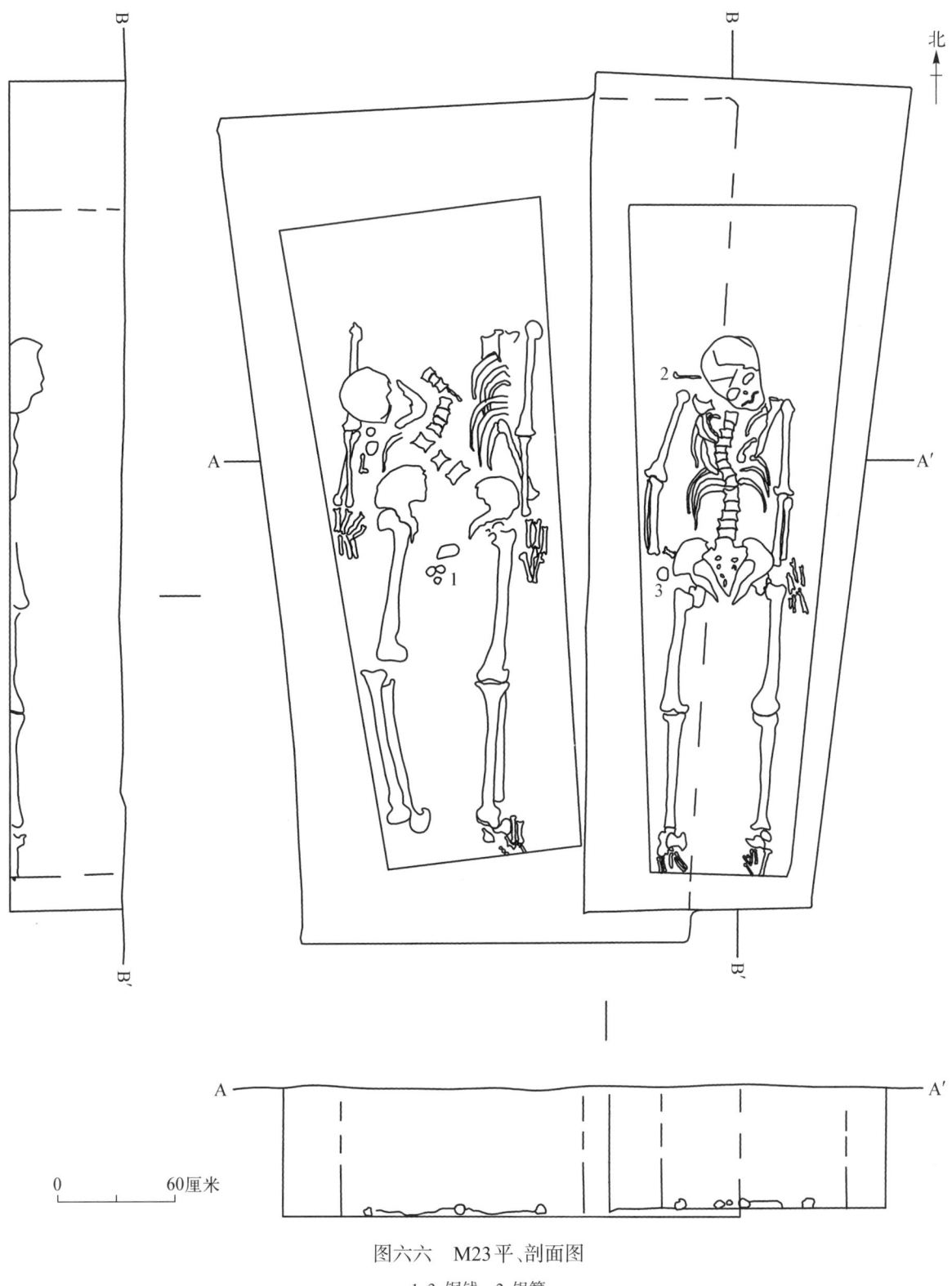

图六六 M23平、剖面图
1、3. 铜钱 2. 银簪

东棺棺木已朽,仅残剩棺痕。长1.86米、宽0.66米、残高0.16米。棺内骨架保存一般。骨架残长1.5米。墓主人为女性,头向北,面向上,仰身直肢葬。随葬品有银簪、铜钱。

西棺棺木已朽,仅残剩棺痕。长1.83米、宽0.56-0.75米、残高0.14米。棺内骨架保存较差。骨架残长1.52米。墓主人性别不明,头向北,面向下,仰身直肢葬。随葬品有铜钱。

银簪,1件。M23:2,首为花瓣形,截面为凸字形。中间为圆形凸起,首上铸"福"字。体残。残长4.4厘米、首直径2.4厘米、高0.9厘米(图九六,5;彩版五五,1)。

铜钱4枚。道光通宝,2枚。均模制、完整、圆形、方穿。正面有郭,铸"道光通宝",楷书对读。M23:1-1,背面有郭,穿左右为满文"宝源",纪局名。钱径2厘米、穿径0.65厘米、郭厚0.2厘米(图一○二,10)。M23:3,背面有郭,穿左右为满文"宝泉",纪局名。钱径2.3厘米、穿径0.6厘米、郭厚0.2厘米(图一○二,11)。

其余2枚锈蚀严重,无法辨认。

M25 位于发掘区中北部,南邻M21。东西向,方向为85°。墓口距地表0.5米,墓底距地表深1.87米,内填黄褐色花土。墓圹长2.55-2.66米、宽1.90-2.28米、深1.37米。内置南北双棺,南棺打破北棺(图六七;彩版三一,2)。

南棺棺木已朽,仅残剩棺痕。长1.97米、宽0.57-0.7米、残高0.33米。棺内骨架保存较差。部分肢骨缺失移位。人骨残长1.5米。墓主人性别不明,头向西,足向东,面向不明,葬式不明。随葬品有铜钱。

北棺棺木已朽,仅残剩棺痕。长1.89米、宽0.55-0.76米、残高0.33米。棺内骨架保存较差,部分肢骨缺失移位。人骨残长1.26米。墓主人性别不明,头向西,足向东,面向东,仰身直肢葬,葬式不明。随葬品有铜钱。

铜钱6枚。顺治通宝,2枚。均模制、完整、圆形、方穿。正面有郭,铸"顺治通宝",楷书对读。M25:1-1,背面有郭,穿右为户部铸"户"字,纪局名。钱径2.4厘米、穿径0.6厘米、郭厚0.2厘米(图一○二,12)。M25:1-2,背面有郭,穿右为工部铸"工"字,纪局名。钱径2.4厘米、穿径0.65厘米、郭厚0.2厘米(图一○二,13)。

天启通宝,1枚。M25:2-1,模制、完整、圆形、方穿。正、背面有郭。钱面文"天启通宝",楷书对读。光背。钱径2.5厘米、穿径0.6厘米、郭厚0.2厘米(图一○二,14)。

崇祯通宝,1枚。M25:2-2,模制、完整、圆形、方穿。正、背面有郭。钱面文"崇祯通宝",楷书对读。光背。钱径2.5厘米、穿径0.65厘米、郭厚0.2厘米(图一○二,15)。

其余2枚锈蚀严重,字迹无法辨认。

M27 位于发掘区中南部,北邻M28,南邻M26。东西向,方向为90°。墓口距地表0.5米,墓底距地表深1.54米,内填黄褐色花土。墓圹长2.34-2.72米、宽1.79-1.87米、深1.04米。内置南北双棺,南棺打破北棺(图六八;彩版三二,1)。

第三章 墓葬及遗物

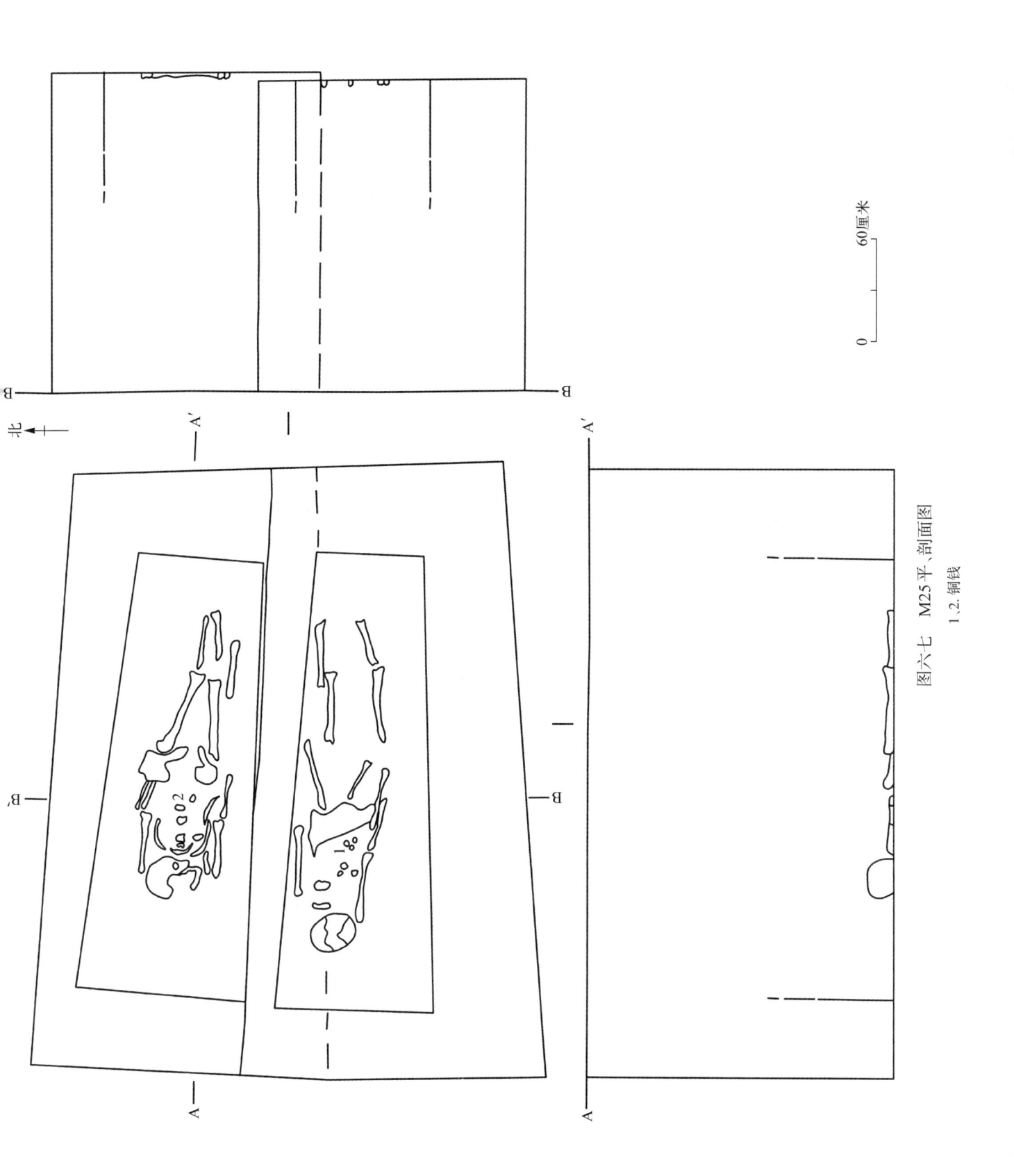

图六七 M25平、剖面图
1、2.铜钱

图六八　M27平、剖面图
1. 铜钱

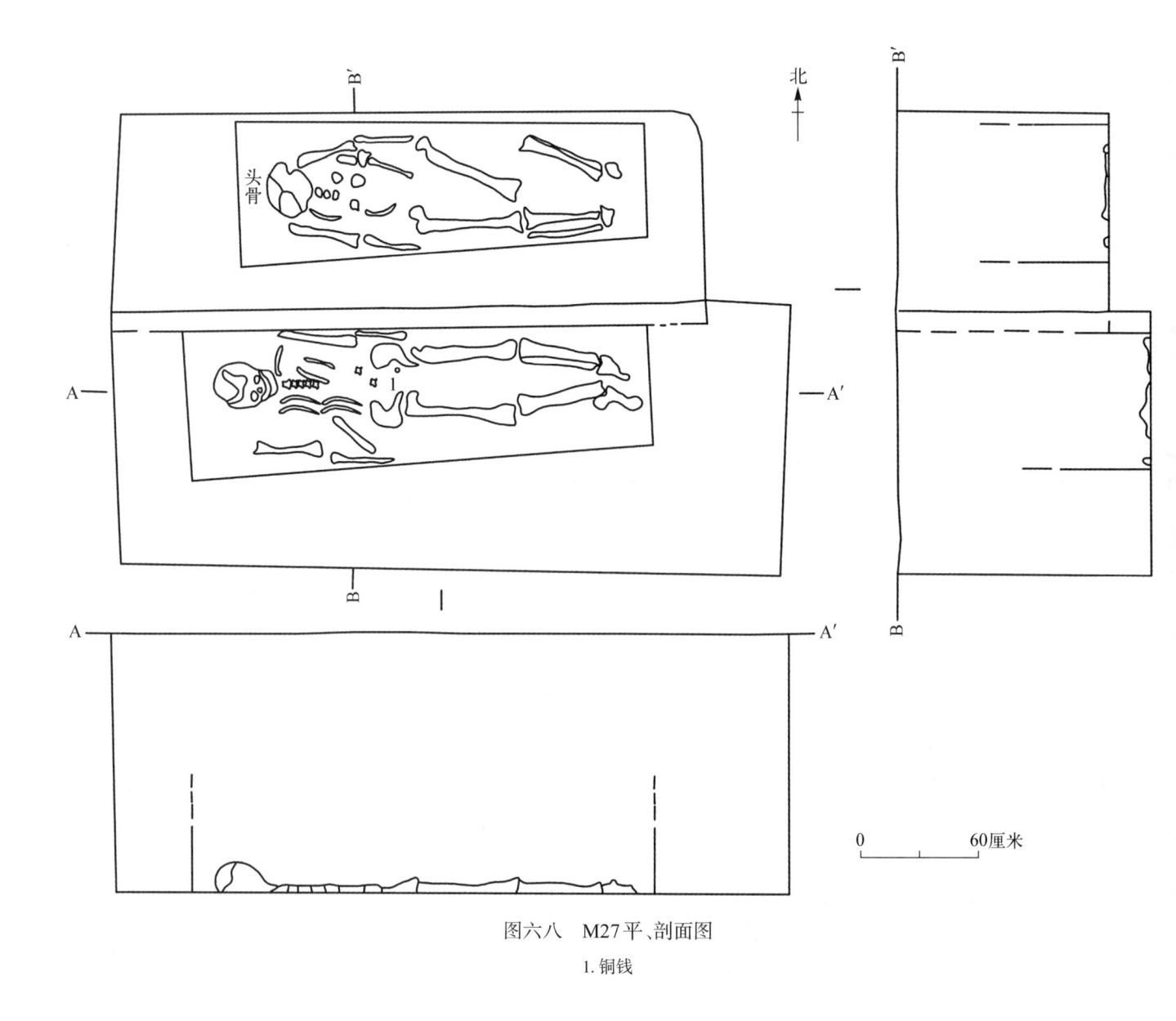

南棺棺木已朽，仅残剩棺痕。长1.96米、宽0.48-0.6米、残高0.4米。棺内骨架保存较差，部分肢骨缺失移位。人骨残长1.72米。墓主人为男性，头向西，足向东，面向东，仰身直肢葬。随葬品有铜钱。

北棺棺木已朽，仅残剩棺痕。长1.68米、宽0.45-0.6米、残高0.4米。棺内骨架保存较差，部分肢骨缺失移位。人骨残长1.46米。墓主人为女性，头向西，足向东，面向不明。无随葬品。

顺治通宝，1枚。M27:1-1，模制、完整、圆形、方穿。正面有郭，铸"顺治通宝"，楷书，上下左右对读。背面有郭，穿左右为满文"宝泉"，纪局名。钱径2.6厘米、穿径0.7厘米、郭厚0.25厘米（图一〇二，16）。

康熙通宝，1枚。M27:1-2，模制、完整、圆形、方穿。正面有郭，铸"康熙通宝"，楷书对读。背面有郭，穿左右为满文"宝泉"，纪局名。钱径2.6厘米、穿径0.6厘米、郭厚0.3厘米（图一〇二，17）。

M28 位于发掘区中北部，南邻M27。东西向，方向为90°。墓口距地表0.5米，墓底距地表深1.24米，内填黄褐色花土。墓圹长2.49~2.98米、宽1.47~2.02米、深0.74米。内置南北双棺，南棺打破北棺（图六九；彩版三二，2）。

南棺棺木已朽，仅残剩棺痕。长1.87米、宽0.51~0.59米、残高0.28米。棺内骨架保存较差，部分肢骨缺失移位，头骨已移至棺的中部。人骨残长1.34米。墓主人性别不明，面向不明。根据足向，判断其头向朝西。葬式不明。随葬品有陶罐、铜钱。

北棺东北角被围墙占压，棺木已朽，仅残剩棺痕。长1.81米、宽0.69米、残高0.28米。棺内骨架保存较差，部分肢骨缺失移位。人骨残长1.43米。墓主人性别不明，面向不明。头西足东，葬式不明，随葬品有铜钱。

陶罐，1件。M28:1，泥质灰陶，直口、平唇、球腹。平底略内凹。腹部有数周旋痕。素面。口径12.5厘米、腹径18厘米、底径10.8厘米、高13.5厘米。（图九七，12；彩版五二，3）

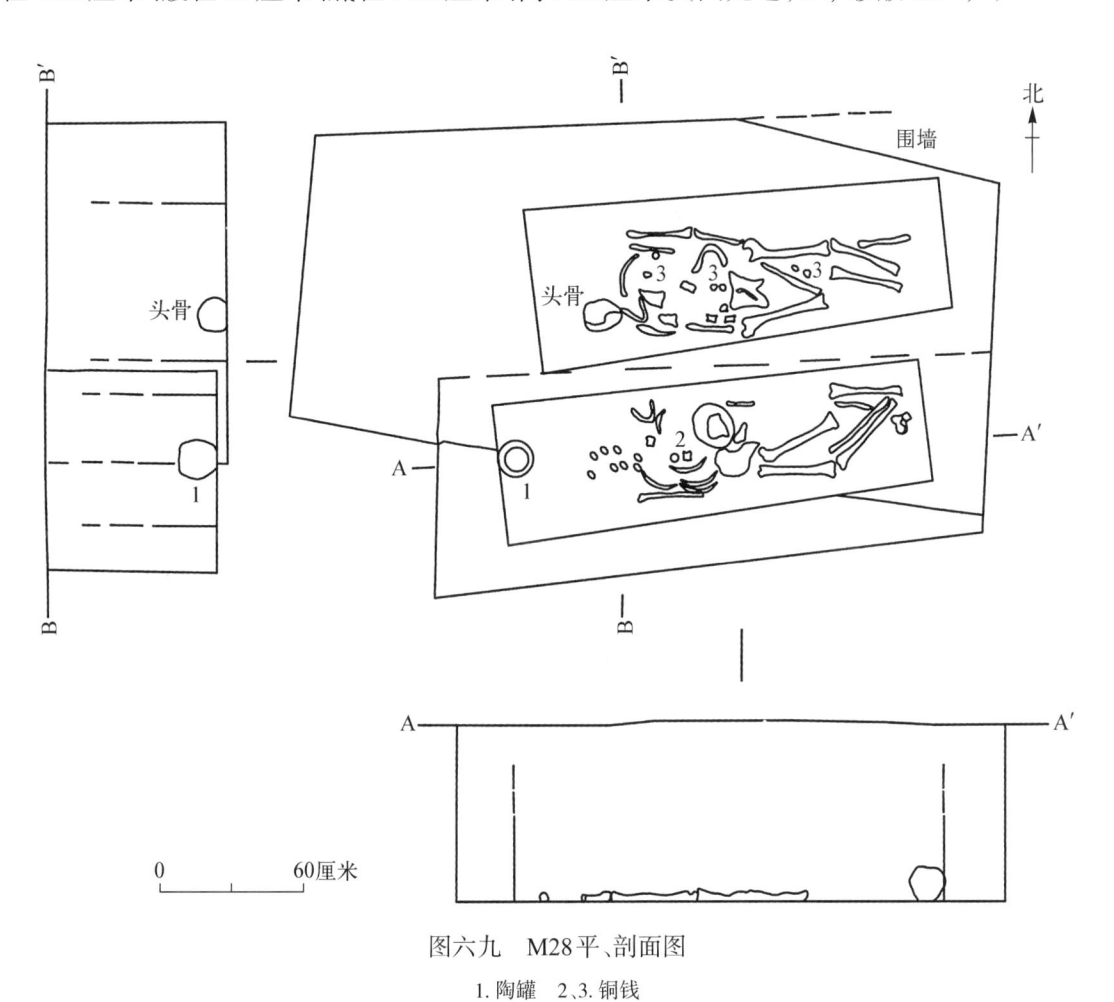

图六九 M28平、剖面图
1. 陶罐 2、3.铜钱

铜钱11枚。均锈蚀严重，无法辨认。

M29 位于发掘区中北部，东西向，方向为95°。墓口距地表0.5米，墓底距地表深1.36-1.4米，内填黄褐色花土。墓圹长2.95-3.03米、宽2.04-2.23米、深0.86-0.9米。内置南北双棺，南棺打破北棺（图七〇；彩版三二，3）。

南棺棺木已朽，仅残剩棺痕。长2.05米、宽0.51-0.75米、残高0.29米。棺内骨架保存较差，部分肢骨缺失移位。人骨残长1.56米。墓主人性别不明，头向西，足向东，面向不明，葬式不明。随葬品有铜钱。

北棺棺木已朽，仅残剩棺痕。长2.02米、宽0.49-0.58米、残高0.29米。棺内骨架保存较

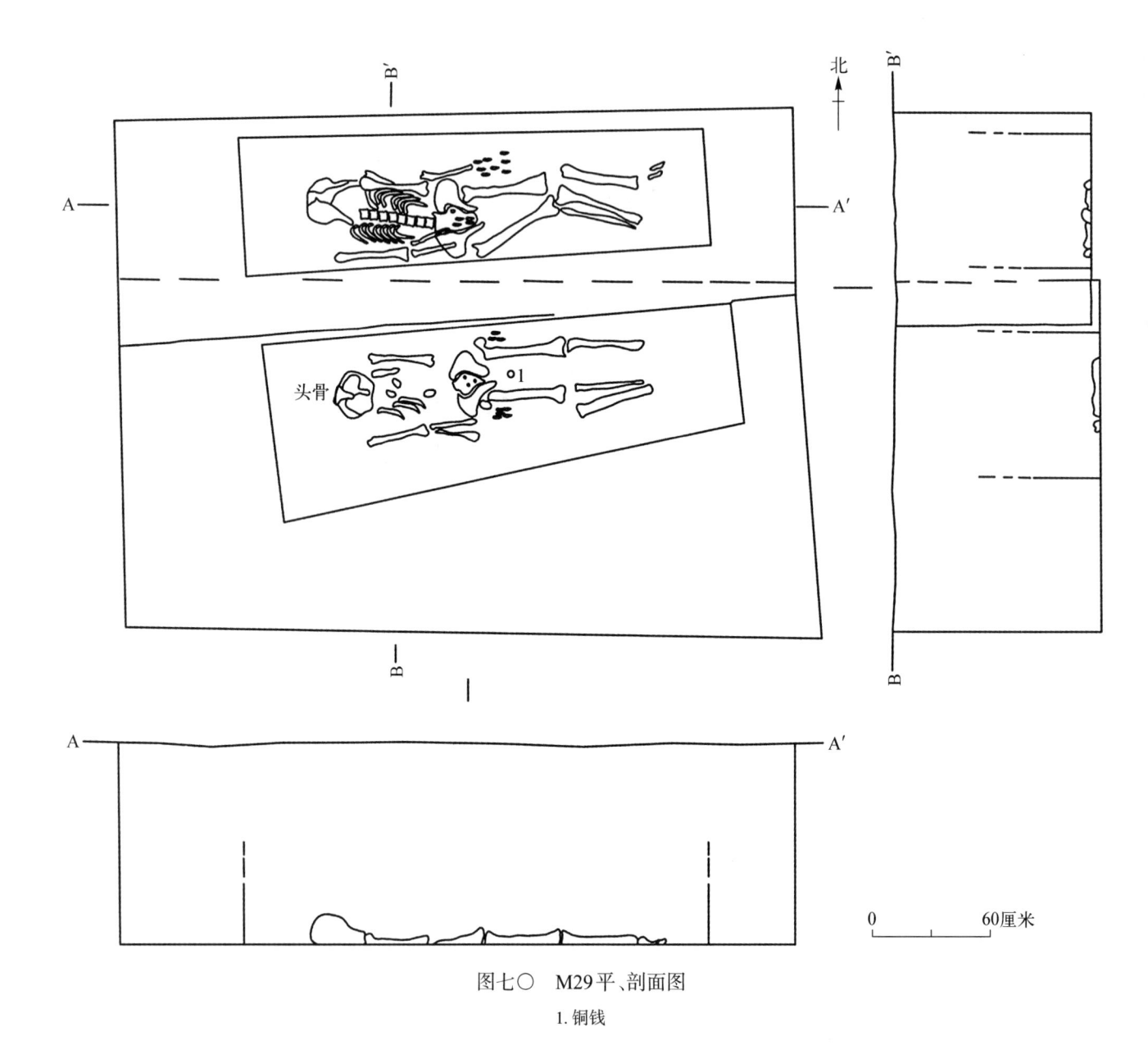

图七〇 M29平、剖面图
1.铜钱

差,部分肢骨缺失移位。人骨残长1.56米。墓主人为男性,头向西,足向东,面向北,仰身直肢葬。无随葬品。

康熙通宝,1枚。M29:1,模制、完整,圆形、方穿。正面有郭,铸"康熙通宝",楷书对读。背面有郭,穿左右为满文"宝泉",纪局名。钱径2.2厘米、穿径0.6厘米、郭厚0.25厘米(图一〇二,18)。

M33 位于发掘区中北部,东西向,方向为90°。墓口距地表0.5米,墓底距地表深1.73米,内填黄褐色花土。墓圹长2.41-2.66米、宽1.4-1.94米、深1.23米。内置南北双棺,南棺打破北棺(图七一;彩版三三,1)。

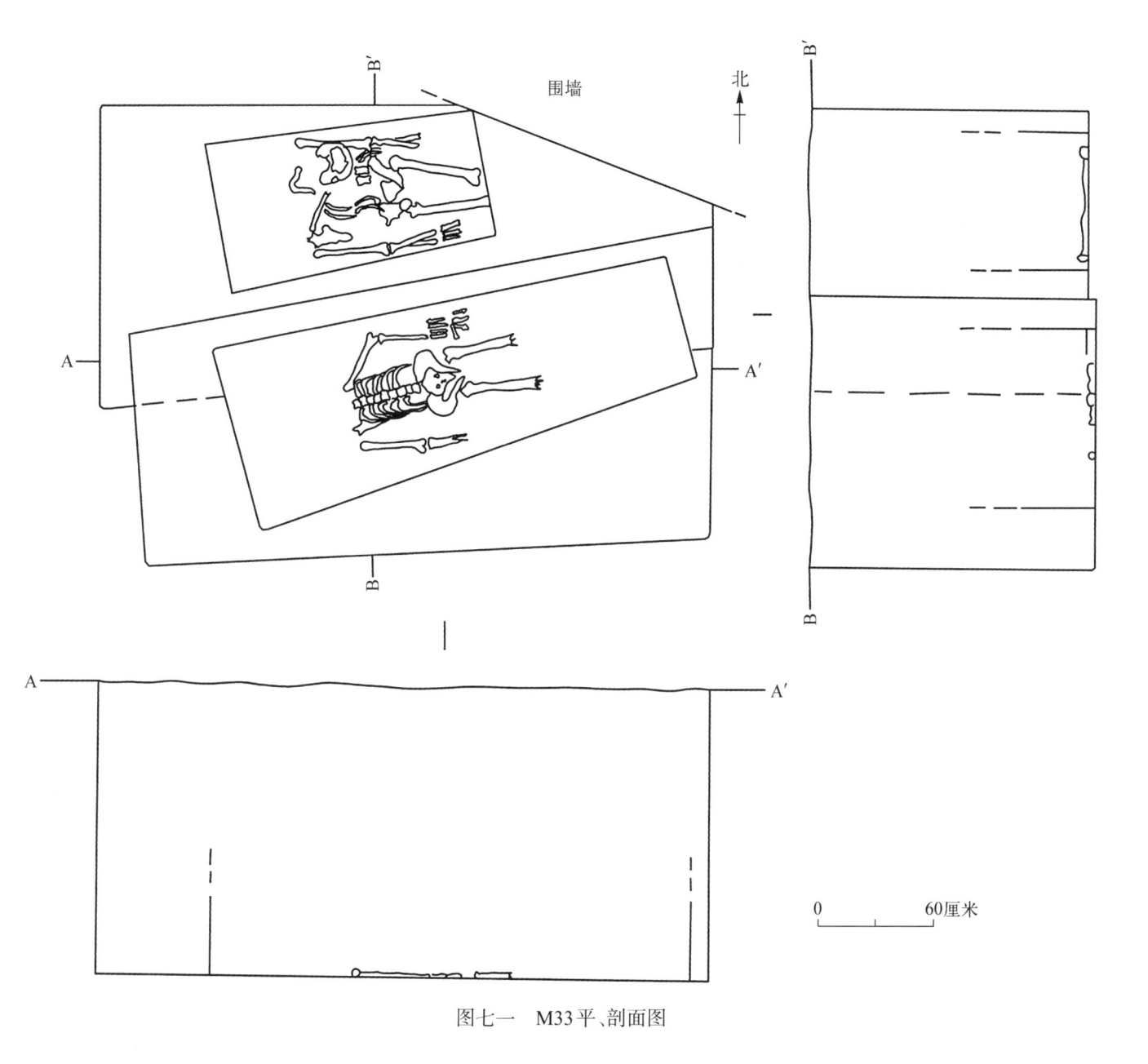

图七一 M33平、剖面图

南棺棺木已朽，仅残剩棺痕。长1.98米、宽0.51-0.79米、残高0.32米。棺内骨架保存差，头骨及部分肢骨已缺失。人骨残长0.82米。墓主人性别不明，葬式不明。无随葬品。

北棺东半部被压在围墙下，棺木残剩棺痕。东西长1.16米、宽0.52-0.63米、残深0.3米。棺内骨架保存较差，部分肢骨已缺失移位。人骨残长0.86米。墓主人性别不明，头向西，面向南，葬式不明。无随葬品。

M35 位于发掘区中北部，墓室的北部被北围墙所压。东西向，方向为90°。墓口距地表0.5米，墓底距地表深1.73-1.78米，内填黄褐色花土。墓圹长2.27-2.78米、宽1.55-2.26米、深1.23-1.28米，内置南北双棺，南棺打破北棺（图七二；彩版三三，2）。

南棺棺木已朽，仅残剩棺痕。长1.58米、宽0.37-0.56米、残高0.24米。棺内已无肢骨，已迁出，无随葬品。

北棺棺木已朽，仅残剩棺痕。长1.7米、宽0.38-0.56米、残高0.24米。棺内骨架保存较差，部分肢骨已缺失移位。人骨残长1.18米。墓主人性别不明，头向西，足向东，面向不明，葬式不明。随葬品有银簪、铜钱。

银簪，1件。M35：1，首为花瓣形，截面为凸字形。中间为圆形凸起，首上铸"金"字。体残缺。直径2.5厘米、高0.85厘米（图九六，10；彩版五五，2）。

康熙通宝，1枚。M35：2，模制、完整、圆形、方穿。正面有郭，铸"康熙通宝"，楷书对读。背面有郭，穿左右为满文"宝泉"，纪局名。钱径2.7厘米、穿径0.6厘米、郭厚0.3厘米（图一○三，1）。

M40 位于发掘区中东部，南邻M42。东西向，方向为80°。墓口距地表0.4米，墓底距地表深1.38-1.42米，内填黄褐色花土。墓圹长2.6-2.73米、宽1.63-1.85米、深0.98-1.02米。内置南北双棺，南棺打破北棺（图七三；彩版三四，1）。

南棺棺木已朽，仅残剩棺痕。长2.05米、宽0.47-0.64米、残高0.22米。棺内骨架保存较差，部分肢骨缺失移位。人骨残长1.38米。墓主人为女性，头向西，足向东，面向上，仰身直肢葬。随葬品有铜钱。

北棺棺木已朽，仅残剩棺痕。长2.1米、宽0.45-0.72米、残高0.22米。棺内骨架保存较差，部分肢骨缺失移位。人骨残长1.64米。墓主人为男性，头向西，足向东，面向不明，仰身直肢葬。无随葬品。

嘉庆通宝，1枚。M40：1，模制、完整、圆形、方穿。正面有郭，铸"嘉庆通宝"，楷书对读。背面有郭，穿左右为满文"宝泉"，纪局名。钱径2.1厘米、穿径0.6厘米、郭厚0.2厘米（图一○三，2）。

M41 位于发掘区中东部，西部被现代坑破坏。东西向，方向为90°。墓口距地表0.4米，墓底距地表深1.1米，内填黄褐色花土。墓圹残长1.95米、残宽1-1.13米、深0.7米。内置南北双棺，南棺打破北棺（图七四；彩版三四，2）。

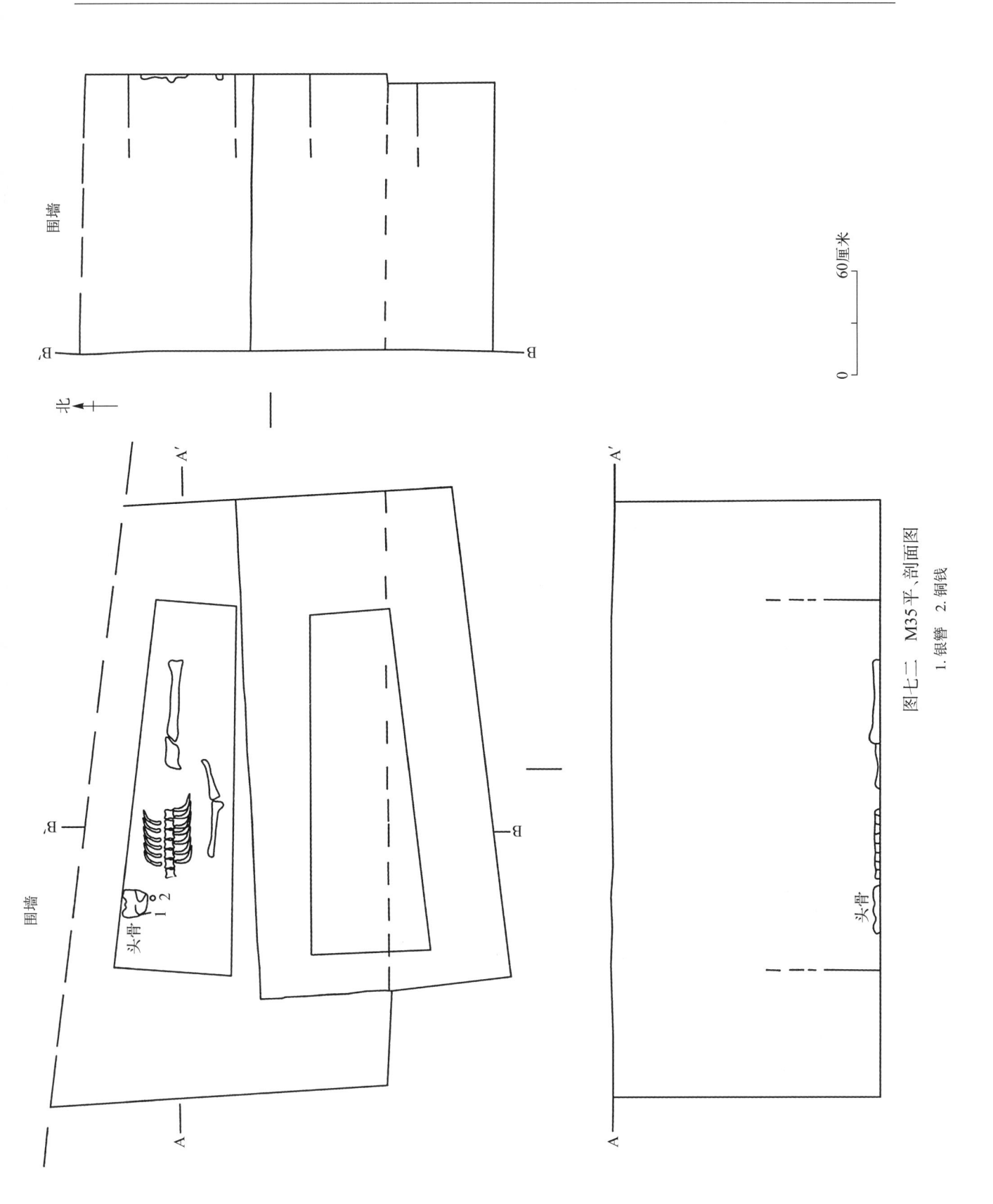

图七二 M35平、剖面图
1. 银簪 2. 铜钱

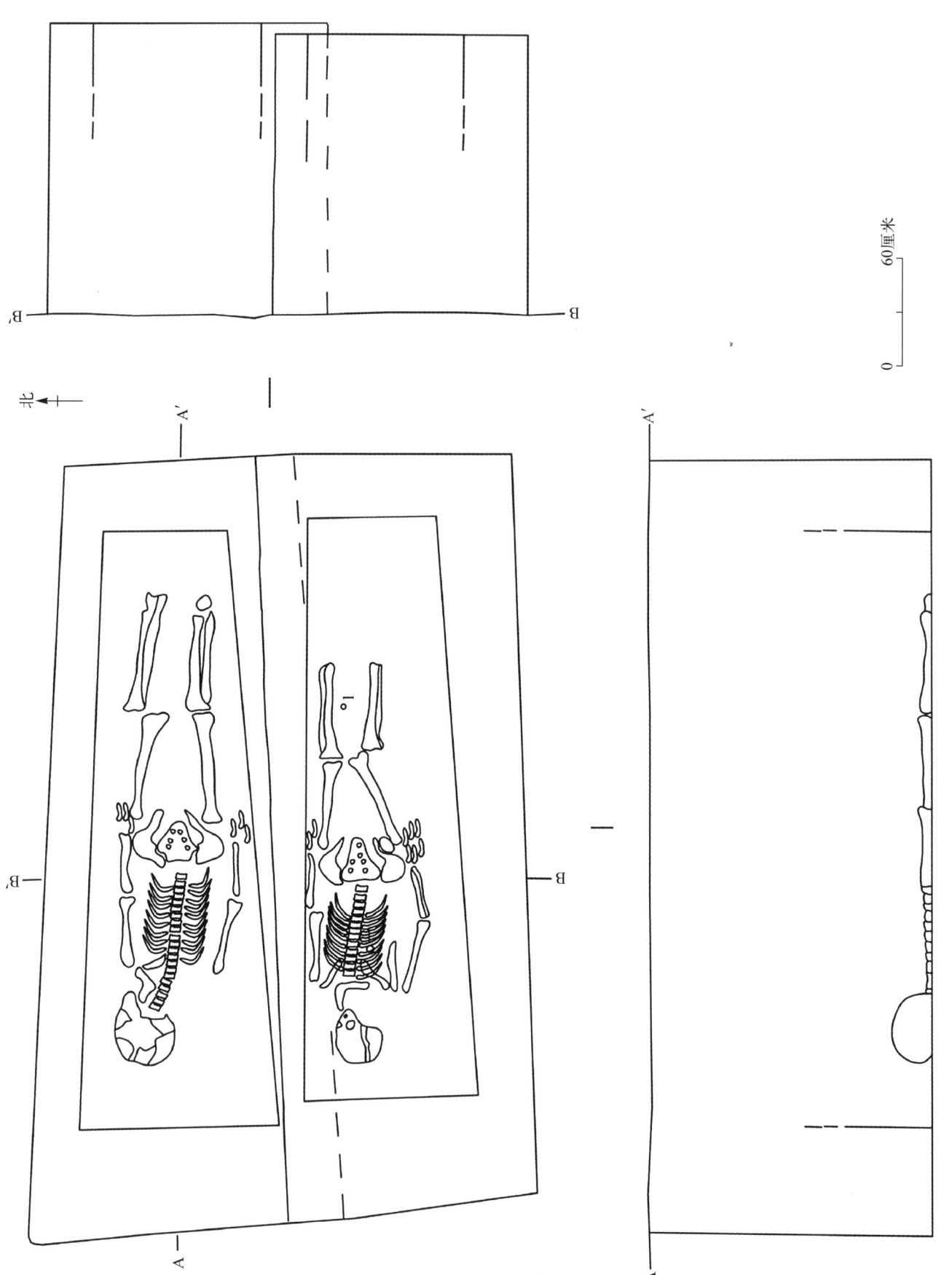

图七三 M40 平、剖面图

1. 铜钱

第三章 墓葬及遗物

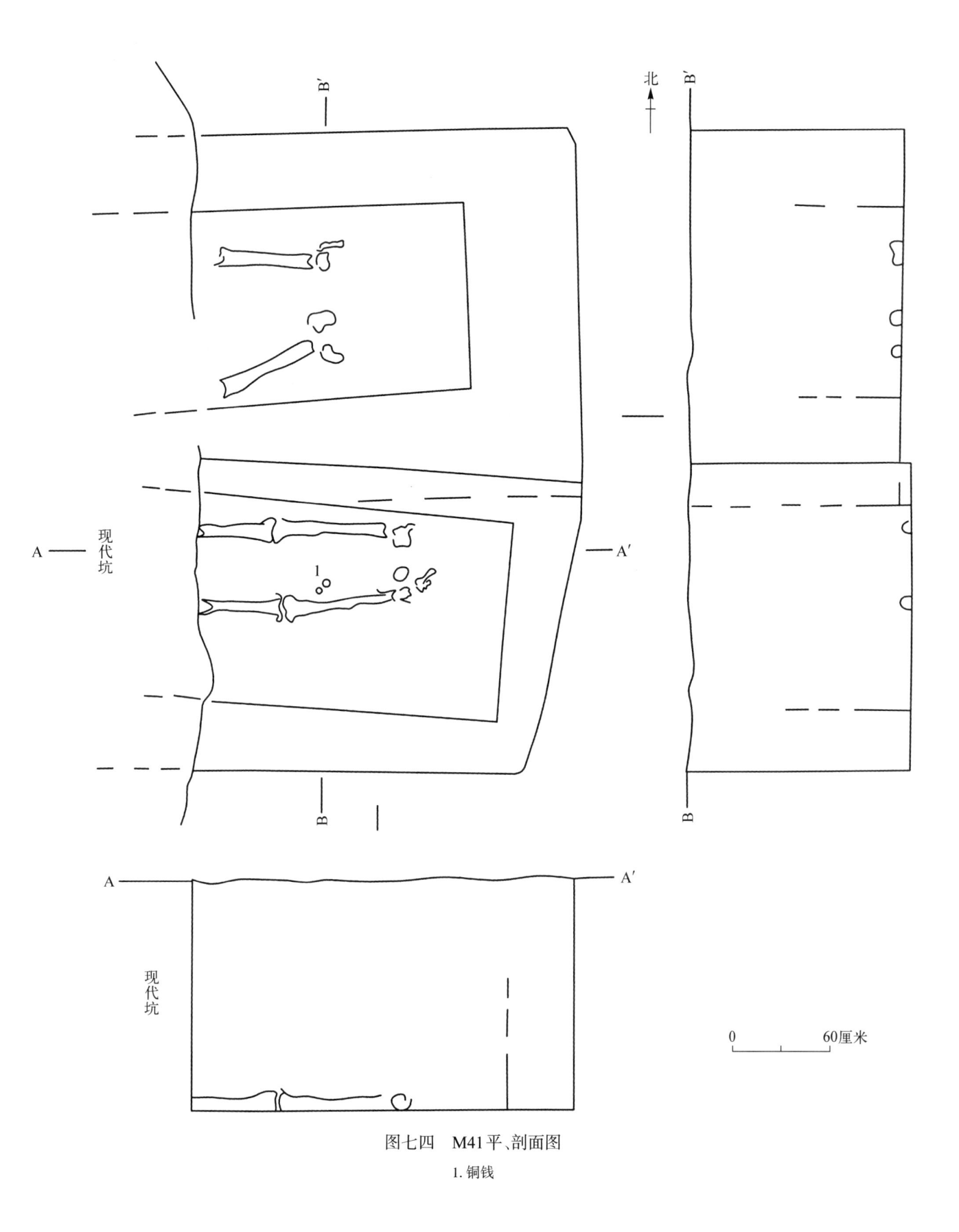

图七四 M41平、剖面图
1.铜钱

南棺棺木已朽，仅残剩棺痕。残长0.96米、残宽0.6米、残高0.17米。棺内骨架保存较差，上部肢骨缺失。墓主人性别不明，头向不明，足向东，葬式不明。随葬品有铜钱。

北棺棺木已朽，仅残剩棺痕。残长0.84米、残宽0.56米、残高0.14米。棺内骨架保存较差，上部肢骨缺失。墓主人性别不明，头向不明，足向东，葬式不明。无随葬品。

乾隆通宝，1枚。M41：1，模制、完整、圆形、方穿。正面有郭，铸"乾隆通宝"，楷书对读。背面有郭，穿左右为满文"宝源"，纪局名。钱径2.2厘米、穿径0.6厘米、郭厚0.3厘米（图一〇三，3）。

M42 位于发掘区中东部，北邻M40，东邻M43。东西向，方向为100°。墓口距地表0.4米，墓底距地表深1.18-1.41米，内填黄褐色花土。墓圹长2.81-3.25米、宽1.45-1.65米、深0.78-1.01米。内置南北双棺，南棺打破北棺（图七五；彩版三五，1）。

南棺棺木已朽，仅残剩棺痕。长2.05米、宽0.53-0.66米、残高0.56米。棺内骨架保存较差，部分肢骨缺失移位。墓主人性别不明，头向西，足向东，面向不明，葬式不明。随葬品有银簪、铜簪。

北棺棺木已朽，仅残剩棺痕。长2.09米、宽0.48-0.64米、残高0.32米。棺内骨架保存较差。墓主人为男性，头向西，足向东，面向上，仰身直肢葬。无随葬品。

银簪，2件。M42：1与M42：2形制、大小基本一致。首均为花瓣形，截面为凸字形。中间为圆形凸起，首上铸"福"字。体均已残缺。M42：1，残长2.85厘米、首直径3厘米、高1.2厘米（图九六，11；彩版五五，3）。M42：2，残长1.3厘米、首直径2.8厘米、高1.2厘米（图九六，12；彩版五五，4）。

铜簪，1件。M42：3，首为圆形莲花瓣状，分为两层，下方有花萼状装饰。莲花瓣向上盛开，花萼向下，其内有镶嵌物。体与首连接，体呈圆锥状。通长0.2厘米、首宽1厘米（图九七，7；彩版五五，5）。

M43 位于发掘区中东部，西邻M42。东西向，方向为80°。墓口距地表0.2米，墓底距地表深0.98-1.18米，内填黄褐色花土。墓圹长2.43-2.67米、宽1.67-1.88米、深0.78-0.98米。内置南北双棺，南棺打破北棺（图七六；彩版三五，2）。

南棺棺木已朽，残剩棺痕。长1.84米、宽0.49-0.66米、残高0.31米。棺内骨架一般，部分肢骨缺失移位。人骨残长1.5米。墓主人为女性，头向西，足向东，面向北，仰身直肢葬。随葬品有银耳环、银簪、铜押发、铜钱。

北棺棺木已朽，残剩棺痕。长1.84米，宽0.6-0.69米、残高0.31米。棺内骨架保存一般。人骨残长1.74米。墓主人为男性，头向西，足向东，面向南，仰身直肢葬。随葬品有铜钱。

银耳环，1件。M43：3，整体呈"S"形。一端残。宽2.6厘米（图九七，10；彩版五六，2）。

银簪，1件。M43：2，首与底托均呈花瓣状。体残缺。残长2.2厘米、首宽2.7厘米、残高0.8

图七五　M42平、剖面图

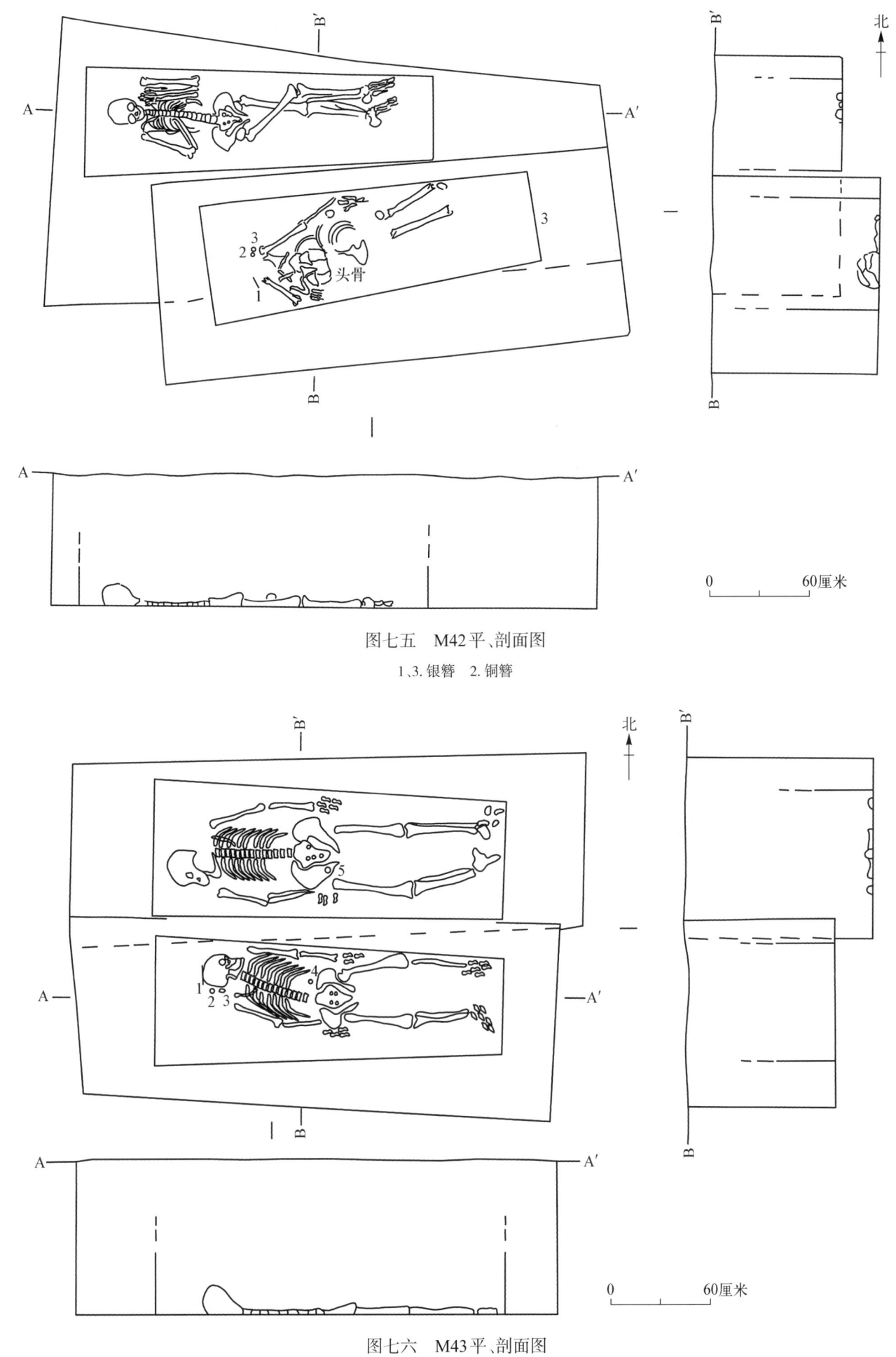

1、3. 银簪　2. 铜簪

图七六　M43平、剖面图

1. 铜押发　2. 银簪　3. 银耳环　4、5. 铜钱

厘米(图九七,6;彩版五六,1)。

铜押发,1件。M43:1,扁长体,两端为圆弧尖状,束腰。面錾刻纹饰。长12.5厘米、宽1.1-2.1厘米、厚0.05厘米(图九七,8;彩版五五,6)。

道光通宝,1枚。M43:4,模制、完整、圆形、方穿。正面有郭,铸"道光通宝",楷书对读。背面有郭,穿左右为满文"宝泉",纪局名。钱径2.1厘米、穿径0.6厘米、郭厚0.2厘米(图一〇三,4)。

嘉庆通宝,1枚。M43:5,模制、完整、圆形、方穿。正背面有郭,铸"嘉庆通宝",楷书对读。背面有郭,穿左右为满文"宝泉",纪局名。钱径2.3厘米、穿径0.6厘米、郭厚0.2厘米(图一〇三,5)。

M46 位于发掘区中东部,北邻M45,东邻M49。东西向,方向为110°。墓口距地表0.4米,墓底距地表深1.48米,内填黄褐色花土。墓圹2.36米、宽1.60-1.79米、深1.08米。内置南北双棺,南棺打破北棺(图七七;彩版三六,1)。

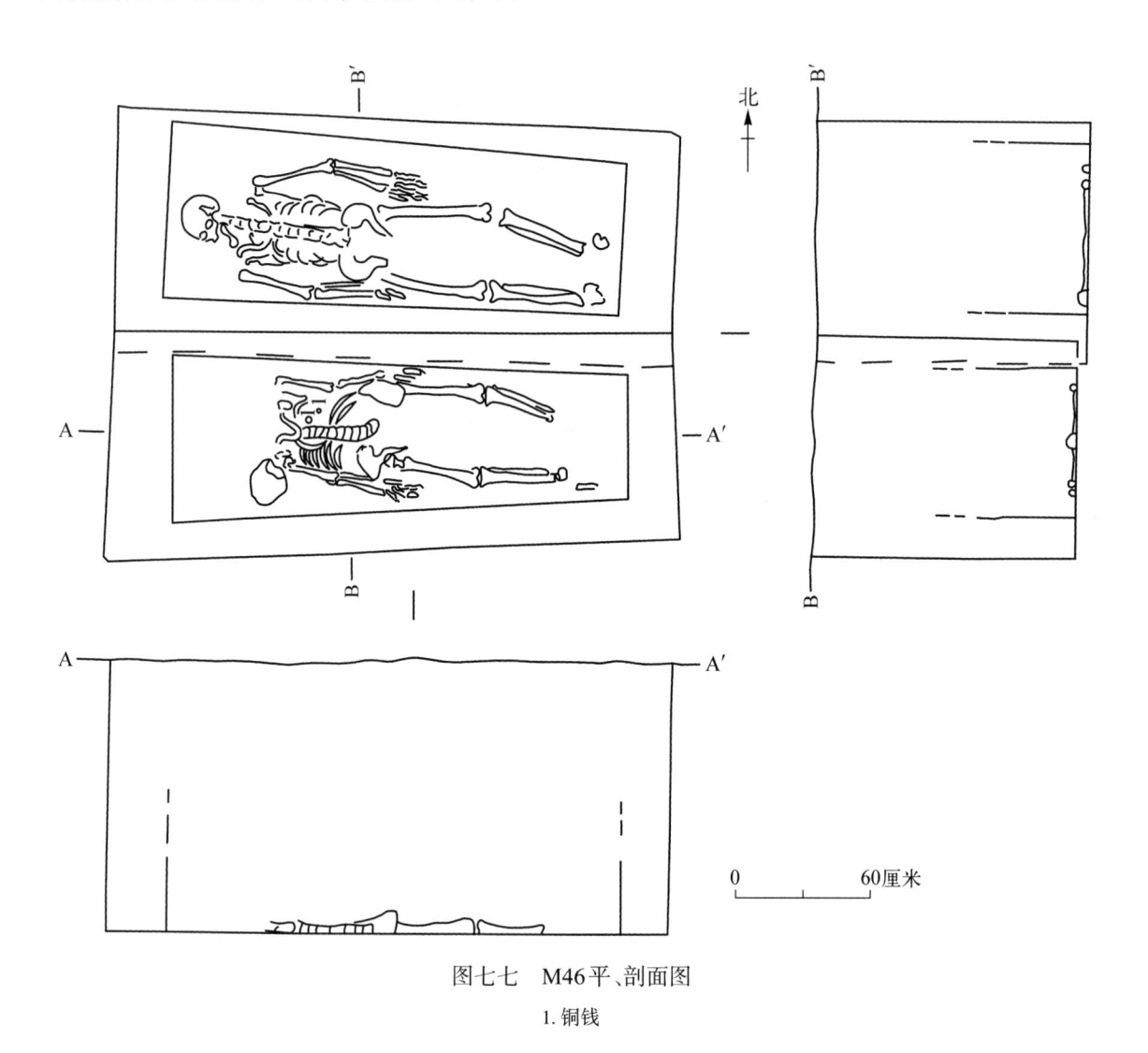

图七七 M46平、剖面图
1.铜钱

南棺棺木已朽，仅残剩棺痕。长1.88米、宽0.49-0.67米、残高0.39米。棺内骨架保存较差，部分肢骨缺失移位。人骨残长1.32米。墓主人为女性，头向西，足向东，面向下，仰身直肢葬。随葬品有铜钱。

北棺棺木已朽，仅残剩棺痕。长1.93米、宽0.6-0.7米、残高0.33米。棺内骨架保存较差。人骨残长1.8米。墓主人为男性，头向西，足向东，面向南，仰身直肢葬。无随葬品。

乾隆通宝，1枚。M46：1，模制、完整、圆形、方穿。正面有郭，铸"乾隆通宝"，楷书对读。背面有郭，穿左右锈蚀严重，字迹无法辨认。钱径2.15厘米、穿径0.6厘米、郭厚0.2厘米（图一〇三，6）。

M47 位于发掘区东北部。东西向，方向为140°。墓口距地表0.4米，墓底距地表深1.1-1.2米，内填黄褐色花土。墓圹长2.13-2.5米、宽2.06-2.19米、深0.7-0.8米。内置南北双棺，南棺打破北棺（图七八；彩版三六，2）。

南棺棺木已朽，仅残剩棺痕。长1.67米、宽0.56-0.66米、残高0.34米。棺内骨架保存较差，部分肢骨缺失移位。人骨残长1.42米。墓主人为女性，头向西，足向东，面向不明，仰身直肢葬。随葬品有银耳环、铜扁方、铜钱。

北棺棺木已朽，仅残剩棺痕。长1.88米、宽0.47-0.66米、残高0.28米。棺内骨架保存较差。人骨残长1.59米。墓主人为男性，头向西，足向东，面向上，仰身直肢葬。随葬品有铜钱。

银耳环，1件。M47：1，整体近似"S"形。一端尖细为钩。一端呈圆饼状。宽2.8厘米、直径1.1厘米（图九七，11；彩版五六，3）。

铜扁方，1件。M47：2，首卷曲，体扁平。末端残。残长7.2厘米、宽1厘米、厚0.1厘米（图九七，9；彩版五六，4）。

嘉庆通宝，2枚。均模制、完整、圆形、方穿。正面有郭，铸"嘉庆通宝"，楷书对读。M47：3，背面有郭，穿左右为满文"宝源"，纪局名。钱径2.2厘米、穿径0.65厘米、郭厚0.2厘米（图九八，3）。M47：4，背面有郭，穿左右为满文"宝泉"，纪局名。钱径2.3厘米、穿径0.6厘米、郭厚0.3厘米（图一〇三，8）。

M48 位于发掘区东北部，东邻M52，南邻M49。东西向，方向为152°。墓口距地表0.4米，墓底距地表深1.19-1.3米，内填黄褐色花土。墓圹长2.6-2.68米、宽1.82-2.15米、深0.79-0.9米。内置南北双棺，南棺打破北棺（图七九；彩版三七，1）。

南棺棺木已朽，仅残剩棺痕。长2.3米、宽0.61-0.7米、残高0.43米。棺内骨架保存较差，部分肢骨缺失移位。人骨残长1.5米。墓主人为女性，头向西，足向东，面向东，仰身直肢葬。随葬品有铜扁方、铜钱。

北棺棺木已朽，仅残剩棺痕。长2.14米、宽0.66-0.73米、残高0.33米。棺内骨架保存一般。人骨残长1.64米。墓主人为男性，头向西，足向东，面向北，仰身直肢葬。随葬品有铜钱。

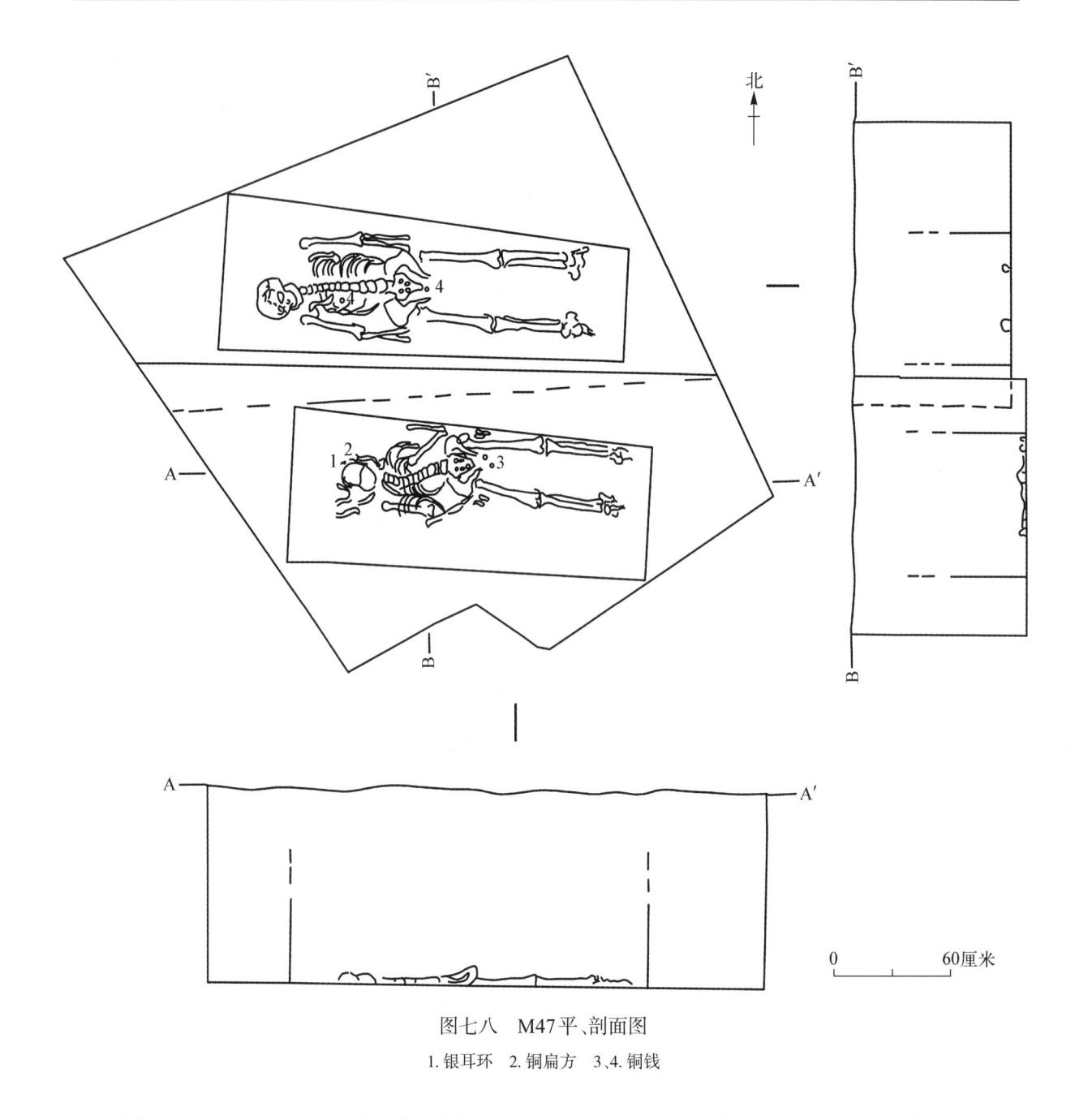

图七八　M47平、剖面图
1. 银耳环　2. 铜扁方　3、4. 铜钱

铜扁方，1件。M48：1，首卷曲，体扁平。末端呈弧状。通体素面。通长20.4厘米、宽1.8厘米、厚0.1厘米（图九八，1；彩版五六，5）。

道光通宝，1枚。M48：2，模制、完整、圆形、方穿。正面有郭，铸"道光通宝"，楷书对读。背面有郭，穿左右为满文"宝源"，纪局名。钱径2厘米、穿径0.6厘米、郭厚0.2厘米（图一〇三，9）。

乾隆通宝，1枚。M48：3，模制、完整、圆形、方穿。正面有郭，铸"乾隆通宝"，楷书对读。背面有郭，穿左右为满文"宝源"，纪局名。钱径2厘米、穿径0.6厘米、郭厚0.2厘米（图

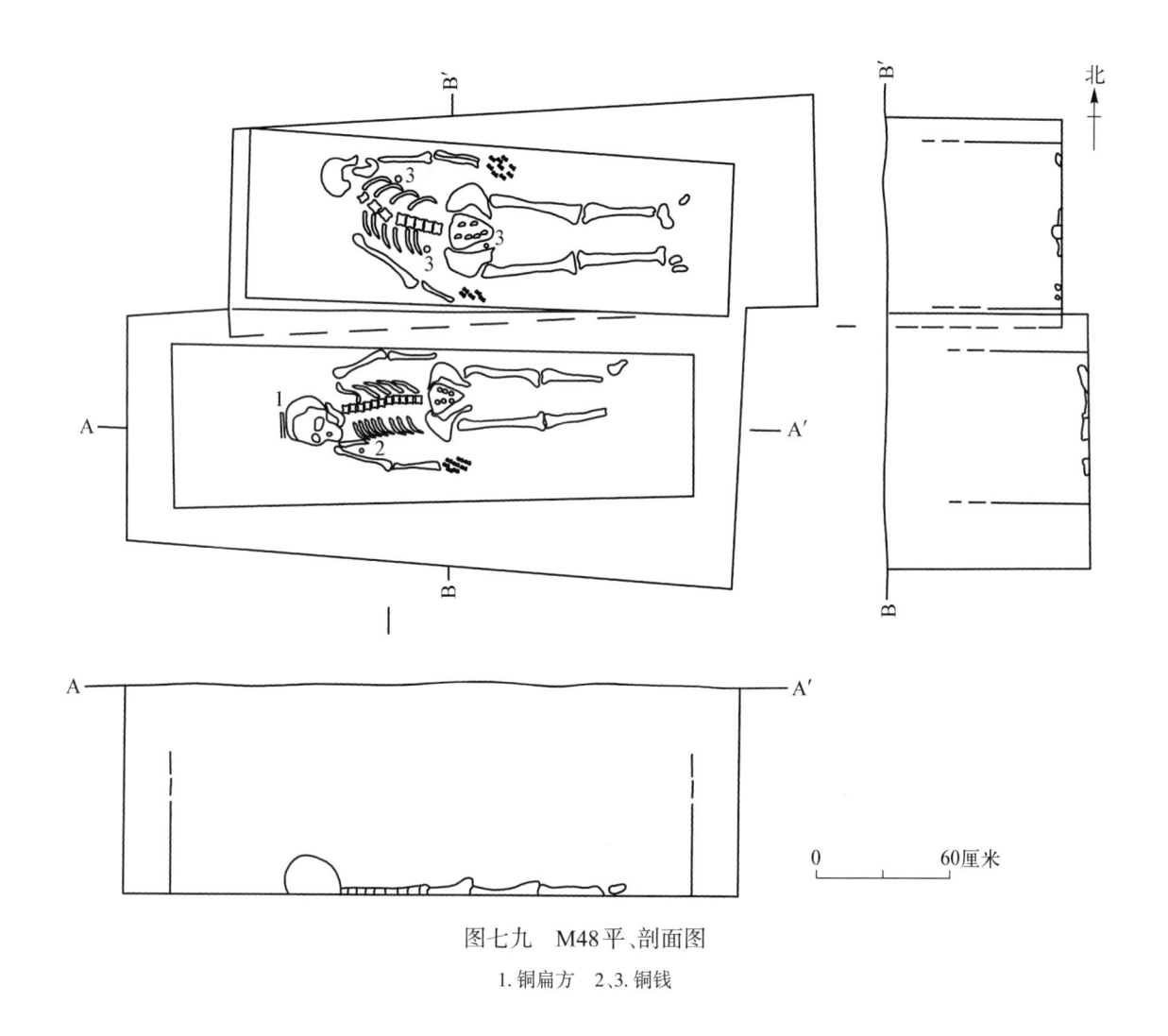

图七九　M48平、剖面图
1. 铜扁方　2、3. 铜钱

一〇三,10)。

M49　该位于发掘区东北部,北邻M48,南邻M50。东西向,方向为120°。墓口距地表0.4米,墓底距地表深1.39米,内填黄褐色花土。墓圹长2.76-2.82米、宽2.16-2.24米、深0.99米。内置南北双棺,南棺打破北棺(图八〇;彩版三七,2)。

南棺棺木已朽,仅残剩棺痕。长1.94米、宽0.56-0.71米、残高0.3米。棺内骨架保存较差,部分肢骨缺失移位。人骨残长1.52米。墓主人为女性,头向西,足向东,面向北,仰身直肢葬。随葬品有铜簪。

北棺棺木已朽,仅残剩棺痕。长1.81米、宽0.53-0.6米、残高0.3米。棺内骨架保存差。人骨残长1.62米。墓主人为男性,头向西,足向东,面向上,仰身直肢葬。随葬品有铜钱。

铜簪,1件。M49:1,首卷曲,体细直,末端呈尖状。通长14.6厘米、宽1.2厘米、厚0.1厘米(图九八,2;彩版五六,6)。

道光通宝,1枚。M49:2,模制、完整、圆形、方穿。正面有郭,铸"道光通宝",楷书对

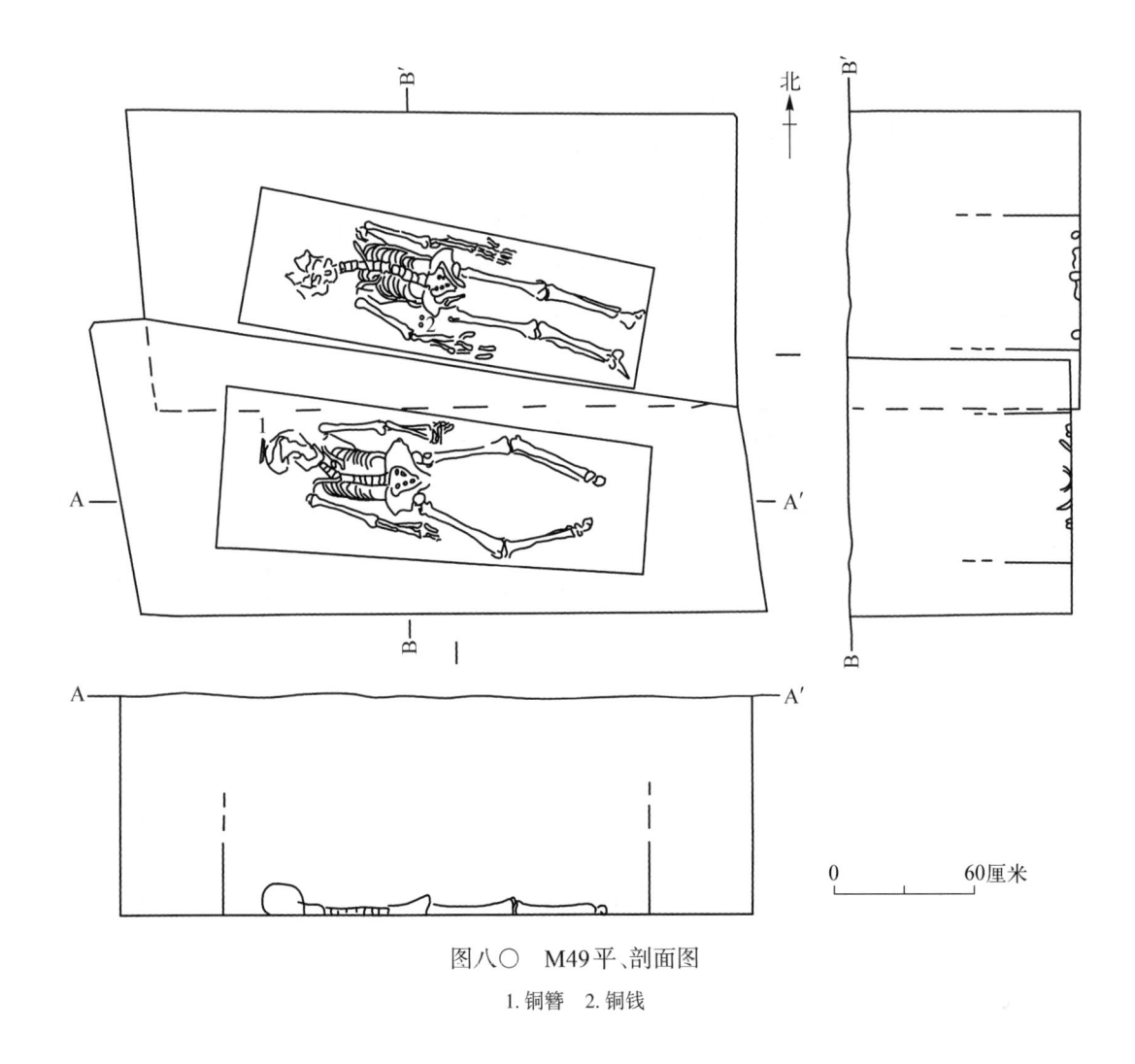

图八〇　M49平、剖面图
1. 铜簪　2. 铜钱

读。背面有郭，穿左右为满文"宝源"，纪局名。钱径2.1厘米、穿径0.6厘米、郭厚0.2厘米（图一〇三，11）。

M50　位于发掘区东北部，南邻M51。东西向，方向为136°。墓口距地表0.4米，墓底距地表深1.14-1.31米，内填黄褐色花土。墓圹长2.41-2.44米、宽1.81-2.02米、深0.74-0.91米。内置南北双棺，南棺打破北棺（图八一；彩版三八，1）。

南棺棺木已朽，仅残剩棺痕。长1.9米、宽0.47-0.64米、残高0.39米。棺内骨架保存较差。人骨残长1.4米。墓主人为女性，头向西，足向东，面向东，仰身直肢葬。随葬品有铜钱。

北棺棺木已朽，仅残剩棺痕。长1.8米、宽0.57-0.69米、残高0.25米。棺内骨架保存较差。人骨残长1.68米。墓主人为男性，头向西，足向东，面向东，仰身直肢葬。无随葬品。

道光通宝，1枚。M50：1-1，模制、完整、圆形、方穿。正面有郭，铸"道光通宝"，楷书对读。背面有郭，穿左右锈蚀严重，字迹无法辨认。钱径2厘米、穿径0.7厘米、郭厚0.2厘米（图一〇三，12）。

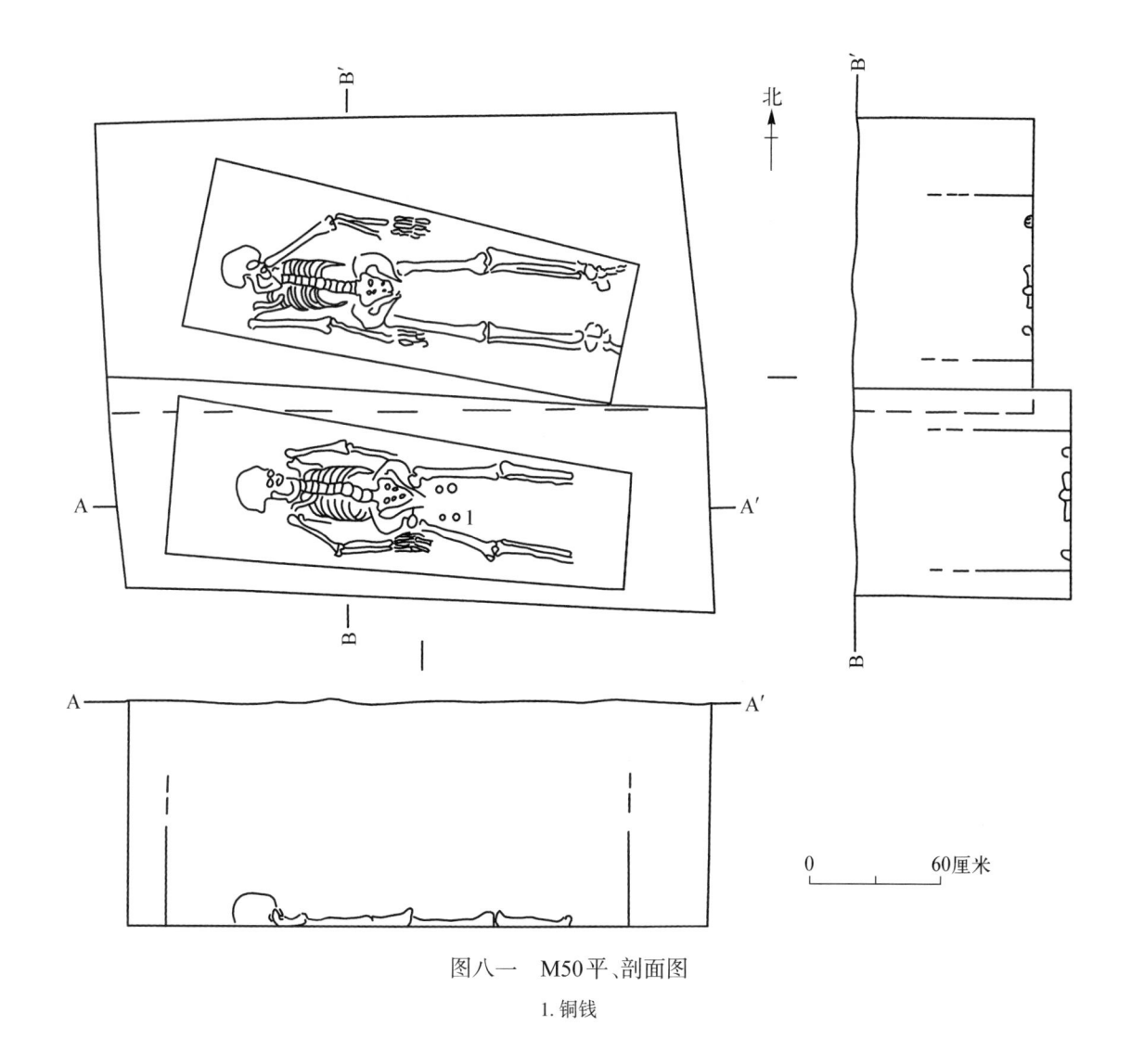

图八一　M50平、剖面图
1. 铜钱

咸丰通宝，1枚。M50：1-2，模制、完整，圆形、方穿。正面有郭，铸"咸丰通宝"，楷书对读。背面有郭，穿左右为满文"宝泉"，纪局名。钱径2厘米、穿径0.6厘米、郭厚0.1厘米（图一〇三，13）。

M51　位于发掘区东北部，北邻M50，南邻M55。东西向，方向为125°。墓口距地表0.4米，墓底距地表深0.9-0.95米，内填黄褐色花土。墓圹长2.77-3.01米、宽1.83-1.94米、深0.5-0.55米，内置南北双棺，南棺打破北棺（图八二；彩版三八，2）。

南棺棺木已朽，仅残剩棺痕。长2.16米、宽0.49-0.73米、残高0.17米。棺内骨架保存一般。人骨残长1.54米。墓主人为女性，头向西，足向东，面向下，仰身直肢葬。随葬品有银簪、银耳环、铜钱。

北棺棺木已朽，仅残剩棺痕。长2.05米、宽0.62-0.7米、残高0.1米。棺内骨架保存较差。人骨残长1.48米。墓主人为男性，头向西，足向东，面向东，仰身直肢葬。无随葬品。

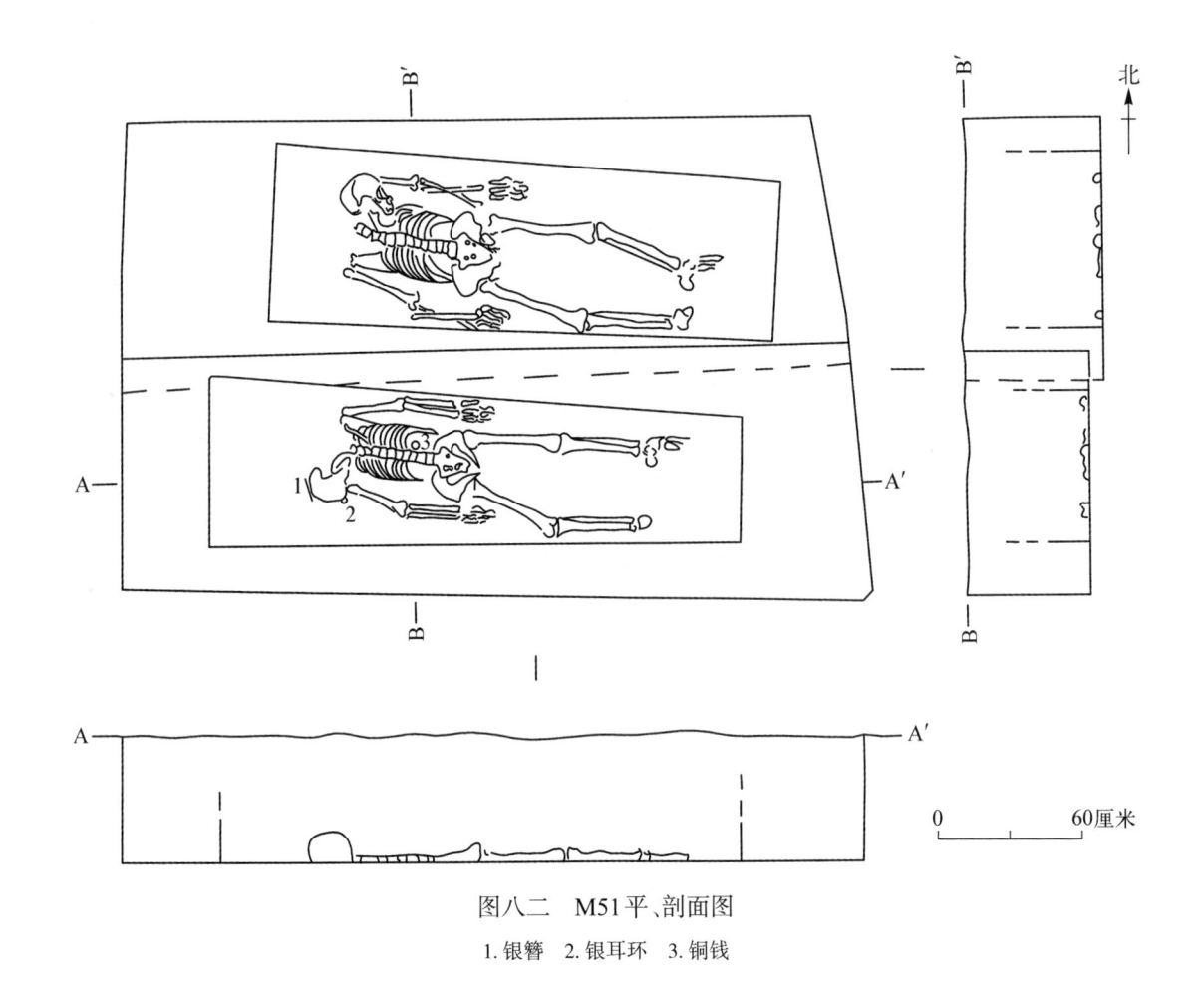

图八二 M51平、剖面图
1. 银簪 2. 银耳环 3. 铜钱

银簪，1件。M51：1，首为禅杖形，用银丝缠绕而成，顶端为葫芦状，宝瓶形饰。体细长。通长14.8厘米、首宽2.6厘米（图九八，3；彩版五七，1）。

银耳环，1件。M51：2，呈"C"形，一端锤揲牡丹纹，一端尖细。宽2.9厘米（图九八，12；彩版五七，2）。

乾隆通宝，1枚。M51：3，模制、完整、圆形、方穿。正面有郭，铸"乾隆通宝"，楷书对读。背面有郭，穿左右为满文"宝泉"，纪局名。钱径2.2厘米、穿径0.6厘米、郭厚0.3厘米（图一〇三，14）。

M52 位于发掘区东北部，西邻M48。东西向，方向为116°。墓口距地表0.4米，墓底距地表深0.98-1.02米，内填黄褐色花土。墓圹长2.4-2.55米、宽1.84-1.88米、深0.58-0.62米。内置南北双棺，南棺打破北棺（图八三；彩版三九，1）。

南棺棺木已朽，仅残剩棺痕。长1.87米、宽0.54-0.72米、残高0.26米。棺内骨架保存一般，部分肢骨缺失移位。人骨残长1.54米。墓主人为女性，头向西，足向东，面向东，仰身直肢葬。随葬品有银扁方、银簪、银耳环。

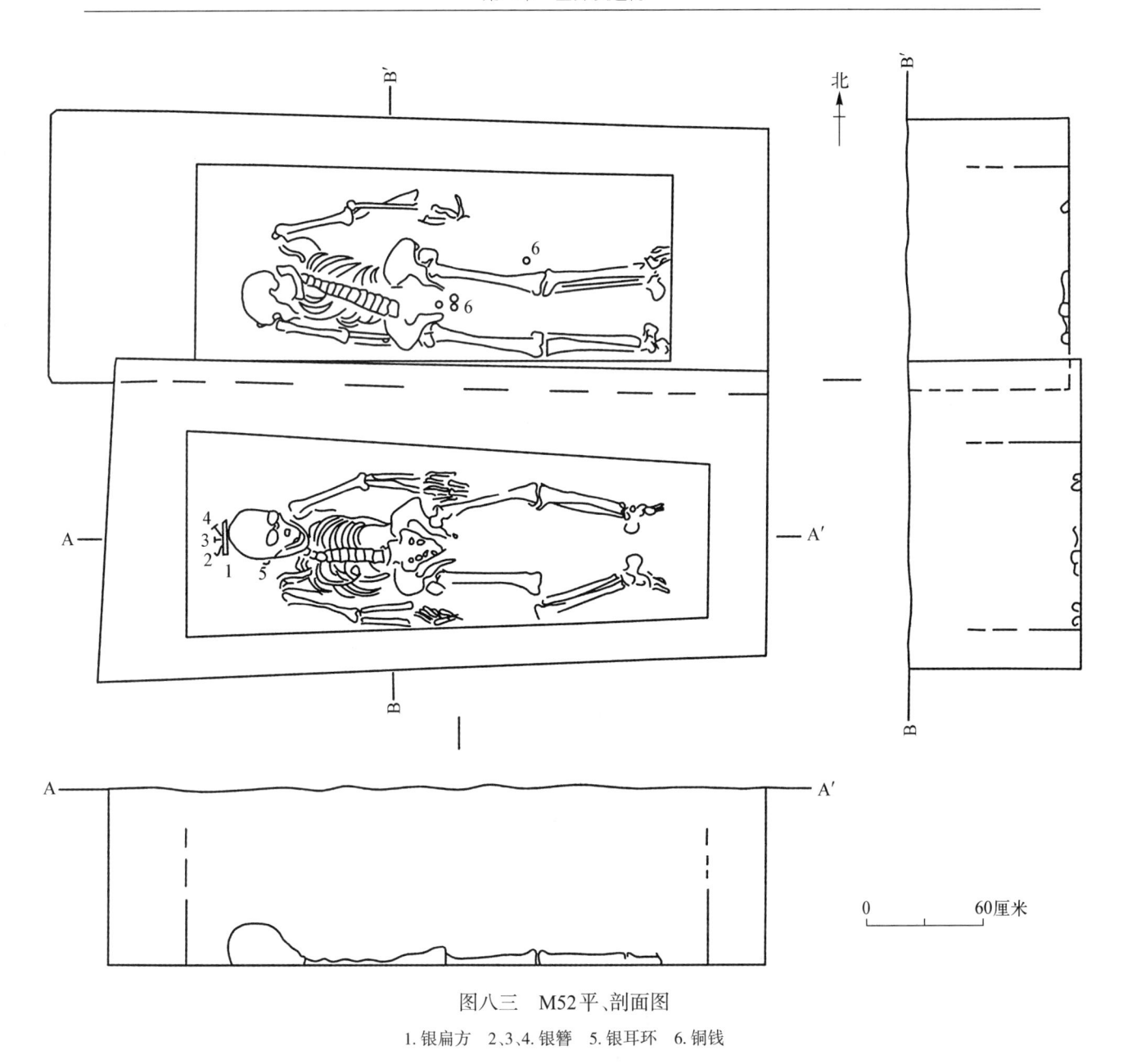

图八三　M52平、剖面图

1.银扁方　2、3、4.银簪　5.银耳环　6.铜钱

北棺棺木已朽，仅残剩棺痕。长1.7米、宽0.65-0.68米、深0.2米。棺内骨架保存一般。人骨残长1.54米。墓主人为男性，头向西，足向东，面向南，仰身直肢葬。随葬品有铜钱。

银扁方，1件。M52：1，首卷曲，体扁平，末端呈圆弧状。首上刻有如意云纹，体上端錾刻圆形福字纹，下端饰蝙蝠纹和卷云纹。背面有足纹戳印。通长15.3厘米、宽2.1厘米、厚0.1厘米（图九八，4；彩版五七，3、4）。

银簪，3件。M52：2与M52：3形制、大小基本相同。首均为花瓣形，截面为凸字形。中间为圆形凸起，首上分别铸"福""寿"字。体呈锥状。M52：2，通长14.2厘米、首直径2.6厘米、高0.4厘米（图九八，5；彩版五七，5）。M52：3，通长14.3厘米、首直径2.6厘米、高0.4厘米（图九八,6;彩版五七,6)。M52：4,首呈四瓣花瓣形,中间圆形花蕊。体呈锥状。通长12.2厘米、首直径4.6厘米、高0.3厘米(图九八,9;彩版五八,1)。

银耳环,1件。M52：5,呈"S"形。坠已残缺。一端尖细为钩。残宽2.1厘米(图九八,13;彩版五八,2)。

同治重宝,2枚。均模制、完整,圆形、方穿。正面有郭,铸"同治重宝",楷书对读。背面有郭,穿上下为"当十",穿左右为满文"宝泉",纪局名。M52：6-1,钱径2.5厘米、穿径0.7厘米、郭厚0.3厘米(图一〇三,15)。M52：6-2,钱径2.6厘米、穿径0.7厘米、郭厚0.3厘米(图一〇三,16)。

M53 位于发掘区东北部。东西向,方向为102°。墓口距地表0.4米,墓底距地表深1.32-1.39米,内填黄褐色花土。墓圹长2.36-2.48米、宽1.92-2.12米、深0.92-0.99米。内置南北双棺,南棺打破北棺(图八四;彩版三九,2)。

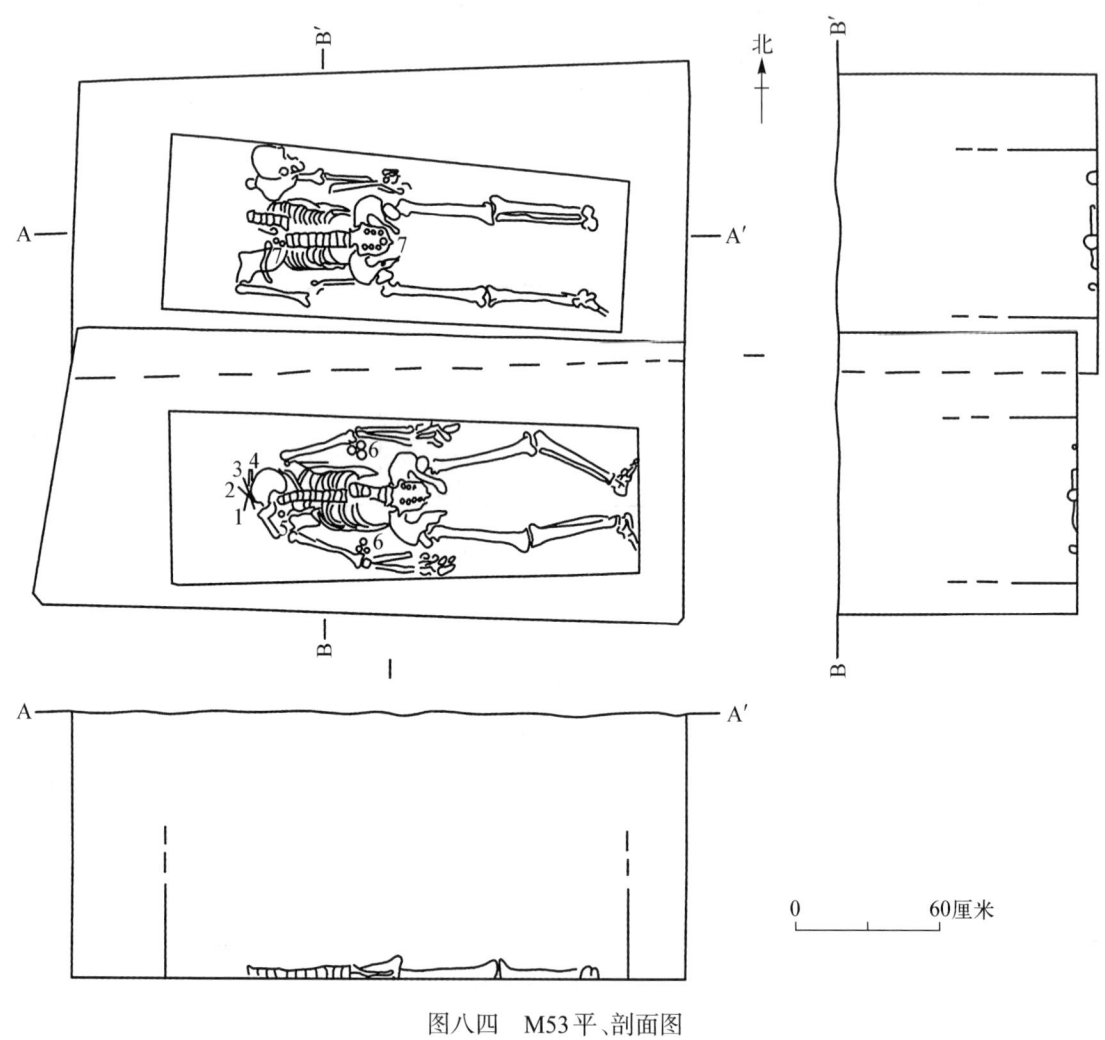

图八四 M53平、剖面图
1、2、3. 银簪 4. 银扁方 5. 银耳环 6、7. 铜钱

南棺棺木已朽，仅残剩棺痕。长1.86米、宽0.6~0.64米、残高0.26米。棺内骨架保存较差，部分肢骨缺失移位。人骨残长1.54米。墓主人为女性，头向西，足向东，面向西南，仰身直肢葬。随葬品有银簪、银扁方、银耳环、铜钱。

北棺棺木残剩棺痕。长1.78米、宽0.56~0.65米、残高0.34米。棺内骨架保存较差。人骨残长1.54米。墓主人为男性，头向西，足向东，面向南，仰身直肢葬。随葬品有铜钱。

银簪，3件。M53：1与M53：2形制、大小基本相同。首均为花瓣形，截面为凸字形。中间为圆形凸起，首上分别铸"寿""福"字。体均呈锥状。M53：1，通长11.9厘米、首直径2.4厘米、高0.45厘米（图九八，7；彩版五八，3、4）。M53：2，通长11.9厘米、首直径2.4厘米、高0.4厘米（图九八，8；彩版五八，5、6）。M53：3，首残，呈如意形。体细直，末端残。残长9.5厘米、残宽4.6厘米（图九八，10；彩版五九，1）。

银扁方，1件。M53：4，首卷曲，体扁平。通长10.7厘米、宽1.3厘米、厚0.05厘米（图九八，11；彩版五九，3、4）。

银耳环，1组（2件）。M53：5-1、M53：5-2形制、大小基本相同。均呈"C"形。一端尖细为钩，一端呈蝙蝠形。M53：5-1，直径2.5厘米、宽3厘米。M53：5-2，直径2.3厘米、宽2.5厘米（图九八，14、15；彩版五九，2）。

铜钱4枚。同治通宝，1枚。M53：6-1，模制、完整，圆形、方穿。正面有郭，铸"同治通宝"，楷书对读。背面有郭，穿上下为"当十"，穿左右为满文"宝泉"，纪局名。钱径2.2厘米、穿径0.8厘米、郭厚0.3厘米（图一〇三，17）。

道光通宝，1枚。M53：7-1，模制、完整，圆形、方穿。正面有郭，铸"道光通宝"，楷书对读。背面有郭，穿左右为满文"宝源"，纪局名。钱径2.3厘米、穿径0.6厘米、郭厚0.2厘米（图一〇三，18）。

其余2枚修饰严重，无法辨认。

M54 位于发掘区东北部。东西向，方向为80°。墓口距地表0.45米，墓底距墓口深0.98~1.09米，内填黄褐色花土。墓圹圹长2.51~2.55米、宽1.38~1.4米、深0.53~0.64米。内置南北双棺，北棺打破南棺（图八五；彩版四〇，1）。

北棺棺木已朽，仅残剩棺痕。长1.93米、宽0.54~0.62米、残高0.19米。棺内人骨由异地迁葬而来，仅有头骨、腿、盆、肋骨等。墓主人性别不明，头向西，面向东。无随葬品。

南棺棺木已朽，仅残剩棺痕。长1.17米、宽0.37~0.53米、残高0.1米。棺内骨架保存一般。头骨头枕青砖。人骨残长1.62米。墓主人为女性，头向西，面向东，仰身直肢葬。随葬品有银簪、银押发、料镯、玉烟嘴、玻璃1件、料珠、铜烟锅、瓷罐、铜钱。

银簪，1件。M54：2，首顶端缠绕为绳形。颈部錾刻如意云纹，中部錾刻纹饰，背面为聚针足纹。通长21.9厘米、宽2.1厘米、厚0.2厘米（图九九，1；彩版五九，5、6）。

图八五　M54平、剖面图

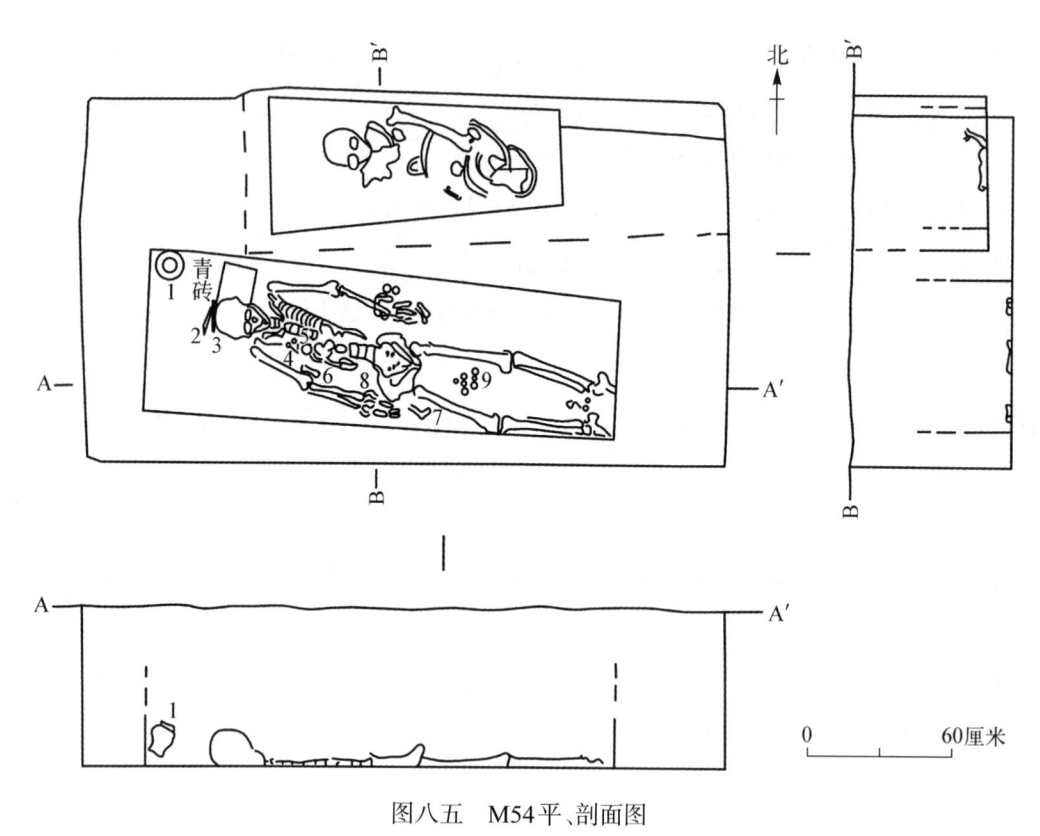

1.瓷罐　2.银簪　3.银押发　4.珠子　5.玻璃　6.玉烟嘴　7.铜烟锅　8.玉镯　9.铜钱

银押发，1件。M54：3，扁长体，两端为圆弧尖状，束腰。面上下部錾刻纹饰，其上绘制鱼、荷花、石榴、回纹。通长12.3厘米、宽2.7厘米、厚0.1厘米（图九九，2；彩版六〇，1~4）。

料镯，2件。青绿色，局部泛白。两件形制相同。圆形。素面，通体磨光。M54：8-1，直径6-8厘米、厚1厘米。M54：8-2，直径6-8厘米、厚1厘米（图九九，7、8；彩版六一，3）。

玉烟嘴，1件。M54：6，乳白色玉质，局部泛黄。中空。顶作蘑菇状，束颈，下部呈筒形。顶、底部有圆孔相通。通长7厘米、宽1.1厘米（图九九，9；彩版六一，1）。

玻璃，1件。M54：5。八边形，透明质地。宽7.3厘米、高7.3厘米（图一〇〇，5；彩版六〇，6）。

料珠，4件，形、制、色相同，珠体白里透粉，大小不一。M54：4-1，直径1.8厘米、高1.6厘米。M54：4-2，直径1.5厘米。M54：4-3，直径1.9厘米、高1.7厘米。M54：4-4，高0.9厘米、宽0.9厘米（图一〇〇，1~4；彩版六〇，5）。

铜烟锅，1件。M54：7，由嘴、颈、杆三部分组成。嘴为圆形、中空，颈内弯，杆残缺。残长7.5厘米，嘴直径1.4厘米（图九九，10；彩版六一，2）。

瓷罐，1件。M54：1，侈口，短颈，鼓肩，斜腹，平底。腹部有数周旋痕。素面。口径9.4厘米、腹颈12.4厘米、底径8.5厘米、高13.3厘米（图九七，13；彩版五二，4）。

铜钱 5 枚。天启通宝，1 枚。M54：9-1，模制、完整、圆形、方穿。正、背面有郭，钱面文"天启通宝"，楷书对读。光背。钱径2.3厘米、穿径0.7厘米、郭厚0.2厘米（图一〇四，1）。

绍圣元宝，1 枚。M54：9-2，模制、完整、圆形、方穿。正、背面有郭，钱面文"绍圣元宝"，行书，旋读。光背。钱径2.2厘米、穿径0.65厘米、郭厚0.2厘米（图一〇四，2）。

同治重宝，2 枚。均模制、完整、圆形、方穿。正面有郭，铸"同治重宝"，楷书对读。背面有郭，穿上下为"当十"，穿左右为满文"宝泉"，纪局名。M54：9-3，钱径2.7厘米、穿径0.6厘米、郭厚0.3厘米（图一〇四，3）。M54：9-4，钱径2.6厘米、穿径0.7厘米、郭厚0.4厘米（图一〇四，4）。

其余1枚锈蚀严重，无法辨认。

M55 位于发掘区东北部。东西向，方向为125°。墓口距地表0.4米，墓底距地表深0.98-1.02米，内填黄褐色花土。墓圹长2.85-3.01米、宽1.87-1.89米、深0.58-0.62米。内置南北双棺，南棺打破北棺（图八六；彩版四〇，2）。

南棺棺木已朽，仅残剩棺痕。长2.18米、宽0.58-0.68米、残高0.24米。棺内骨架保存一般，部分肢骨缺失移位。人骨残长1.48米。墓主人为女性，头向西，足向东，面向下，仰身直肢葬。无随葬品。

北棺棺木已朽，仅残剩棺痕。长2.04米、宽0.62-0.69米、残高0.22米。棺内骨架保存一般。人骨残长1.58米。墓主人为男性，头向西，足向东，面向东南，仰身直肢葬。无随葬品。

M56 位于发掘区中东部。东西向，方向为92°。墓口距地表0.4米，墓底距墓口深1.1-1.16米，内填黄褐色花土。墓圹长2.76-2.81米、宽2.5-2.97米、深0.7-0.76米。内置南北双棺，南棺打破北棺（图八七；彩版四一，1）。

南棺棺木已朽，仅残剩棺痕。长1.77米、宽0.51-0.65米、残高0.28米。棺内骨架已腐朽，头骨已破，保存一般。墓主人为女性，头向西，面向不清，仰身直肢葬。随葬品有银簪、银扁方、银耳环、铜钱。

北棺棺木已朽，仅残剩棺痕。长1.85米、宽0.51-0.7米、残高0.25米。棺内骨架保存较差。墓主人为男性，头向西，面向东北，仰身直肢葬。随葬品有铜钱。

银簪，4件。M56：1，首为垒丝缠绕成的小圆组成的镂空圆球，各小球中间镶有一个凸出的圆钮。颈部较细，缠绕银丝。体细直，为锥体。通长10.7厘米、首宽2.5厘米（图九九，3；彩版六一，4）。M56：2与M56：3形制、大小基本一致。首均为花瓣形，截面为凸字形。中间为圆形凸起，首上分别铸"福""寿"字。体呈锥状。背面有瑞宝戳印。M56：2，通长12.2厘米、首直径2.25厘米、高0.25厘米（图九九，4；彩版六一，5、6）。M56：3，通长12.3厘米、首直径2.2厘米、高0.3厘米（图九九，5；彩版六二，1、2）。M56：4，首为禅杖形，用银丝缠绕而成，顶端为葫芦状，宝瓶形饰。体细长。通长17.6厘米、首宽2.4厘米、高3.7厘米（图九九，6；彩版六二，3）。

图八六 M55 平、剖面图

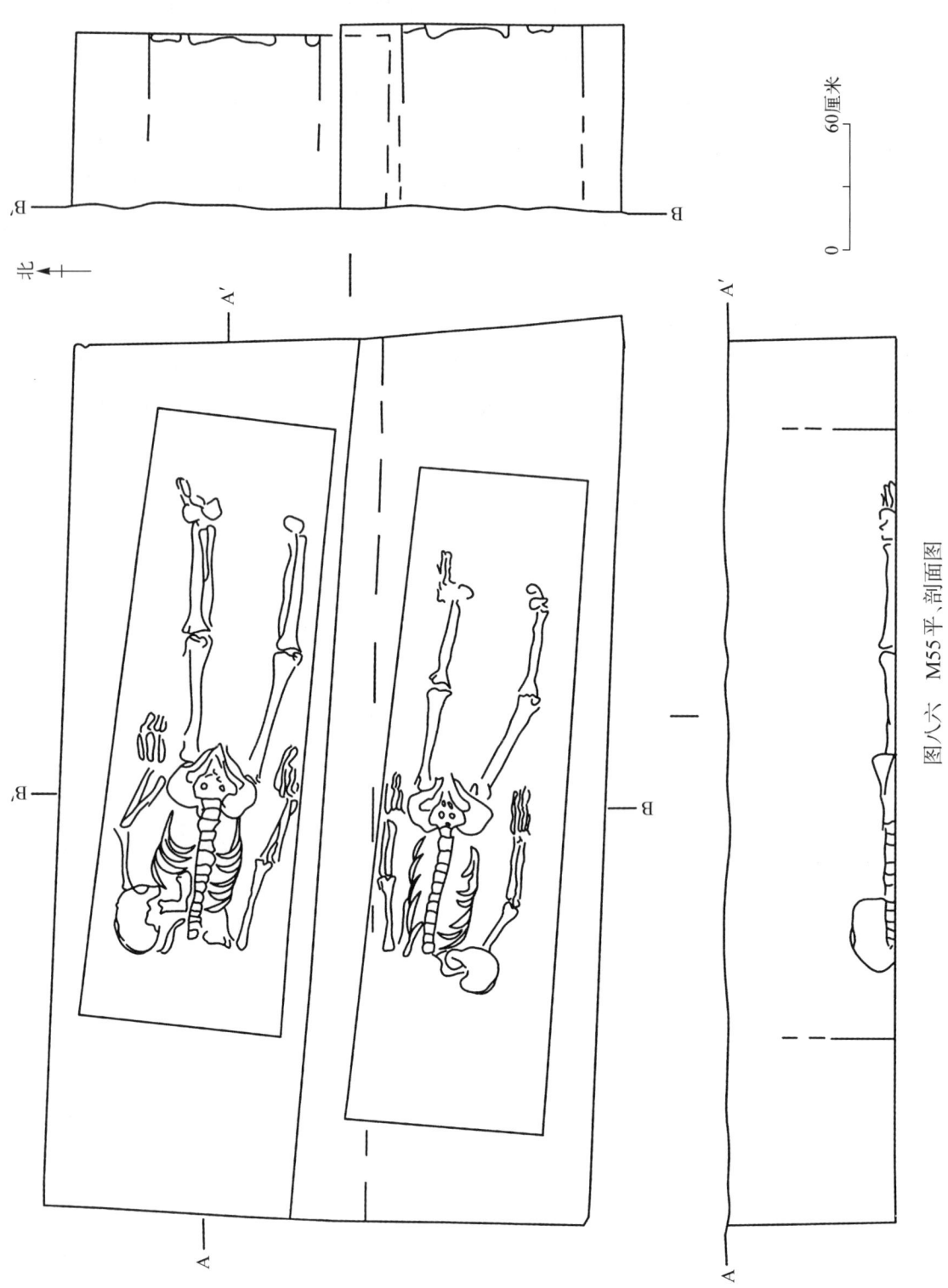

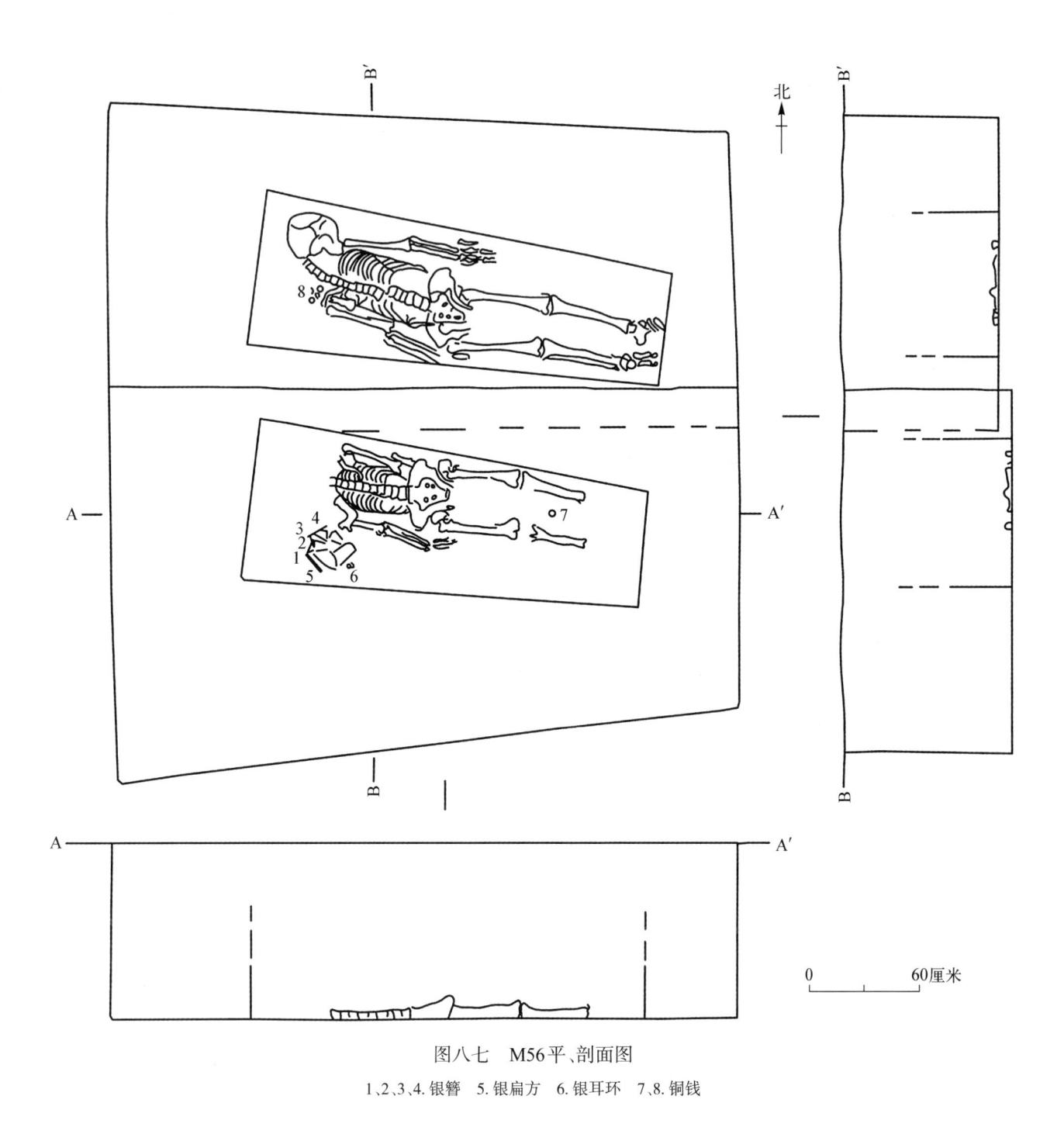

图八七　M56平、剖面图
1、2、3、4.银簪　5.银扁方　6.银耳环　7、8.铜钱

　　银扁方，1件。M56∶5，首卷曲，体扁平，末端呈圆弧状。首上刻有如意云纹，体上端錾刻圆形福字纹，下端饰蝙蝠纹和卷云纹。背面有羲成戳印。通长15.3厘米、宽1.6厘米（图一〇〇，7；彩版六二，5、6）。

银耳环，1件。M56：6，呈"S"形。一端尖细为钩，一端呈圆饼状。素面。直径1厘米、宽2.6厘米（图一〇〇，10；彩版六二，4）。

道光通宝，2枚。均模制、完整，圆形、方穿。正面有郭，铸"道光通宝"，楷书对读。M56：7，背面有郭，穿左右为满文"宝泉"，纪局名。钱径2厘米、穿径0.65厘米、郭厚0.2厘米（图一〇四，5）。M56：8-2，背面有郭，穿左右为满文"宝源"，纪局名。钱径2.1厘米、穿径0.6厘米、郭厚0.25厘米（图一〇四，6）。

嘉庆通宝，1枚。M56：8-1，模制、完整，圆形、方穿。正面有郭，铸"嘉庆通宝"，楷书对读。背面有郭，穿左右为满文"宝泉"，纪局名。钱径2.2厘米、穿径0.6厘米、郭厚0.2厘米（图一〇四，7）。

M57 位于发掘区中东部。东西向，方向为90°。墓口距地表深0.4米，墓底距地表深1.14-1.36米，内填黄褐色花土。墓圹长2.44-2.52米、宽2.26-2.5米、深0.74-0.96米。北墓圹西侧被现代坑打破。内置南北双棺，南棺打破北棺（图八八；彩版四一，2）。

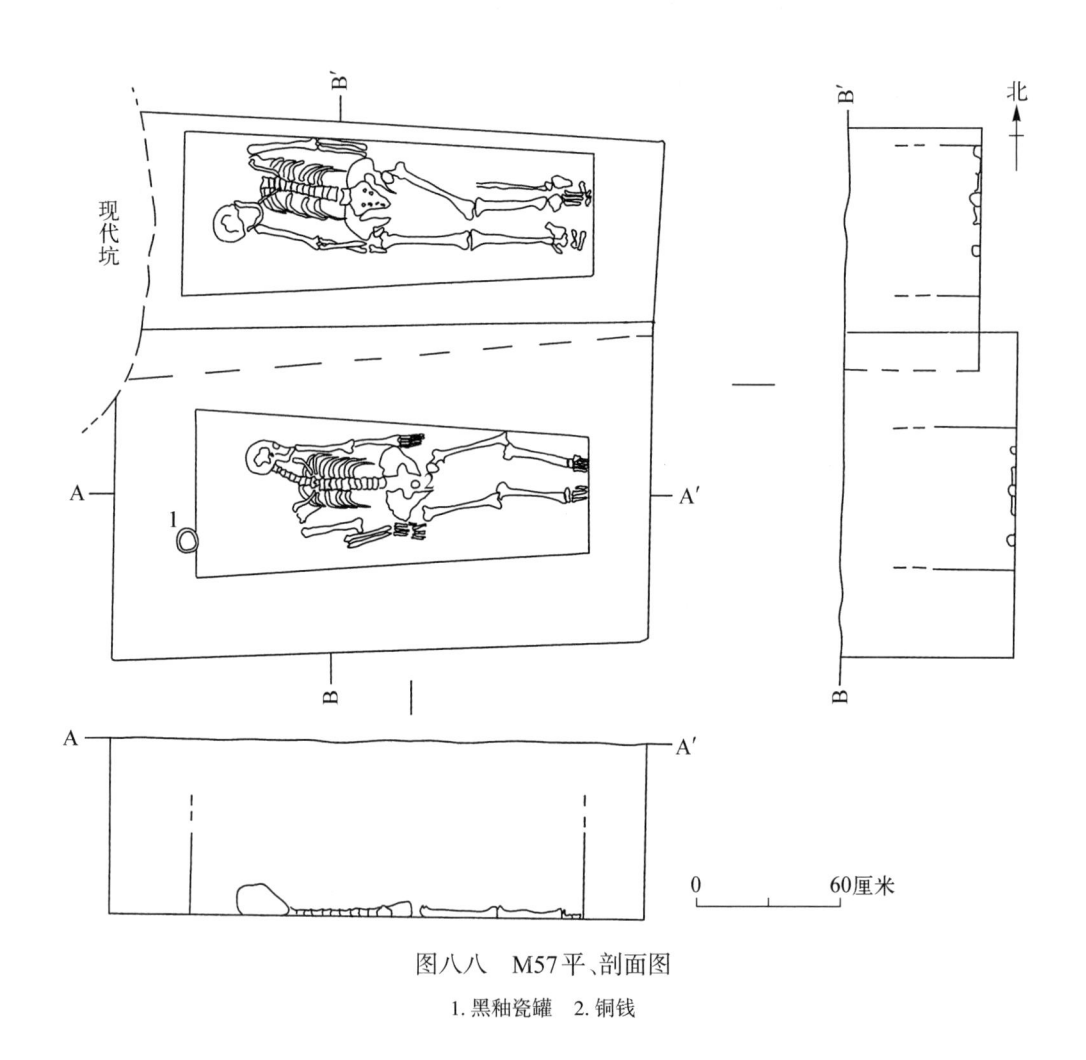

图八八 M57平、剖面图
1. 黑釉瓷罐 2. 铜钱

南棺棺木已朽，仅残剩棺痕。长1.85米、宽1.48米、高0.44米。棺内骨架保存较差，部分骨架丢失移位。墓主人为女性，头向西，足向东，面向北，仰身直肢葬。随葬品有黑釉瓷罐、铜钱。

北棺棺木已朽，仅残剩棺痕。长2米、宽0.56-0.64米、高0.26米。棺内骨架保存较差，部分骨架丢失移位。墓主人为男性，头向西，足向东，面向下，仰身直肢葬。无随葬品。

黑釉瓷罐，1件。M57∶1，直口，平唇，鼓肩，斜腹，矮圈足。口沿及上腹部施酱黑色釉，腹部施釉不及底。素面。口径12.3厘米、腹颈14.6厘米、底径6.5厘米、高7.8厘米（图一〇〇，6；彩版五二，5）。

乾隆通宝，1枚。M57∶2，模制、完整、圆形、方穿。正面有郭，铸"乾隆通宝"，楷书对读。背面有郭，穿左右为满文"宝泉"，纪局名。钱径2.2厘米、穿径0.6厘米、郭厚0.2厘米（图一〇四，8）。

M63 位于发掘区中东部，南邻M60，东邻M64，西邻M62。东西向，方向为115°。墓口距地表深0.4米，墓底距地表深0.8-0.82米，内填黄褐色花土。墓圹长2.7-2.82米、宽2.18-2.45米、深0.4-0.42米。内置南北双棺，南棺打破北棺（图八九；彩版四二，1）。

南棺棺木已朽，仅残剩棺痕。长1.79米、宽0.51-0.64米、残高0.12米。棺内肢骨已迁出，无随葬品。

北棺棺木已朽，仅残剩棺痕。长1.76米、宽0.47-0.72米、残高0.12米。该棺内肢骨已迁出。无随葬品。

M66 位于发掘区东部，西邻M65。东西向，方向为200°。墓口距地表深0.4米，墓底距地表深0.8-1.06米，内填黄褐色花土。墓圹长2.42-2.47米、宽1.8-1.94米、深0.4-0.76米。内置南北双棺，南棺打破北棺（图九〇；彩版四二，2）。

南棺棺木已朽，仅残剩棺痕。长1.88米、宽0.58-0.65米、残高0.46米。棺内骨架保存较差，部分肢骨缺失移位。骨架残长1.4米。墓主人为女性，头向西，足向东，面向东，仰身直肢葬。随葬品有银耳环、铜扁方、铜钱。

北棺棺木已朽，仅残剩棺痕。长1.88米、宽0.51-0.68米、残高0.14米。棺内骨架保存较差，部分肢骨缺失移位。骨架残长1.52米。墓主人为男性，头向西，足向东，面向南，仰身直肢葬。随葬品有铜钱。

银耳环，1件。M66∶2，呈"S"形，一端尖细为钩，一端呈花朵形，略残。残宽2.8厘米（图一〇〇，11；彩版六三，2）。

铜扁方，1件。M66∶1，首卷曲，体扁平。末端呈弧状。上部刻有圆形寿字纹。下部刻有蝙蝠纹。通长14.2厘米、宽2.2厘米、厚0.1厘米（图一〇〇，8；彩版六三，1）。

图八九　M63 平、剖面图

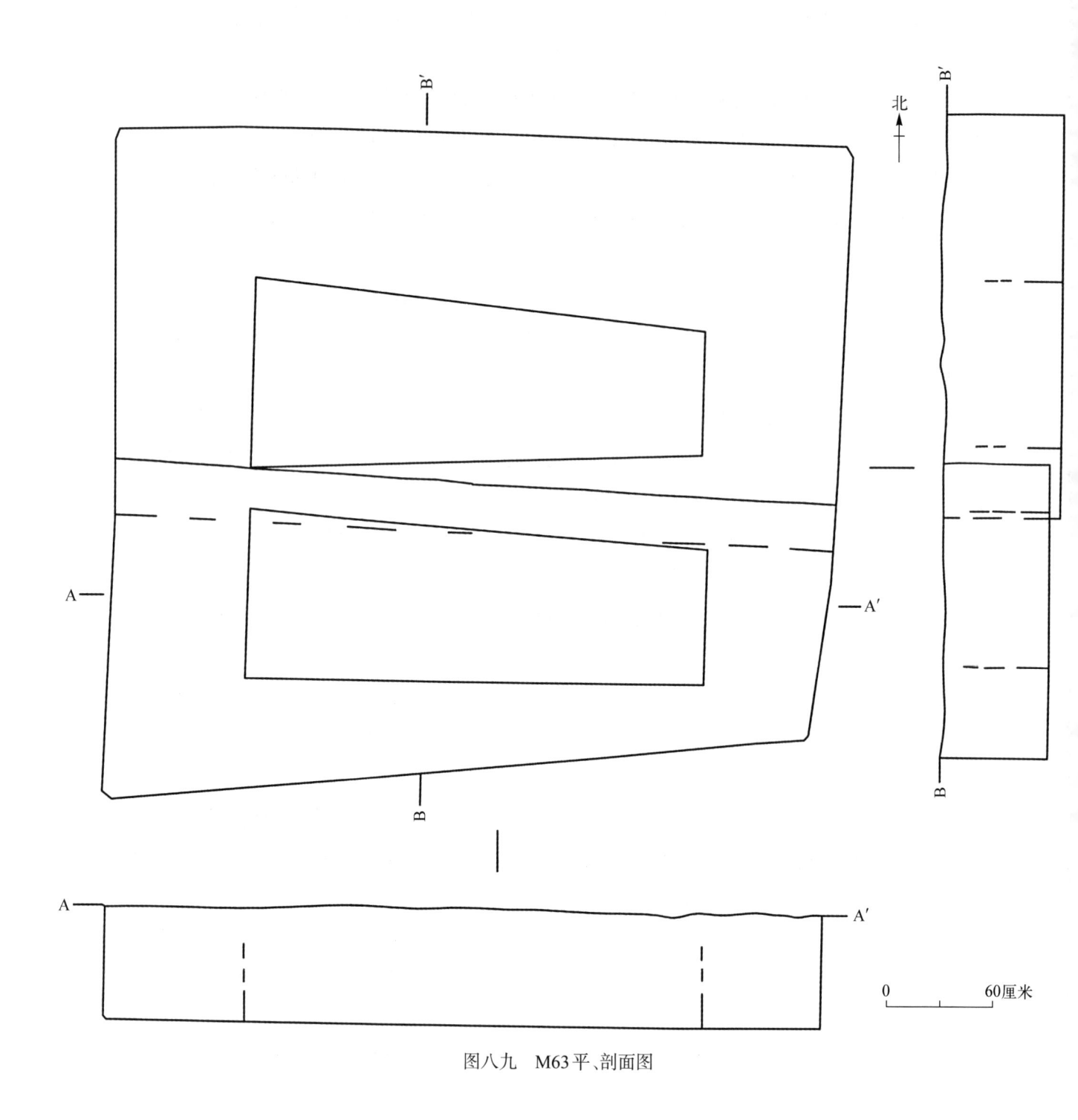

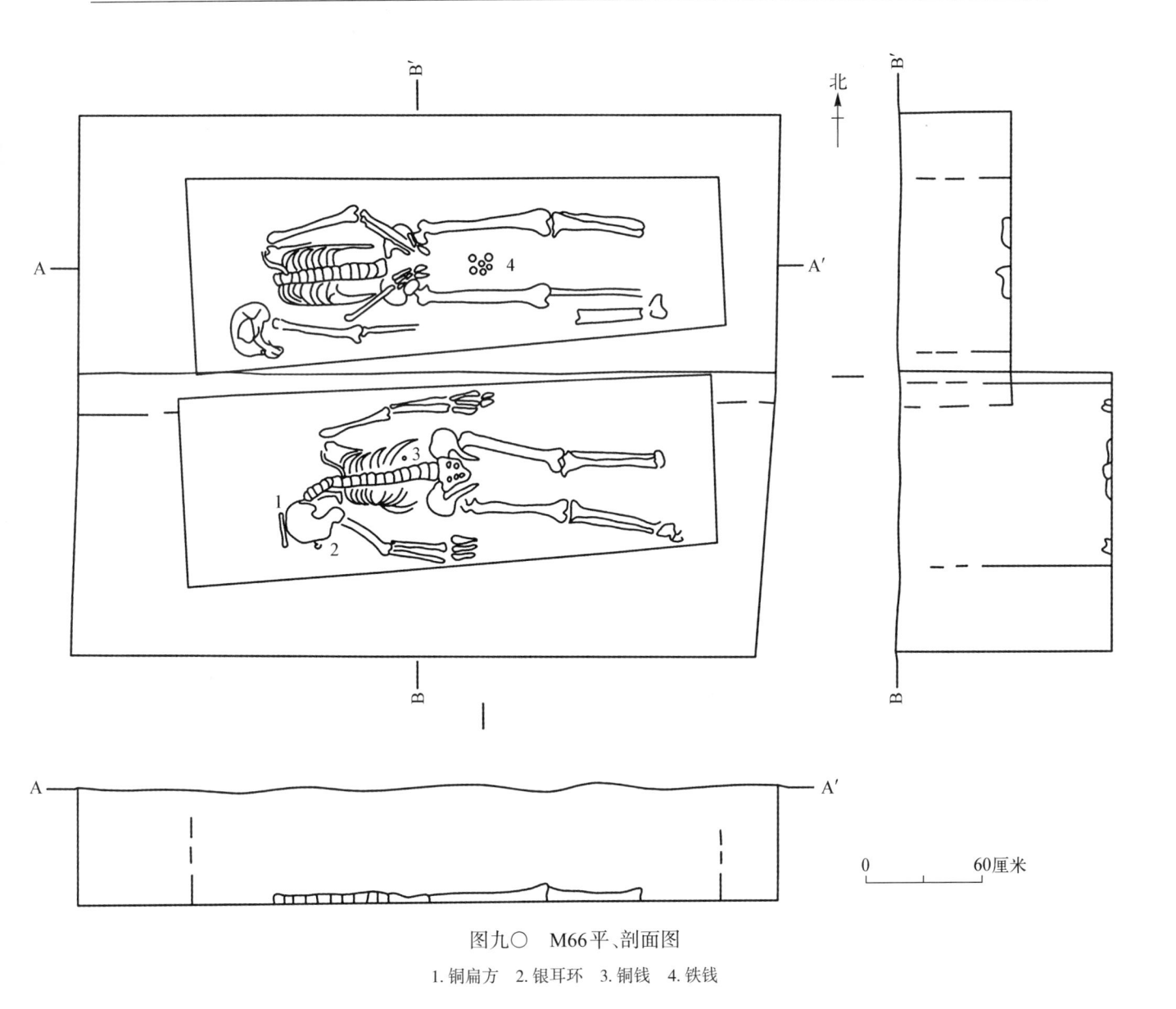

图九〇 M66平、剖面图
1. 铜扁方 2. 银耳环 3. 铜钱 4. 铁钱

道光通宝，1枚。M66：3，模制、完整，圆形、方穿。正面有郭，铸"道光通宝"，楷书对读。背面有郭，穿左右为满文"宝泉"，纪局名。钱径2.1厘米、穿径0.6厘米、郭厚0.2厘米（图一〇四，9）。

M67 位于发掘区中东部。东西向，方向为100°。墓口距地表深0.4米，墓底距地表深0.88-1.08米，平面呈不规则形（由于该墓葬西半部被现代坑破坏），底部不平，内填黄褐色花土。墓圹南北残长0.91-1.74米、东西残宽3.13米、深0.48-0.68米。内置南北双棺，南棺打破北棺（图九一；彩版四三，1）。

南棺棺木已朽，仅残剩棺痕。残长1.49米，残宽0.55-0.73米、残高0.17米。棺内骨架保存较差，部分肢骨缺失移位。墓主人性别不明，头向不明，足向东，葬式不明。无随葬品。

现代坑

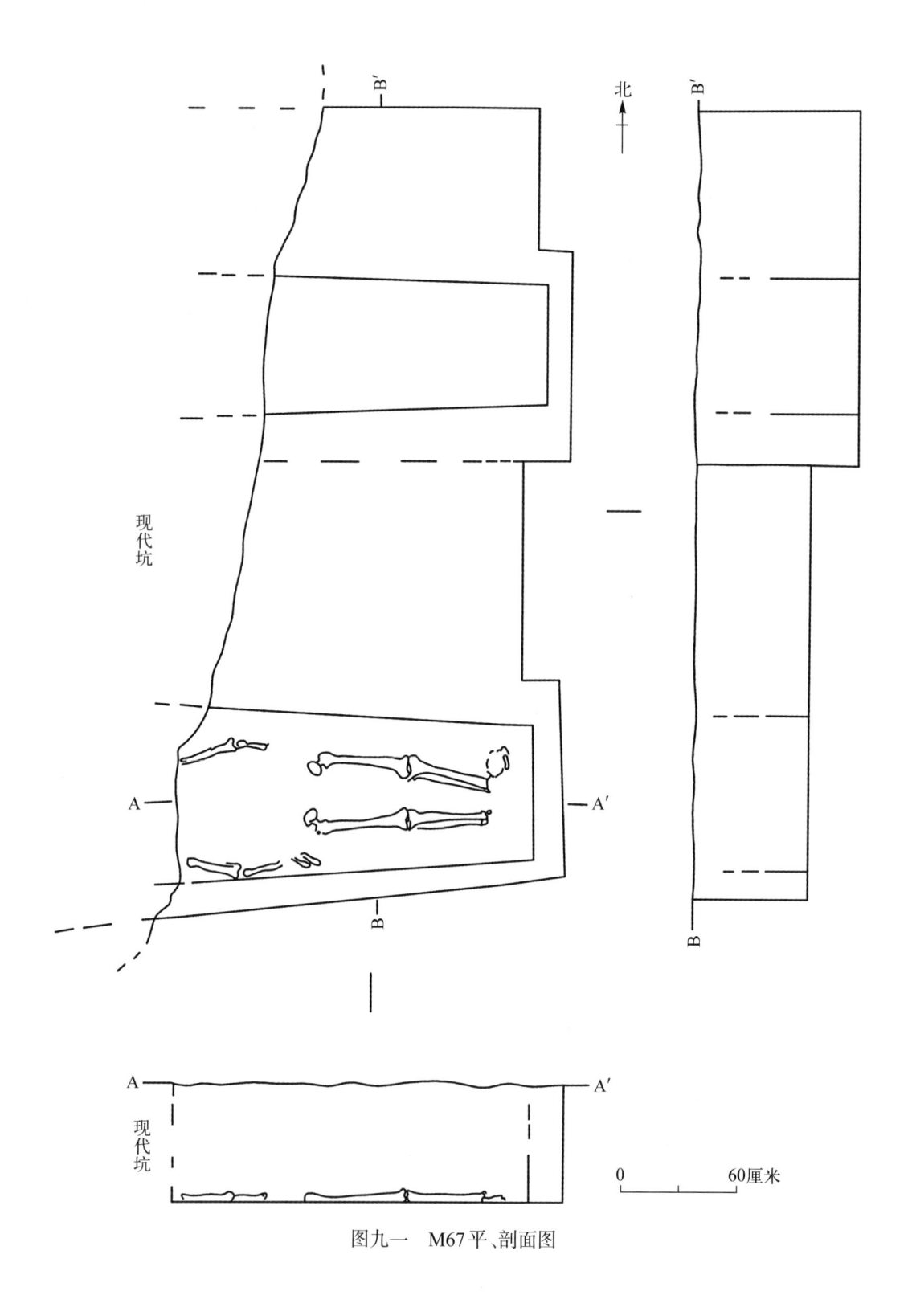

现代坑

图九一　M67平、剖面图

北棺棺木已朽,仅残剩棺痕。残长1.19米、残宽0.49-0.56米、残高0.37米。棺内骨架已迁出。无随葬品。

M71 位于发掘区中东部。东西向,方向为120°。墓口距地表深0.45米,墓底距地表深0.99-1.03米,内填黄褐色花土。墓圹长2.4-2.49米、宽1.72-1.83米、深0.54-0.58米。内置南北双棺,南棺打破北棺(图九二;彩版四三,2)。

南棺棺木已朽,仅残剩棺痕。长1.88米、宽0.54-0.75米、残高0.27米。棺内骨架保存较差,头骨已破。墓主人为女性,头向西,面向东北,仰身直肢葬。随葬品有银扁方。

北棺棺木已朽,仅残剩棺痕。长1.93米、宽0.53-0.57米、残高0.22米。棺内骨架保存较差,头骨已破。墓主人为男性,头向西,面向南,仰身直肢葬。无随葬品。

银扁方,1件。M71:1,首残。体扁平,末端残。残长7.7厘米、宽1.9厘米、厚0.15厘米(图一〇〇,9;彩版六三,3)。

M73 位于发掘区中东部。东西向,方向为110°。墓口距地表深0.4米,墓底距地表深0.88-0.99米,内填黄褐色花土。墓圹长2.58-2.6米、宽1.74-2.28米、深0.48-0.59米。内置南北双棺,南棺打破北棺(图九三;彩版四四,1)。

南棺棺木已朽,仅残剩棺痕。长1.88米、宽0.48-0.69米、残高0.28米。棺内骨架已迁出,无随葬品。

北棺棺木已朽,仅残剩棺痕。长1.92米、宽0.47-0.64米、残高0.18米。棺内骨架已迁出,无随葬品。

M81 位于发掘区东南部。东西向,方向为105°。墓口距地表深0.4米,墓底距地表深0.81-1.1米,内填黄褐色花土。墓圹长2.49-2.6米、宽1.94-2.14米、深0.41-0.7米。内置南北双棺,南棺打破北棺(图九四;彩版四四,2)。

南棺棺木已朽,仅残剩棺痕。长2.08米、宽0.67-0.69米、残高0.16米。棺内骨架保存较差,部分肢骨缺失移位。骨架残长1.58米。墓主人为女性,头向西,足向东,面向不详,仰身直肢葬。无随葬品。

北棺棺木已朽,仅残剩棺痕。长1.88米、宽0.61-0.66米、残高0.28米。棺内骨架保存较差,部分肢骨缺失移位。骨架残长1.5米。墓主人性别不明,头向西,足向东,面向不详,葬式不详。随葬品有铜钱。

乾隆通宝,1枚。M81:1,模制、完整、圆形、方穿。正面有郭,铸"乾隆通宝",楷书对读。背面有郭,穿左右为满文"宝源",纪局名。钱径2.3厘米、穿径0.6厘米、郭厚0.3厘米(图一〇四,10)。

图九二　M71平、剖面图

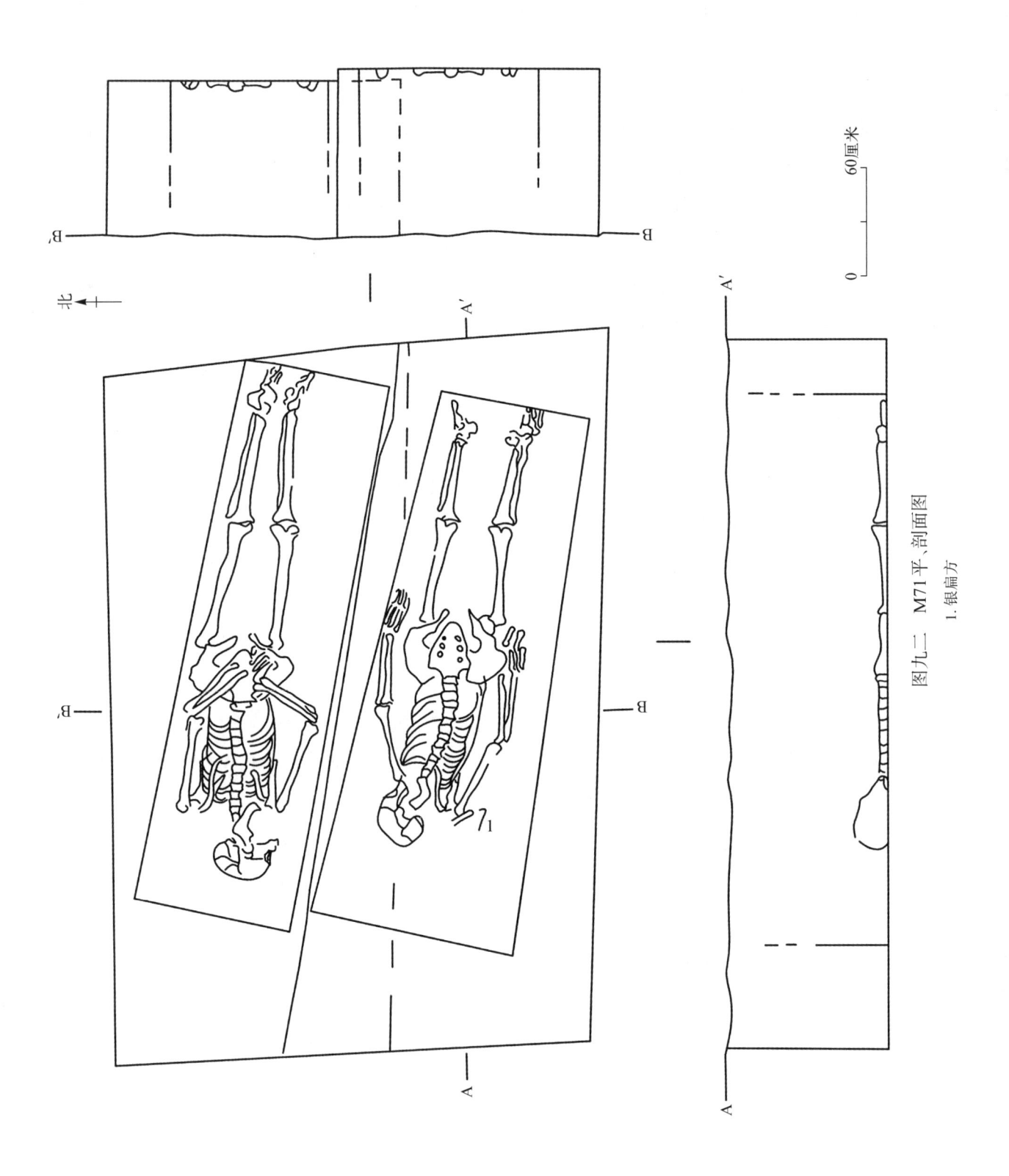

1. 银扁方

图九三 M73 平、剖面图

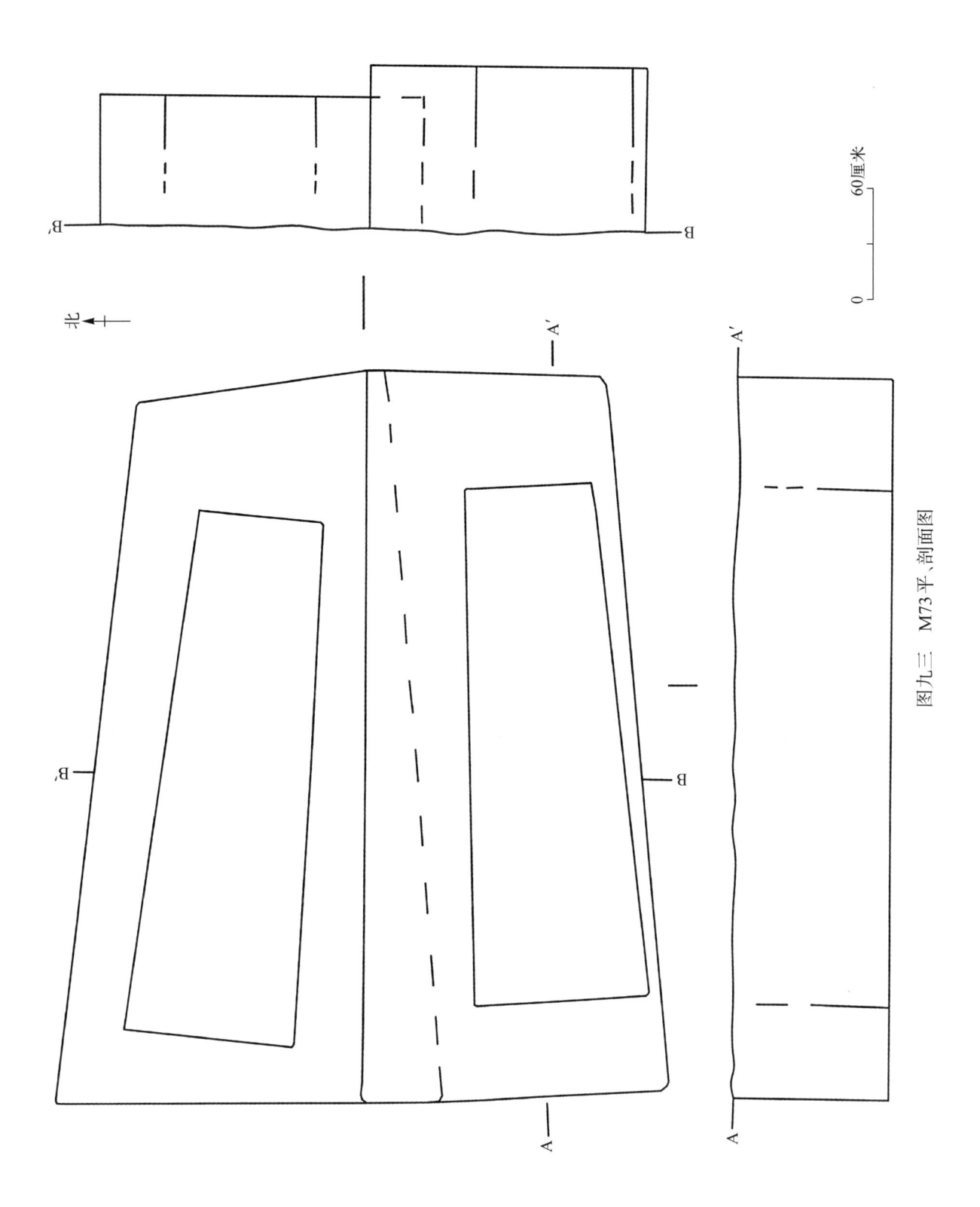

图九四 M81 平、剖面图
1. 铜钱

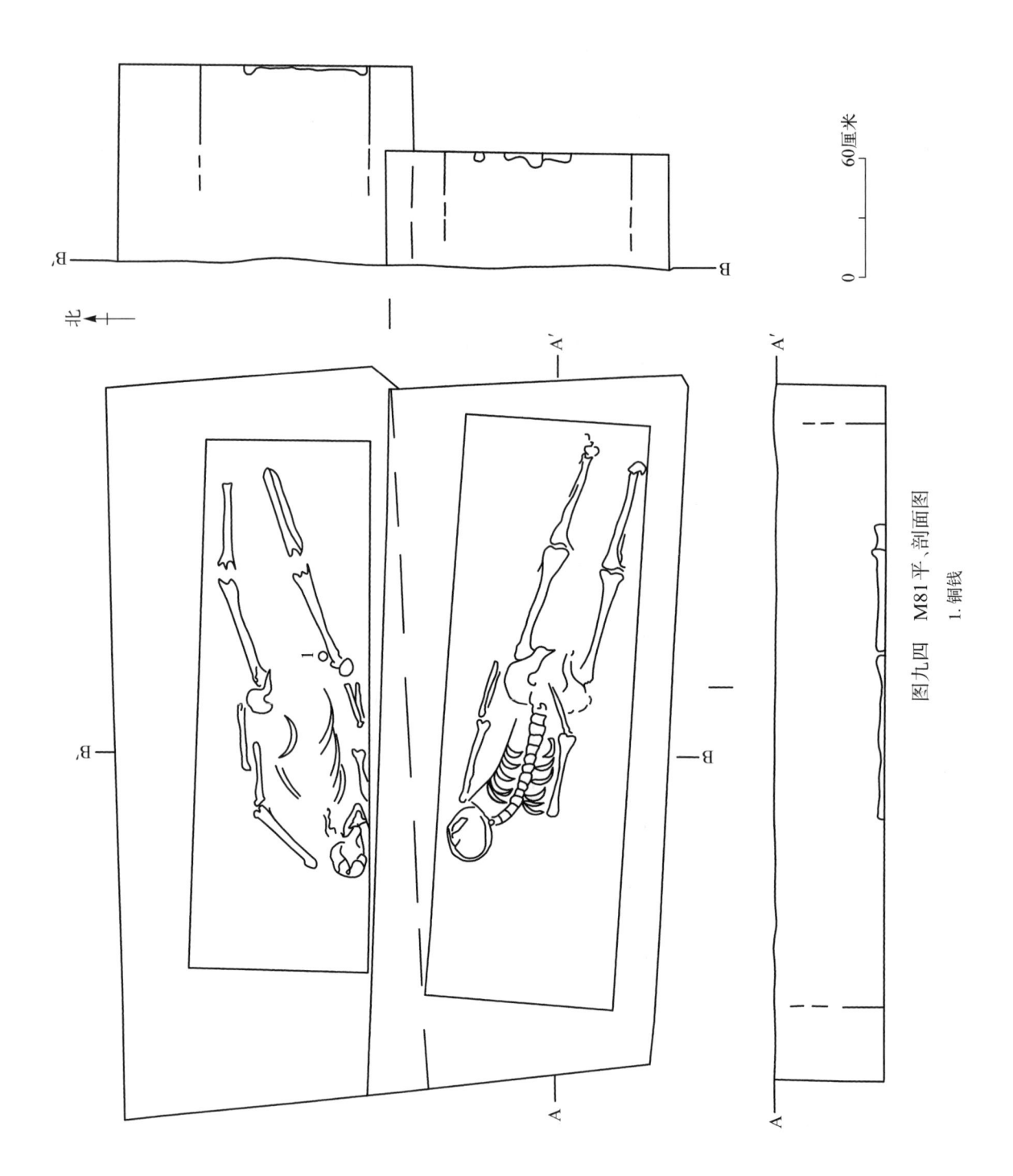

第三章 墓葬及遗物　　109

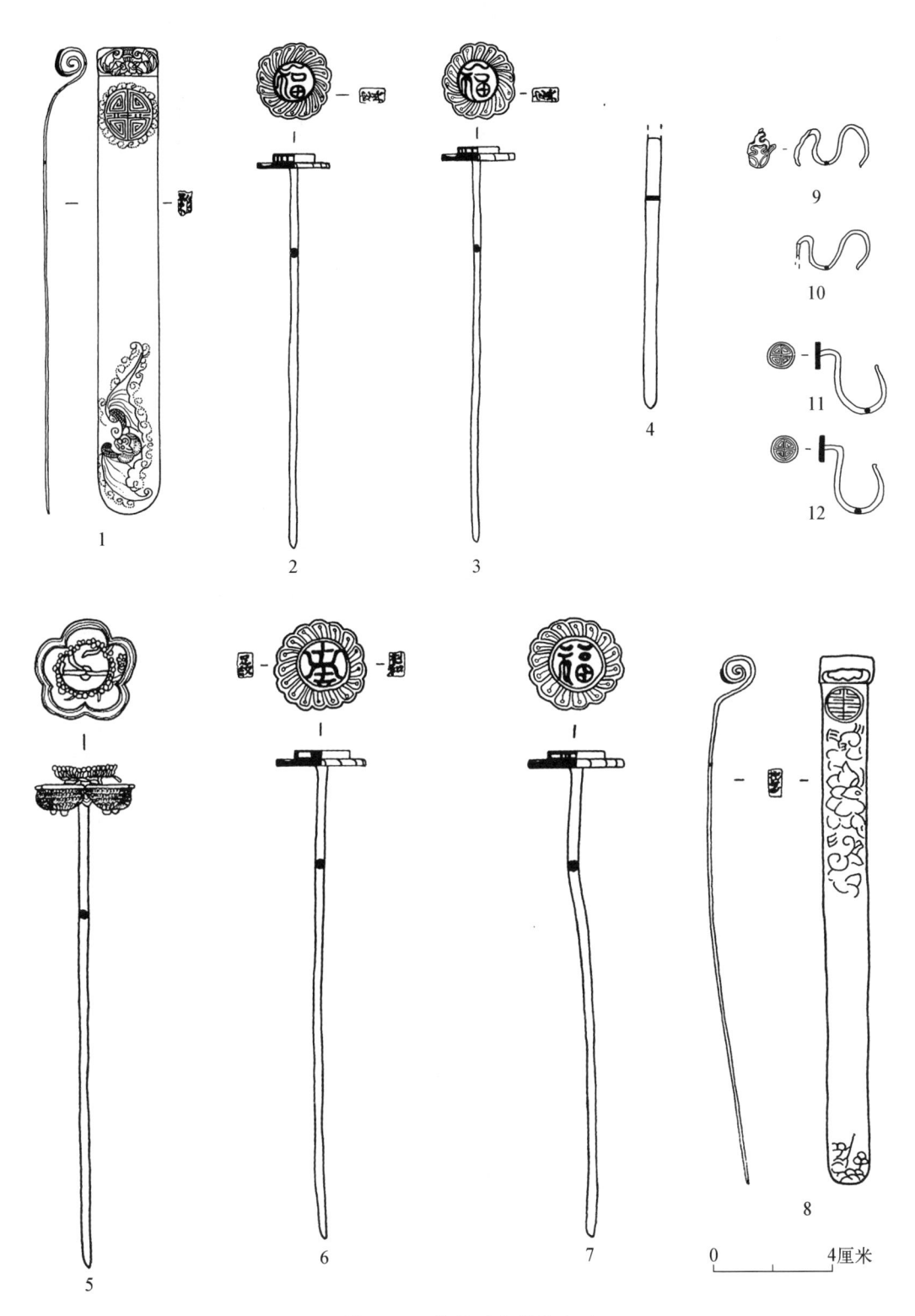

图九五　双棺墓随葬器物（一）
1、8.银扁方（M3∶1、M4∶4）　2～4.银簪（M3∶2-1、M3∶2-2、M3∶2-3）　5～7.铜簪（M4∶2-1、M4∶2-2、M4∶2-3）　9～12.银耳环（M3∶3-1、M3∶3-2、M4∶1-1、M4∶1-2）

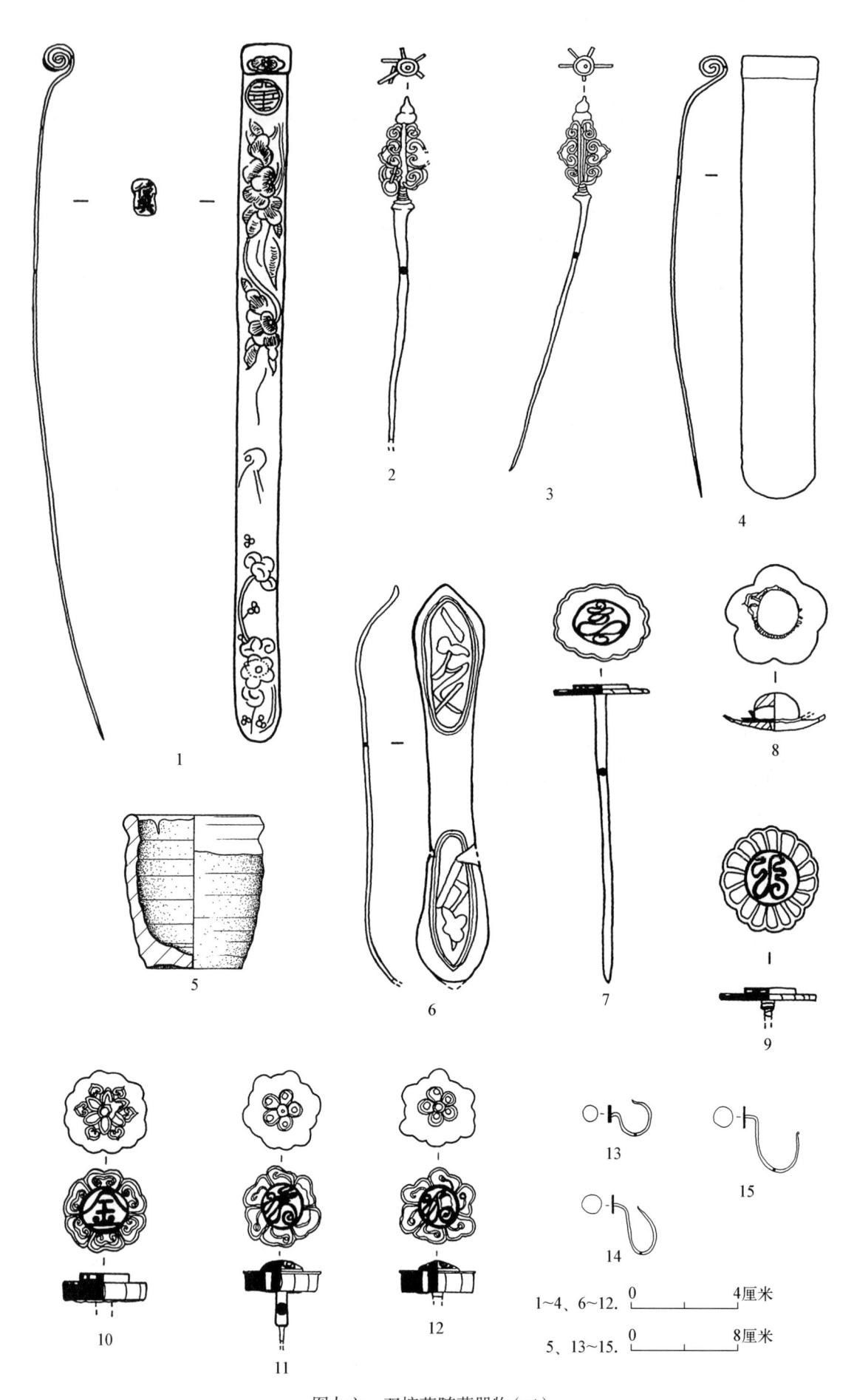

图九六 双棺墓随葬器物（二）

1. 银扁方（M9∶1） 2、3、10～12. 银簪（M15∶1、M16∶2、M35∶1、M42∶1、M42∶2） 4. 铜扁方（M17∶5）
5. 陶罐（M19∶2） 6. 铜押发（M20∶1） 7、9. 铜簪（M20∶2、M17∶2） 8. 银头饰（M17∶1）
13～15. 银耳环（M10∶8、M16∶1、M17∶3、M17∶4）

第三章 墓葬及遗物   111

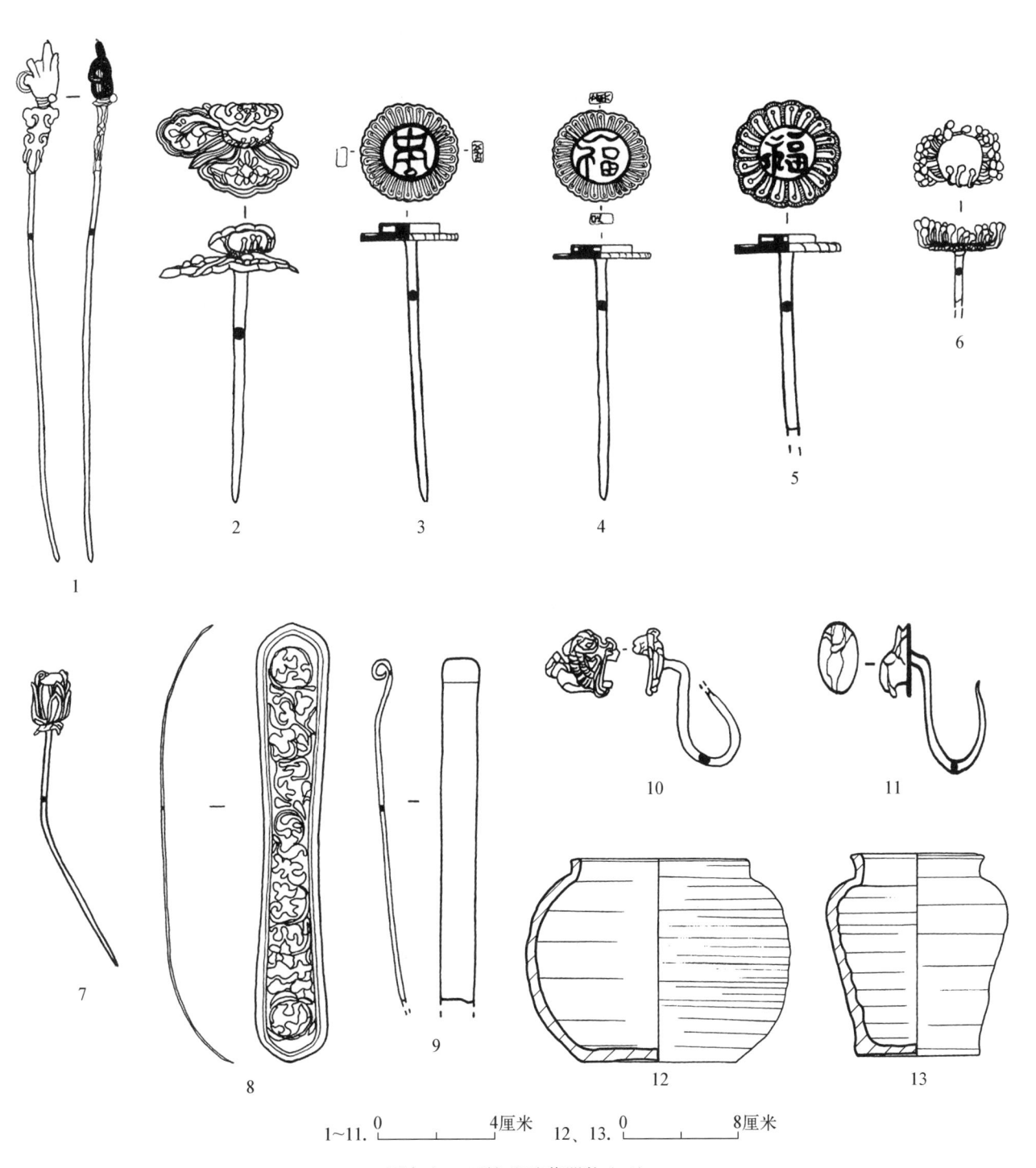

图九七　双棺墓随葬器物（三）
1～6. 银簪（M21:1、M21:2、M21:3、M21:4、M23:2、M43:2）　7. 铜簪（M42:3）　8. 铜押发（M43:1）
9. 铜扁方（M47:2）　10、11. 银耳环（M43:3、M47:1）　12. 陶罐（M28:1）　13. 瓷罐（M54:1）

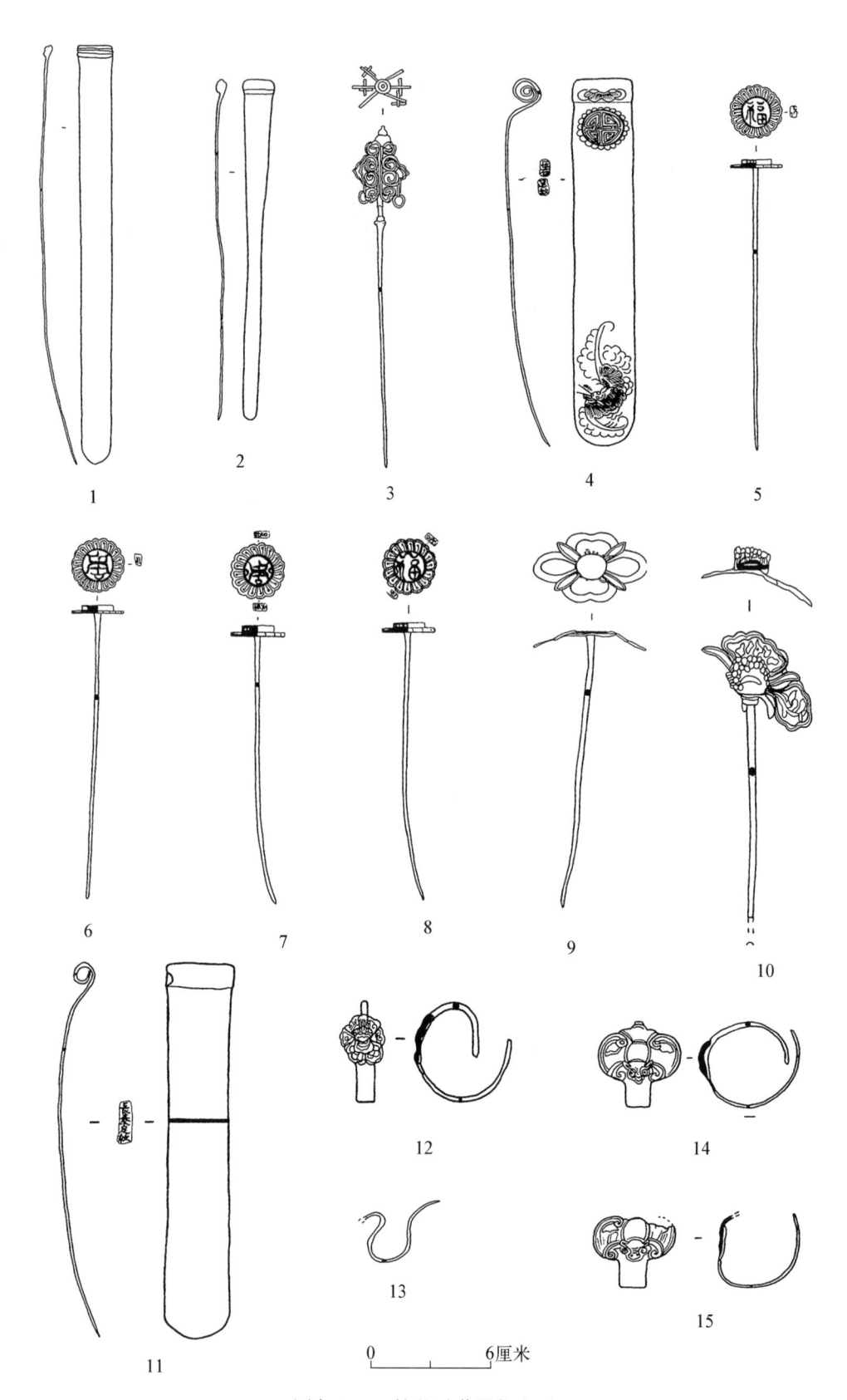

图九八 双棺墓随葬器物(四)

1. 铜扁方(M48:1) 2. 铜簪(M49:1) 3、5~10. 银簪(M51:1、M52:2、M52:3、M53:1、M53:2、M52:4、M53:3)
4、11. 银扁方(M52:1、M53:4) 12~15. 银耳环(M51:2、M52:5、M53:5-1、M53:5-2)

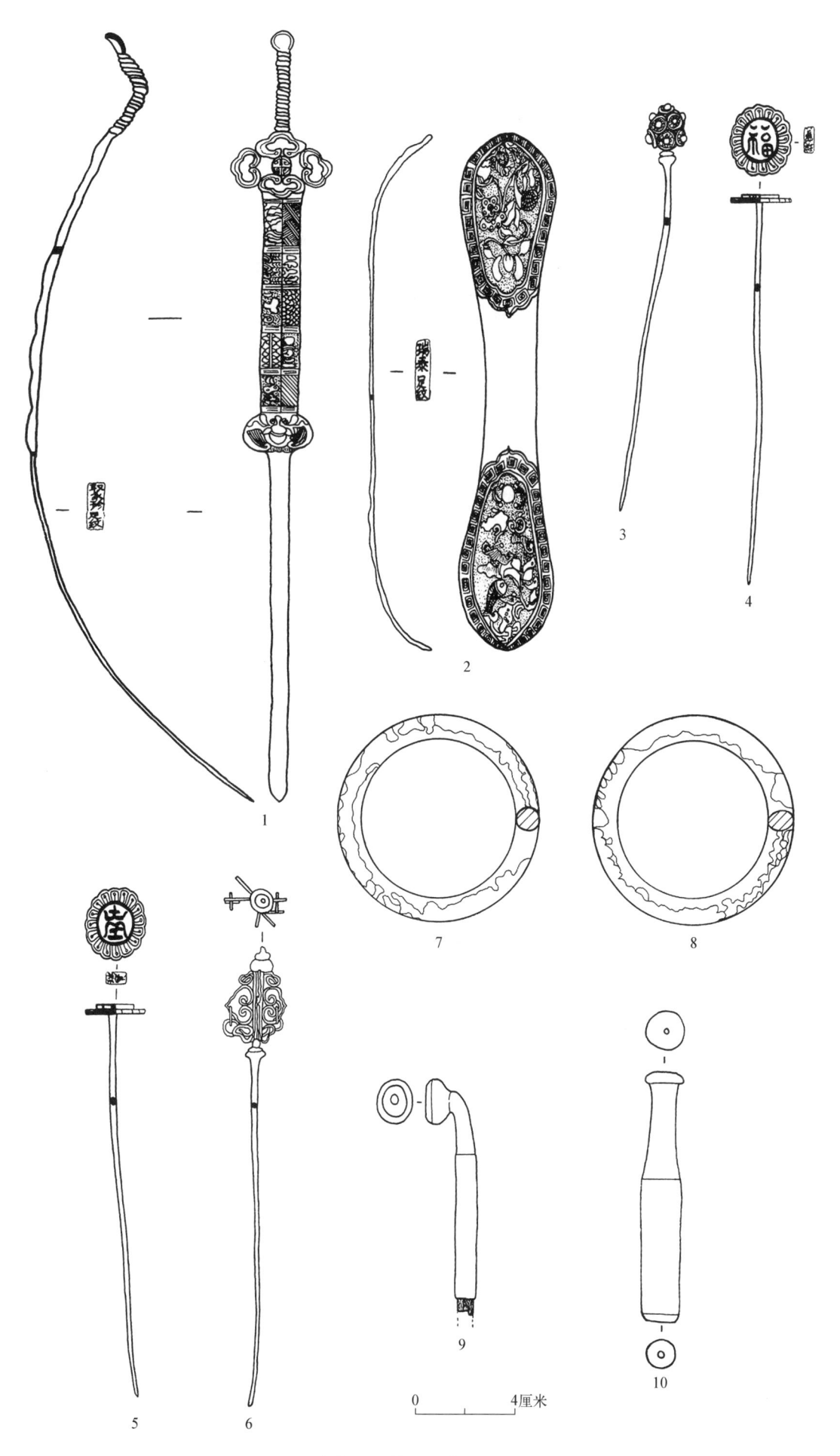

图九九 双棺墓随葬器物(五)

1、3～6.(M54:2、M56:1、M56:2、M56:3、M56:4) 2.银押发(M54:3) 7、8.料镯(M54:8-1、M54:8-2)
9.玉烟嘴(M54:6) 10.铜烟锅(M54:7)

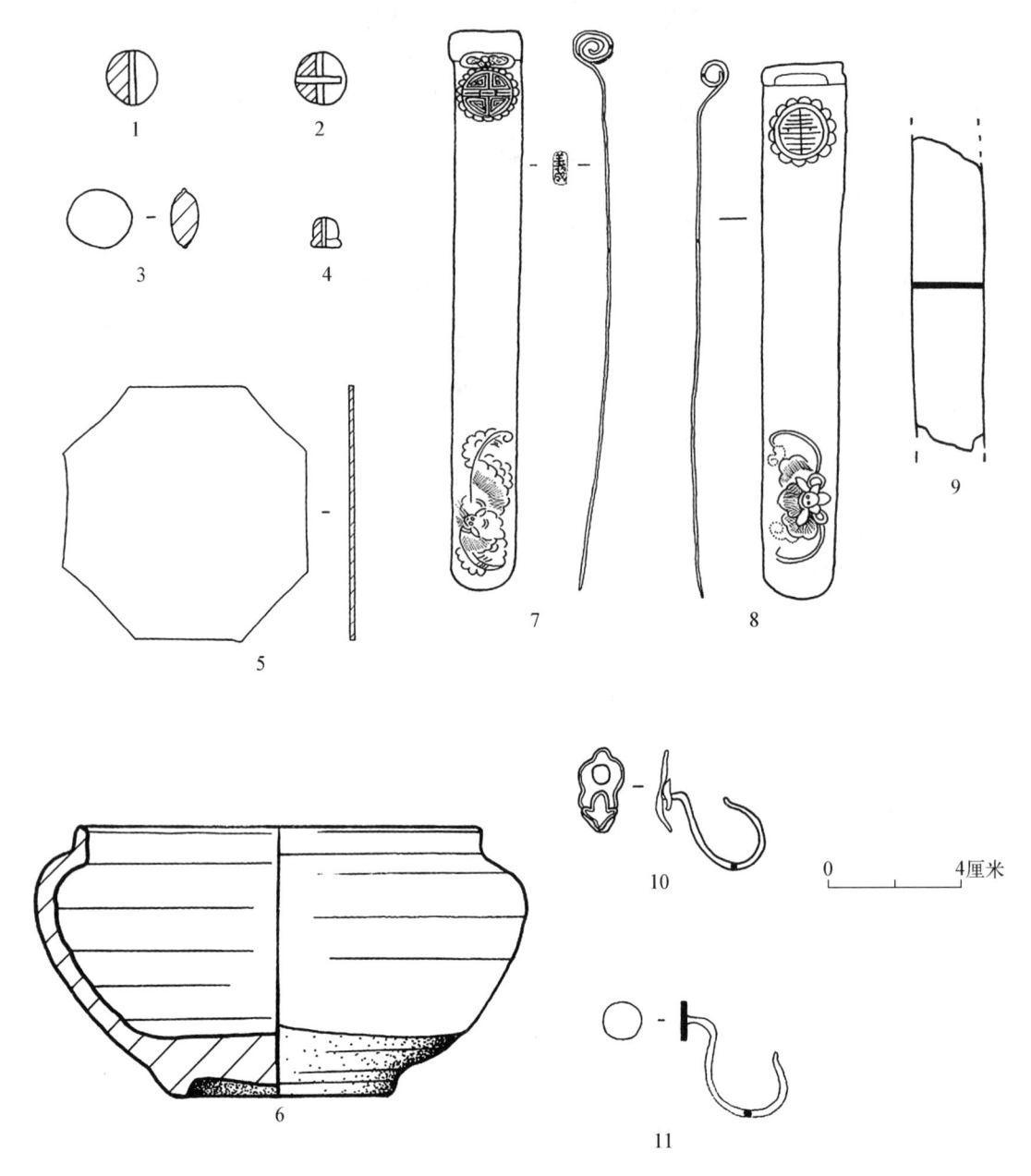

图一〇〇 双棺墓随葬器物（六）

1~4.珠子（M54：4-1、M54：4-2、M54：4-3、M54：4-4） 5.玻璃（M54：5） 6.黑釉瓷罐（M57：1）
7、9.银扁方（M56：5、M71：1） 8.铜扁方（M66：1） 10、11.银耳环（M56：6、M66：2）

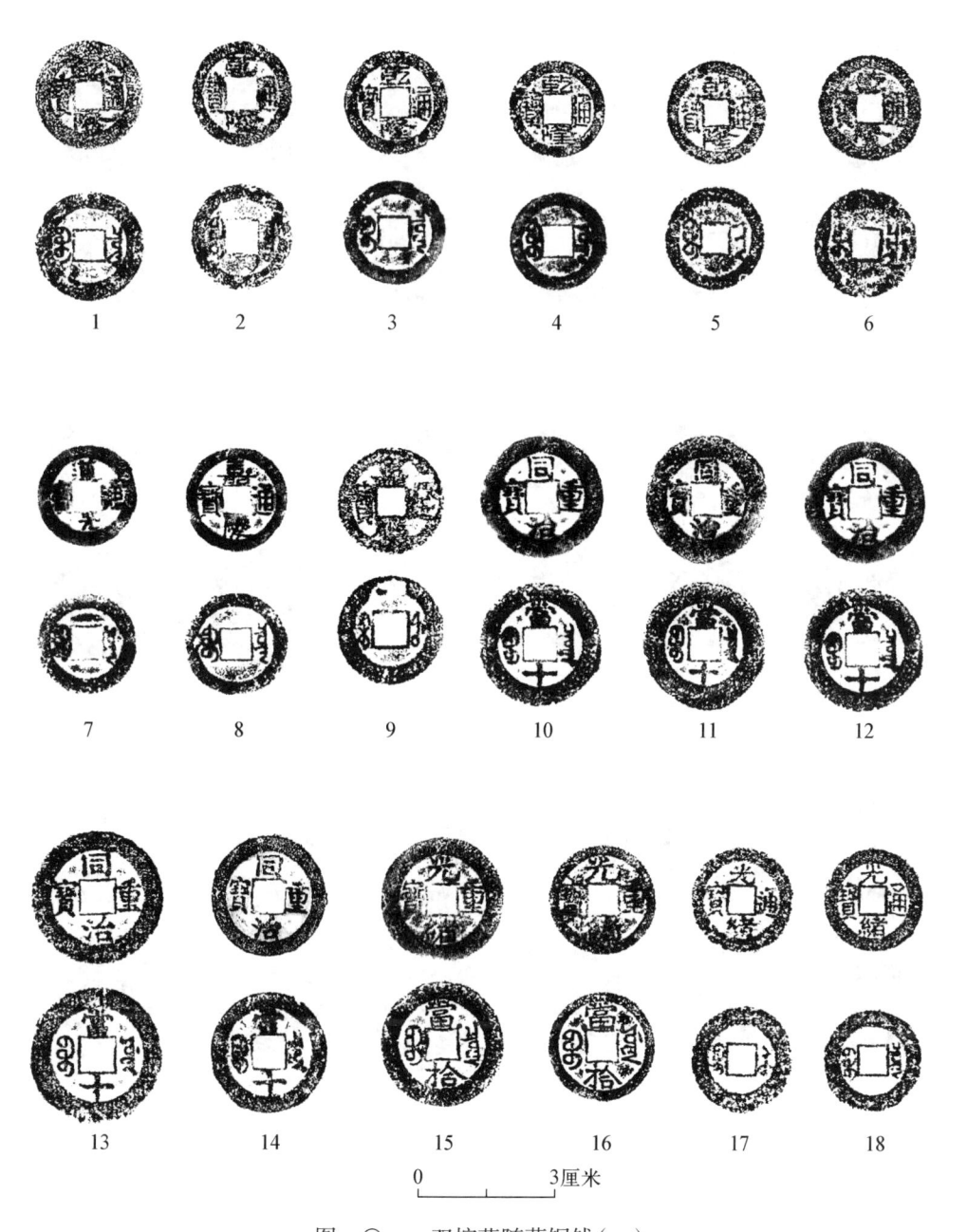

图一〇一 双棺墓随葬铜钱（一）

1~6.乾隆通宝（M1：2-1、M14：1、M16：4-1、M16：4-4、M17：6-1、M17：6-3） 7.道光通宝（M1：1-2）
8、9.嘉庆通宝（M1：1-1、M17：6-2） 10~14.同治重宝（M1：1-3、M1：1-4、M3：4-1、M3：4-2、M4：3-1）
15、16.光绪重宝（M1：1-5、M1：1-6） 17、18.光绪通宝（M3：5-2、M3：5-3）

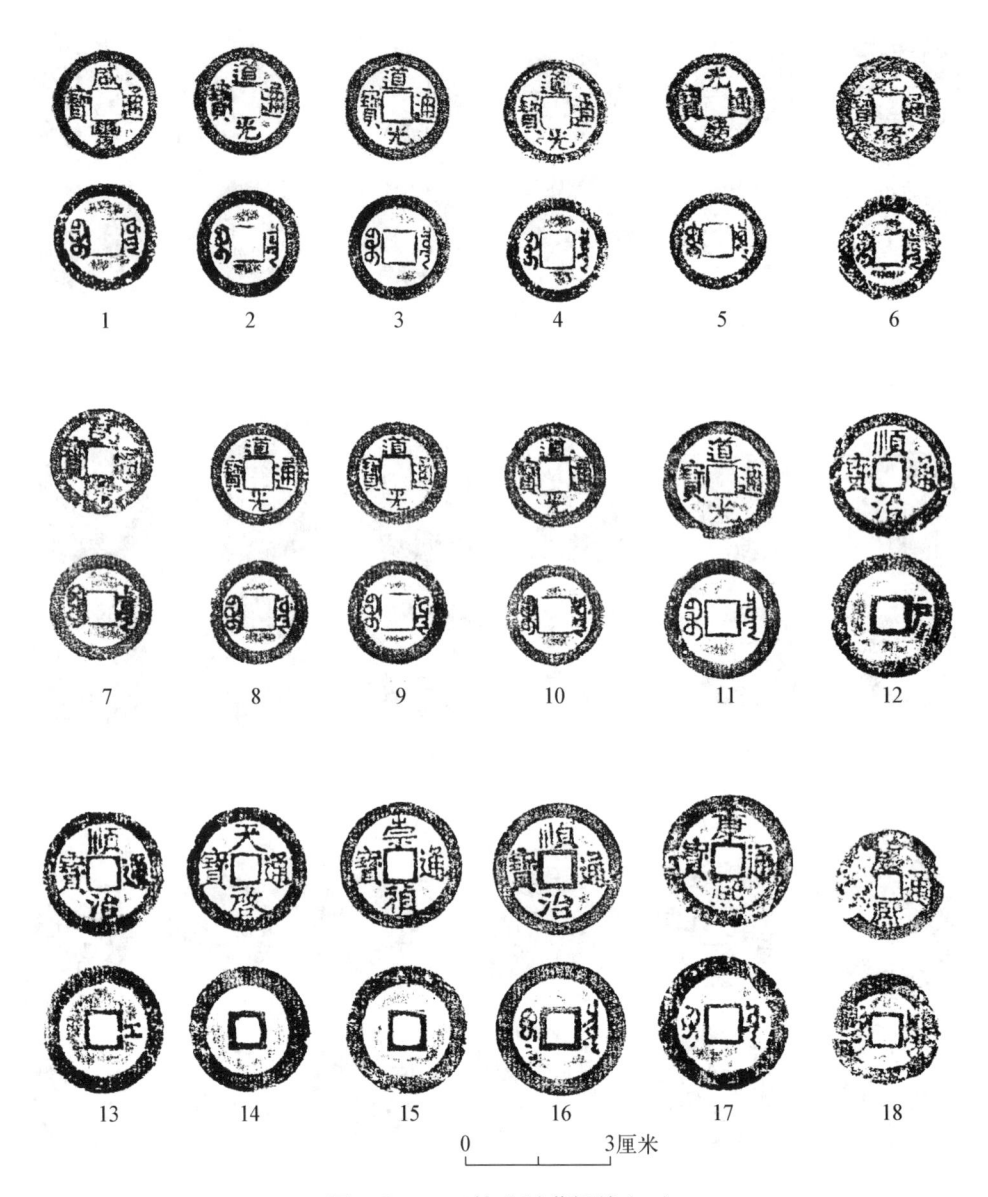

图一〇二 双棺墓随葬铜钱(二)

1.咸丰通宝(M17：6-4)　2~4、8~11.道光通宝(M17：6-5、M21：5-1、M21：6-1、M22：1-2、M22：2、M23：1-1、M23：3)　5、6.光绪通宝(M21：5-2、M21：6-2)　7.乾隆通宝(M22：1-1)　12、13、16.顺治通宝(M25：1-1、M25：1-2、M27：1-1)　14.天启通宝(M25：2-1)　15.崇祯通宝(M25：2-2)　17、18.康熙通宝(M27：1-2、M29：1)

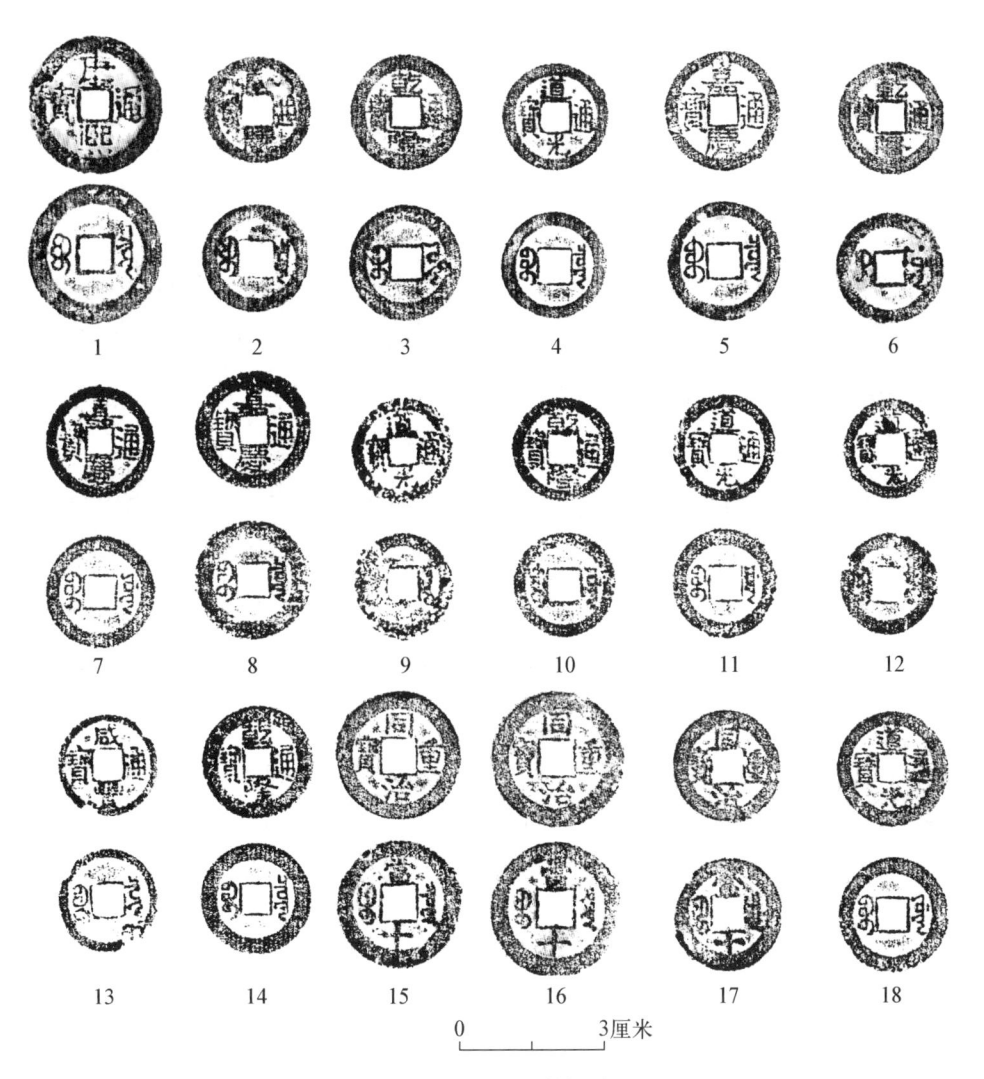

图一〇三 双棺墓随葬铜钱(三)

1. 康熙通宝(M35∶2) 2、5、7、8. 嘉庆通宝(M40∶1、M43∶5、M47∶3、M47∶4) 3、6、10、14. 乾隆通宝(M41∶1、M46∶1、M48∶3、M51∶3) 4、9、11、12、18. 道光通宝(M43∶4、M48∶2、M49∶2、M50∶1-1、M53∶7-1) 13. 咸丰通宝(M50∶1-2) 15~17. 同治重宝(M52∶6-1、M52∶6-2、M53∶6-1)

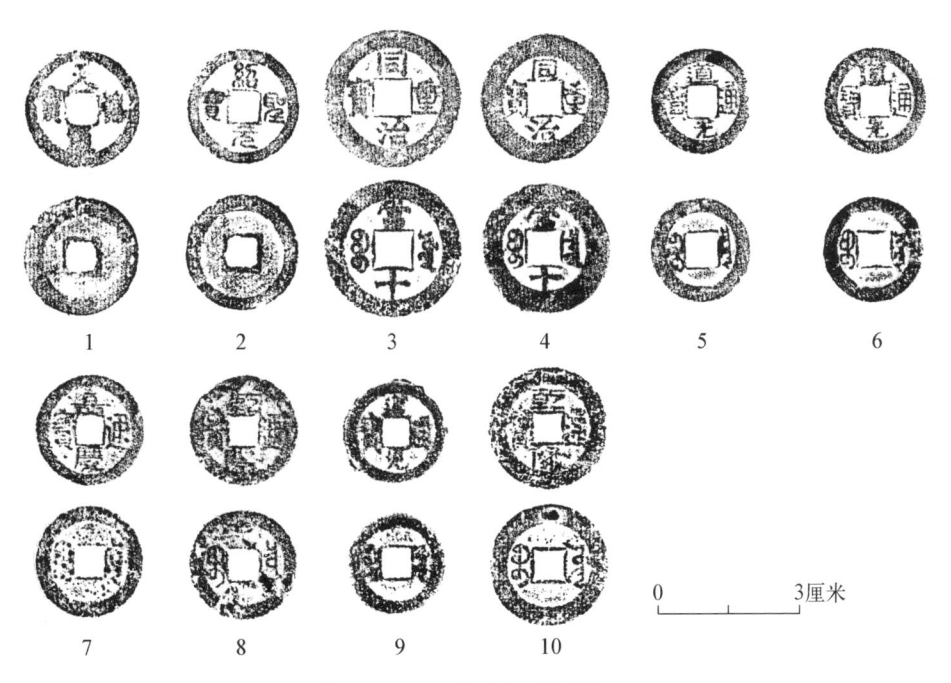

图一〇四 双棺墓随葬铜钱(四)

1. 天启通宝(M54∶9-1) 2. 绍圣元宝(M54∶9-2) 3、4. 同治重宝(M54∶9-3、M54∶9-4) 5、6、9. 道光通宝(M56∶7、M56∶8-2、M66∶3) 7. 嘉庆通宝(M56∶8-1) 8、10. 乾隆通宝(M57∶2、M81∶1)

3. 三棺墓：3座，M8、M10、M26。平面均呈长方形，均为长方形竖穴土圹墓。

M8 位于发掘区西北部。北邻M17、东邻M9，北侧被M17打破。东西向，方向278°。墓口距地表深0.5米，墓底距地表深1.3-1.83米，内填黄褐色花土。墓圹长2.7-2.82米、宽2.77-2.79米、深1.06-1.19米。内置南北排列三棺，棺木已朽。北棺打破中棺，中棺打破南棺（图一〇五；彩版四五，1）。

北棺棺木已朽，仅残剩棺痕。长1.71米、宽0.51-0.66米、残高0.3米。棺内骨架保存较差。骨架残长1.47米。墓主人为女性，头向东，足向西，面向不详，仰身直肢葬。随葬品有铜钱。

中棺棺木已朽，仅残剩棺痕。长1.65米、宽0.5-0.71米、残高0.15米。棺内骨架保存较差。骨架残长1.48米。墓主人为女性，头向东，足向西，面向上，仰身直肢葬。随葬品有铜扁方、铜簪、铜钱。

南棺棺木已朽，仅残剩棺痕。长1.86米、宽0.65米、残高0.42米。棺内骨架保存较差。骨架残长1.7米。墓主人为男性，头向西，足向东，面向下，仰身直肢葬。随葬品有铜钱。

铜扁方，1件。M8：3，首卷曲，体扁平，末端残。通体素面。残长12.7厘米、宽1.1-1.5厘米、厚0.1-0.4厘米（图一〇八，1；彩版六三，4）。

铜簪，1件。M8：4，首为圆形莲花瓣状，分为两层，下方有花萼状装饰。莲花瓣向上盛开，花萼向下。体与首连接，体呈圆锥状。末端残。残长13.9厘米、厚0.2厘米。首宽1.5厘米、残高1.4厘米（图一〇八，2）。

铜钱12枚。道光通宝，2枚。均模制、完整，圆形、方穿。正面有郭，铸"道光通宝"，楷书对读。标本M8：5，背面有郭，穿左右为满文"宝源"，纪局名。钱径2.1厘米、穿径0.6厘米、穿径0.2厘米（图一一一，3）。

乾隆通宝，1枚。M8：2-1，模制、完整，圆形、方穿。正面有郭，铸"乾隆通宝"，楷书对读。背面有郭，穿左右为满文"宝泉"，纪局名。钱径2.4厘米、穿径0.6厘米、郭厚0.3厘米（图一一一，1）。

嘉庆通宝，3枚。均模制、完整，圆形、方穿。正面有郭，铸"嘉庆通宝"，楷书对读。标本M8：2-2，背面有郭，穿左右为满文"宝泉"，纪局名。钱径2.2、穿径0.6、郭厚0.25厘米（图一一一，2）。

其余均锈蚀严重，字迹无法辨认。

M10 位于发掘区西北部。北邻围墙，南邻M17、M9，东邻M16。东西向，方向为288°。墓口距地表深0.5米，墓底距地表深1.49-1.51米，底部高低不平，内填黄褐色花土。墓圹长2.47-2.51米、宽2.14-2.53米、深0.99-1.01米。内置北、中、南三棺。北棺打破中棺，中棺打破南棺（图一〇六；彩版四五，2）。

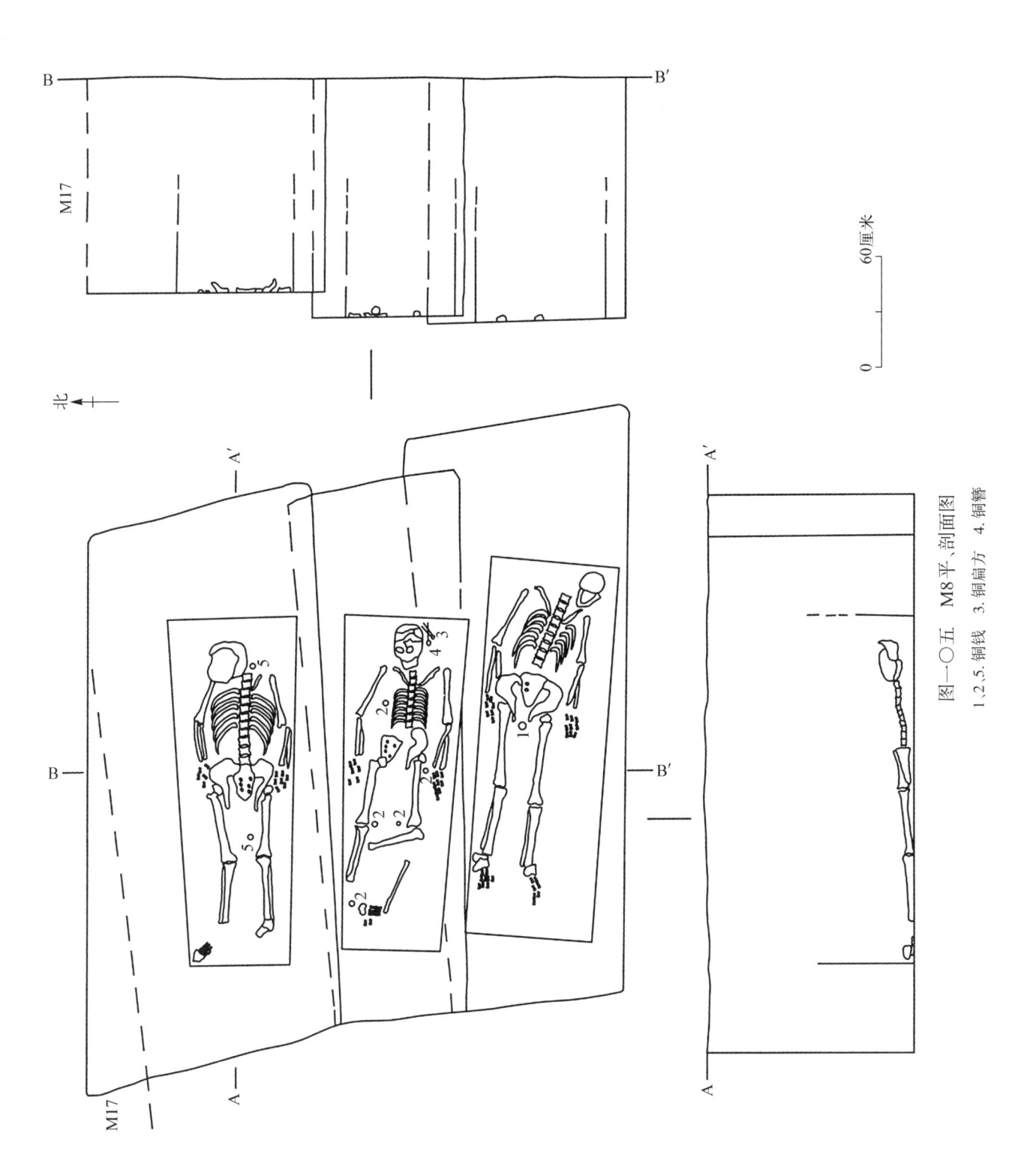

图一〇五 M8平、剖面图
1、2、5.铜钱 3.铜扁方 4.铜簪

图一〇六　M10平、剖面图

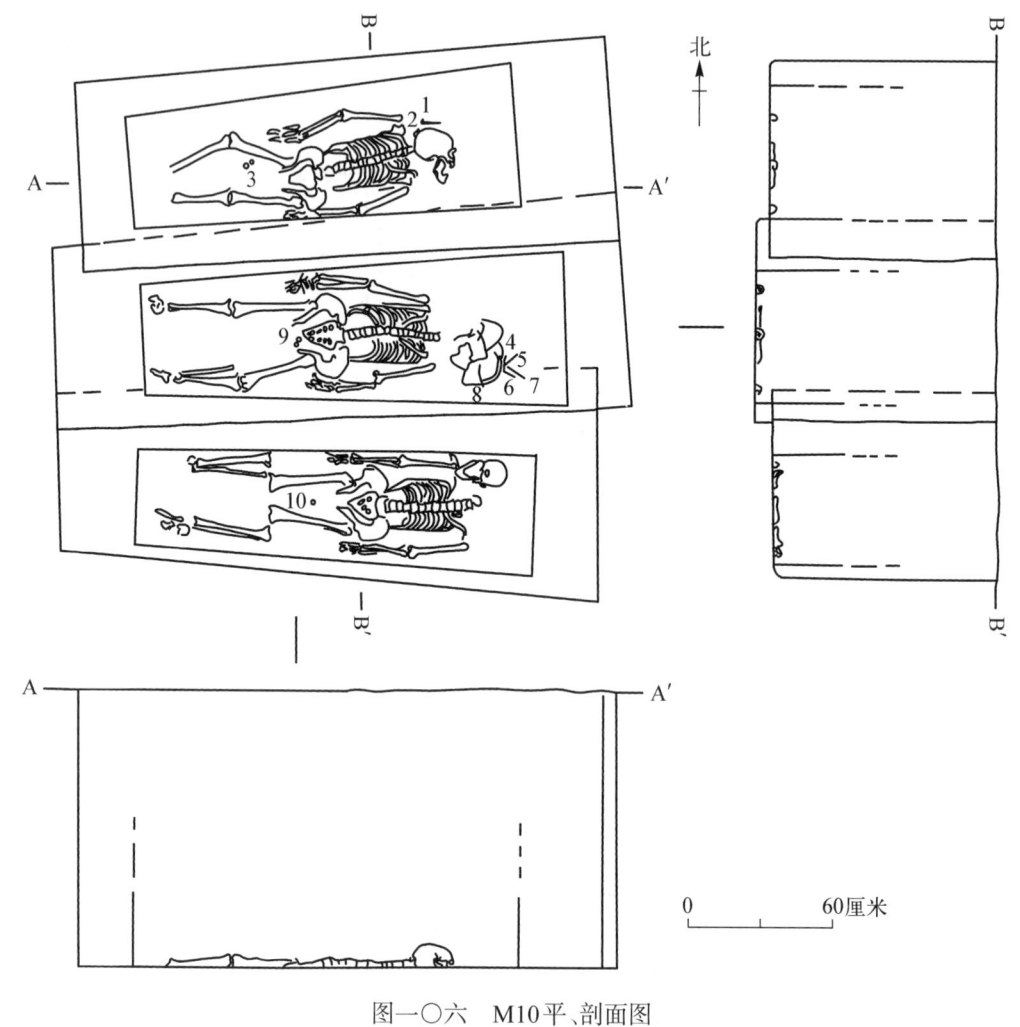

1、5、6、7. 银簪　2、4. 铜扁方　3、9、10. 铜钱　8. 银耳环

北棺棺木已朽，仅残剩棺痕。长1.83米、宽0.5-0.65米、残高0.2米。棺内骨架保存较差。骨架残长1.36米。墓主人为女性，头向东，足向西，面向东，仰身直肢葬。随葬品有银簪、铜扁方、铜钱。

中棺棺木已朽，仅残剩棺痕。长1.97米、宽0.47-0.72米、残高0.38米。棺内骨架保存较差。骨架残长1.68米。墓主人为女性，头向东，足向西，面向不详，仰身直肢葬。随葬品有银簪、银耳环、铜扁方、铜钱。

南棺棺木已朽，仅残剩棺痕。长1.85米、宽0.43-0.54米、残高0.34米。棺内骨架保存一般。墓主人为男性，头向东，足向西，面向下，仰身直肢葬。随葬品有铜钱。

银簪，4件。M10：1，首为垒丝缠绕成的小圆组成的镂空圆球，各小球中间镶有一个突出的圆钮。颈部较细。体细直，为锥体。首侧面呈花形。通长13.7厘米、厚0.2厘米。首宽1.5厘米、高1.5厘米（图一〇八，3；彩版六三，5）。M10：5，首为圆形莲花瓣状，分为两层，下方有花萼状装饰。莲花瓣向上盛开，花萼向下，其内镶嵌物已缺。体与首连接，体呈圆锥状，末端残。残长6.3厘米、厚0.2厘米。首宽1.2厘米（图一〇八，6；彩版六四，5）。M10：6，首为花瓣形，截面为凸字形。中间为圆形凸起，首上铸"寿"字。体呈锥状。通长13.8厘米、首直径1.4-2.1厘米、厚0.5厘米（图一〇八，4；彩版六四，6）。M10：7，形制与M10：6相似，首上铸"福"字。通长13.7厘米、首直径1.4-2.2厘米、高0.5厘米（图一〇八，5；彩版六五，1）。

银耳环，1件。M10：8，呈"S"形，一端为圆饼形，素面。一端尖细为钩。直径0.8厘米、厚0.15厘米（图一〇〇，10；彩版六四，1）。

铜扁方，2件。M10：2，首残，体扁平，末端呈圆弧状。正面錾刻有纹饰。残长7.3厘米、宽1.2厘米、厚0.05厘米（图一〇八，7；彩版六三，6）。M10：4，首卷曲，体扁平。末端呈圆弧状。首侧面呈花状。首和正面均錾刻有纹饰，背面錾刻"天成"二字。通长18.7厘米、宽1.2-1.9厘米、厚0.1厘米（图一〇〇，8；彩版六四，2~4）。

道光通宝，1枚。M10：3，圆形、方穿，正、背面有圆郭。钱面文"道光通宝"，楷书对读。背穿左右为满文"宝泉"，纪局名。钱径2厘米、穿径0.65厘米、郭厚0.2厘米（图一一一，4）。

乾隆通宝，1枚。M10：9，模制、完整，圆形、方穿。正面有郭，铸"乾隆通宝"，楷书对读。背面有郭，穿左右为满文"宝武"，纪局名。钱径2.3厘米、穿径0.6厘米、郭厚0.3厘米（图一一一，5）。

嘉庆通宝，2枚。均模制、完整，圆形、方穿。正面有郭，铸"嘉庆通宝"，楷书对读。M10：10-1，背面有郭，穿左右为满文"宝源"，纪局名。钱径2.2、穿径0.6、郭厚0.25厘米（图一一一，6）。

M26 位于发掘区北部，北邻M27、西邻M24、东邻M29，南侧局部被近现代渣土坑破坏。东西向，方向为90°。墓口距地表0.5米，墓底距地表深1.28-1.51米，内填黄褐色花土。墓圹长2.65-2.69米、宽2.66-3.01米、深0.78-1.01米。内置北中南三棺，棺木已朽。南棺打破中棺，中棺打破北棺（图一〇七；彩版四六，1）。

南棺棺木已朽，仅残剩棺痕。长1.72米、宽0.51-0.59米、残高0.1米。棺内骨架迁出。无随葬品。

中棺棺木已朽，仅残剩棺痕。长1.78米、宽0.49-0.75米、残高0.1米。棺内骨架保存差。大部分骨架难以识别，头向西，足向东，面向、葬式、性别均不明。随葬品有铜簪、铜钱。

北棺棺木已朽，仅残剩棺痕。长1.96米、宽0.54-0.69米、残高0.1米。棺内骨架保存较差。墓主人为男性，头向西，足向东，面向北，仰身直肢葬。随葬品有铜钱。

铜簪，1件。M26：1，首为花瓣形，截面为凸字形。中间为圆形凸起，首上铸"佛"字。首背面錾刻"庆祝"二字。体呈锥状。通长12.4厘米、首直径2.2厘米、高0.7厘米（图一〇八，9；彩版六五，2）。

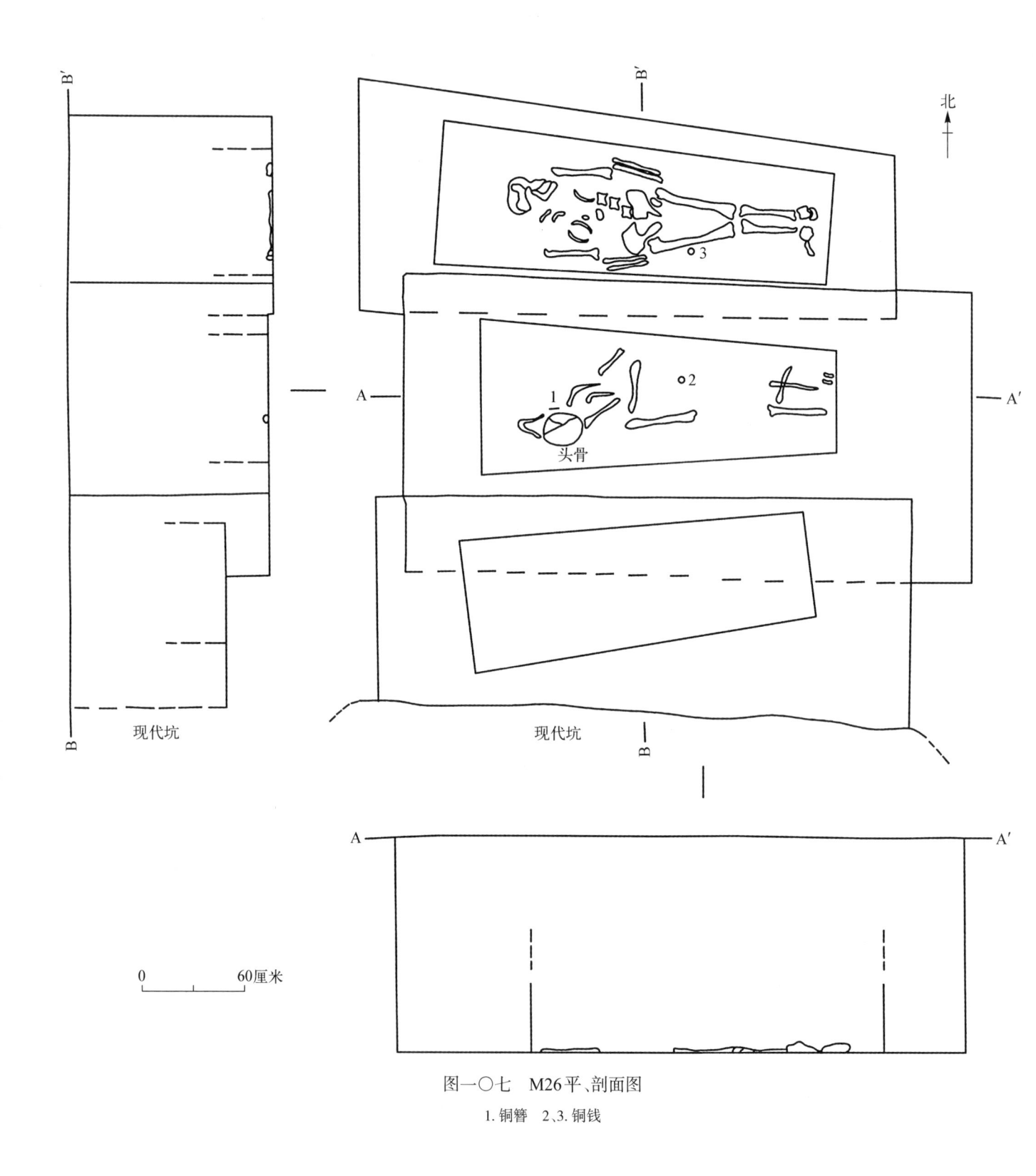

图一〇七　M26 平、剖面图
1. 铜簪　2、3. 铜钱

第三章 墓葬及遗物

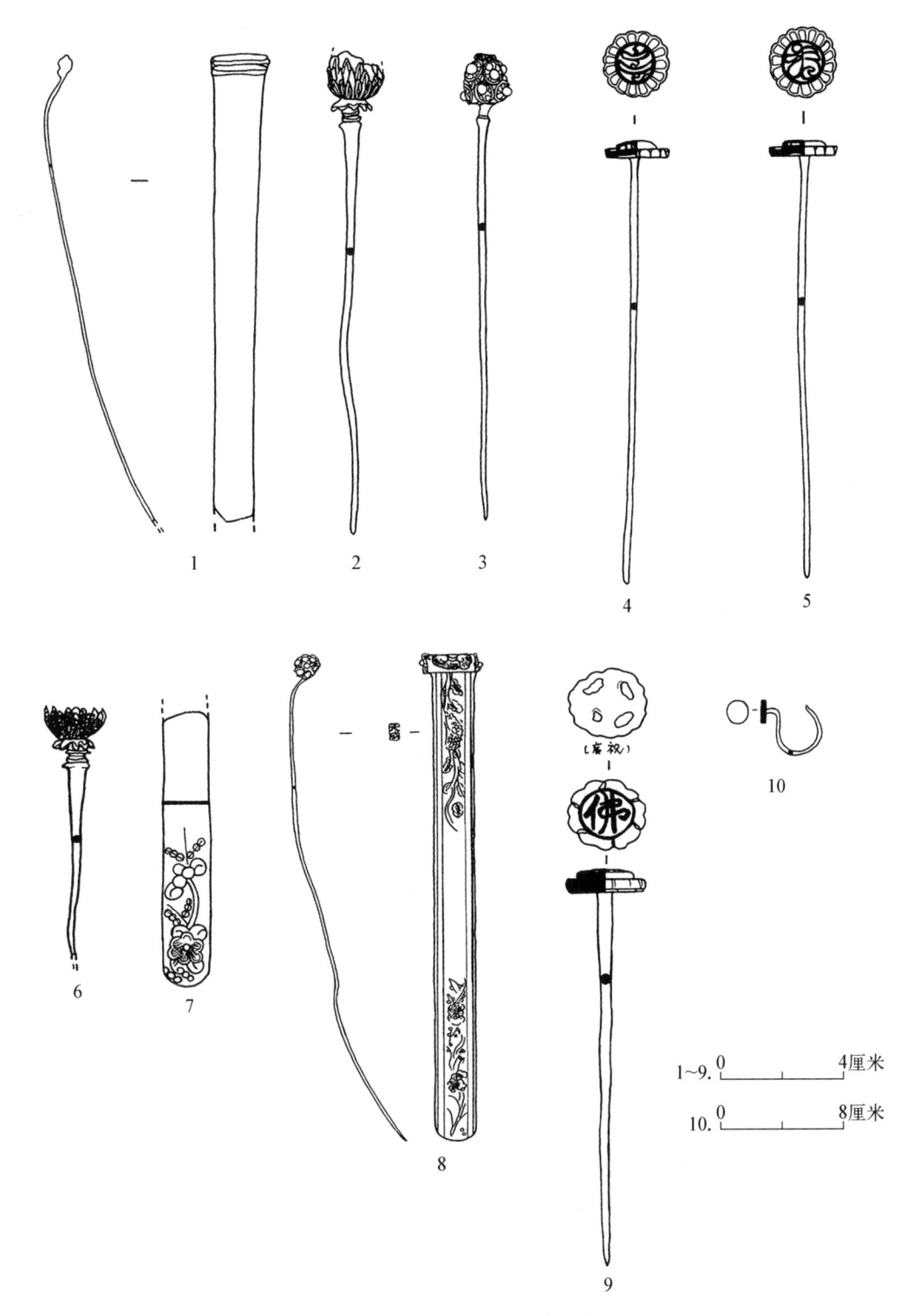

图一〇八 三棺墓随葬器物

1、7. 铜扁方（M8：3、M10：2） 2、9. 银簪（M8：4、M26：1） 3~6. 银簪（M10：1、M10：6、M10：7、M10：5）
8. 银扁方（M10：4） 10. 银耳环（M10：8）

康熙通宝2枚。均模制、完整、圆形、方穿。正面有郭，铸"康熙通宝"，楷书对读。背面有郭，穿左右为满文"宝泉"，纪局名。M26：2，钱径2.6厘米、穿径0.6厘米、郭厚0.3厘米（图一一一，7）。M26：3，钱径2.2厘米、穿径0.6厘米、郭厚0.25厘米（图一一一，8）。

4. 五棺墓：1座，M62。平面呈长方形，为长方形竖穴土圹墓。

M62　位于发掘区中东部，西邻M67、东邻M59、M60、M63。东西向，方向为90°。墓口距地表0.4米，墓底距地表深1.3-1.4米，内填黄褐色花土。墓圹东西长4.05-4.59米、南北宽2.28-2.71米、深0.9-1米。内置五棺，分为南1棺，南2棺，中棺，北1棺，和北2棺组成。南1棺打破南2棺，南2棺打破中棺，北1棺同时打破中棺和北2棺（图一〇九；彩版四六，2）。

南1棺，棺木已朽，仅残剩棺痕。长1.89米、宽0.53-0.7米、残高0.42米。棺内骨架保存较差，部分肢骨已缺失移位。墓主人为女性，头向西，足向东，面向西，仰身直肢葬。随葬品有铜簪。

南2棺，棺木残剩棺痕，长2.11米、宽0.44-0.7米、残高0.25米。棺内骨架保存较差，部分肢骨缺失移位。墓主人为女性，头向西，足向东，面向南，仰身直肢葬。随葬品有银簪、银耳环、铜钱。

中棺，棺木已朽，仅残剩棺痕。长1.94米、宽0.49-0.65米、残高0.21米。棺内骨架保存较差，大部分肢骨缺失移位。墓主人性别不明，头向西，足向东，面向北，葬式不明。随葬品有秤砣、铜钱。

北1棺，棺木已朽，仅残剩棺痕。长1.97米、宽0.48-0.69米、残高0.29米。棺内骨架，保存较差，部分肢骨缺失移位。墓主人为女性，头向西，足向东，面向南，头下有半块青砖为枕，仰身直肢葬。随葬品有银簪、白瓷罐、铜钱。

北2棺，棺木已朽，仅残剩棺痕。长2.07米、宽0.54-0.62米、残高0.33米。棺内肢骨已迁出。随葬品有铜钱。

银簪，5件。M62：2，首做挖耳勺形，颈部有数道凸弦纹。体与首连接，体细直，为锥形。通长18.8厘米、厚0.3厘米（图一一〇，2；彩版六五，4）。M62：3，形制与M62：2相似。通长16.3厘米、厚0.3厘米（图一一〇，6；彩版六五，5）。M62：4，首为禅杖形，用银丝缠绕而成，顶端为葫芦状，宝瓶形饰。体细长。残长15.3厘米、首残宽1.3厘米（图一一〇，6；彩版六五，6）。M62：9与M62：10器形相似，首为圆形，花朵状。中间镶嵌一圆形宝石，包以花蕊状银丝。底托为花瓣形。体细直。M62：9，通长12.9厘米、首宽2.5厘米、高1.5厘米（图一一〇，4；彩版六六，3）。M62：10，通长12.5厘米、首宽2.4厘米、高1.4厘米（图一一〇，5；彩版六六，4）。

银耳环，1件。M62：5，呈"S"形，一端为花朵形，残，素面。一端尖细，卷曲。残宽2.8厘米（图一一〇，7；彩版六六，1）。

图一〇九 M62 平、剖面图

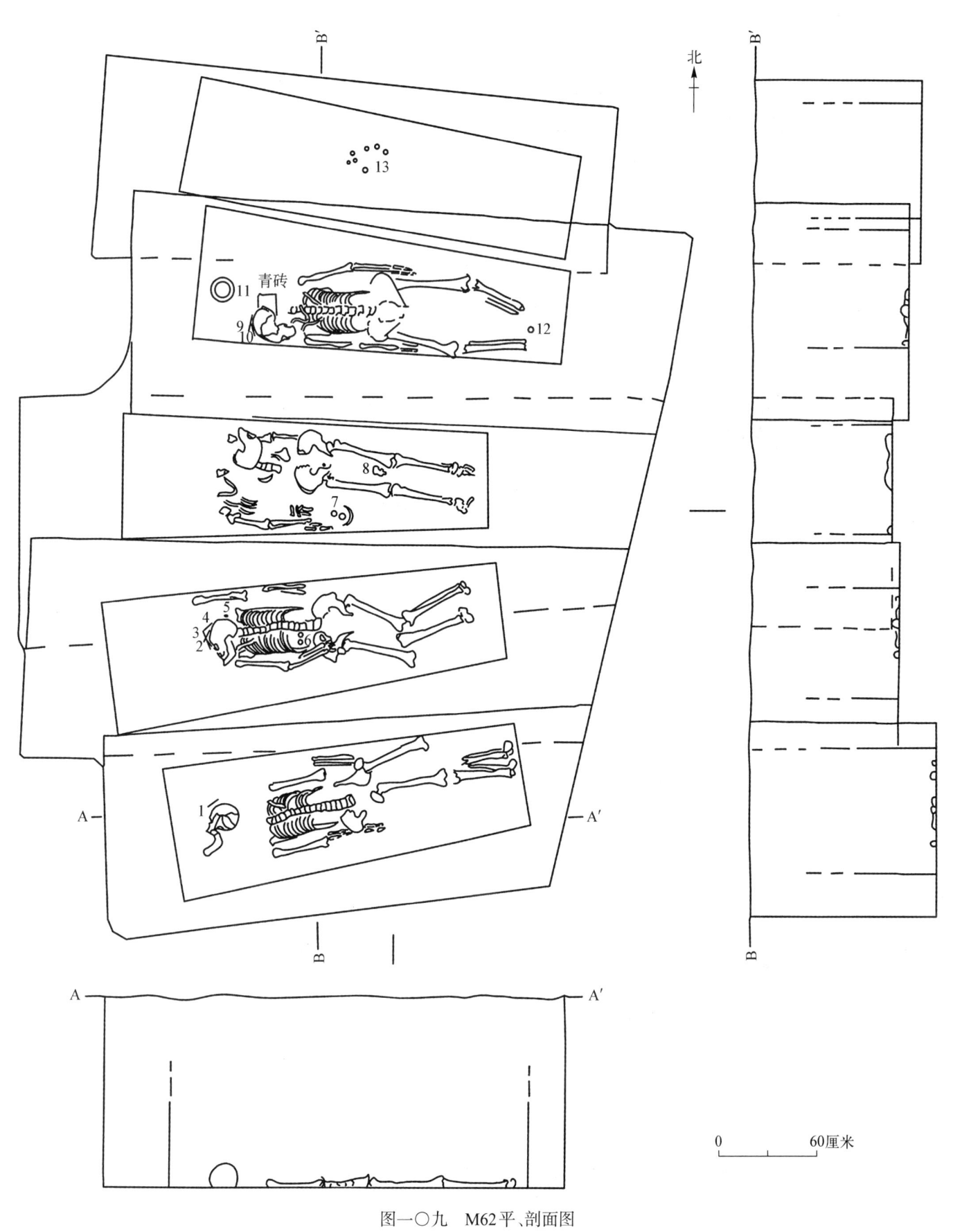

1. 铜簪 2、3、4、9、10. 银簪 5. 银耳环 6、7、12. 铜钱 8. 秤砣 11. 瓷罐

铜簪，1件。M62：1，首为圆形莲花瓣状，分为两层，下方有花萼状装饰。莲花瓣向上盛开，花萼向下。体与首连接，体残。首残宽2.6厘米、残高1.8厘米（图一一〇，1；彩版六五，3）。

秤砣，1件。M62：8，整体呈亚腰形，上有长方形提手，带穿孔。高7.3厘米、宽4.5厘米（图一一〇，8；彩版六六，2）。

白瓷罐，1件。M62：11，直口，平沿，短直颈。圆肩，鼓腹，上腹外鼓，下腹弧收，平底略内凹。胎质较细，灰白色。釉色白中泛青。底部无釉。素面。器身有轮制痕迹。口径7.7厘米、腹径13厘米、底径8厘米、高14.2厘米（图一一〇，9；彩版五二，6）。

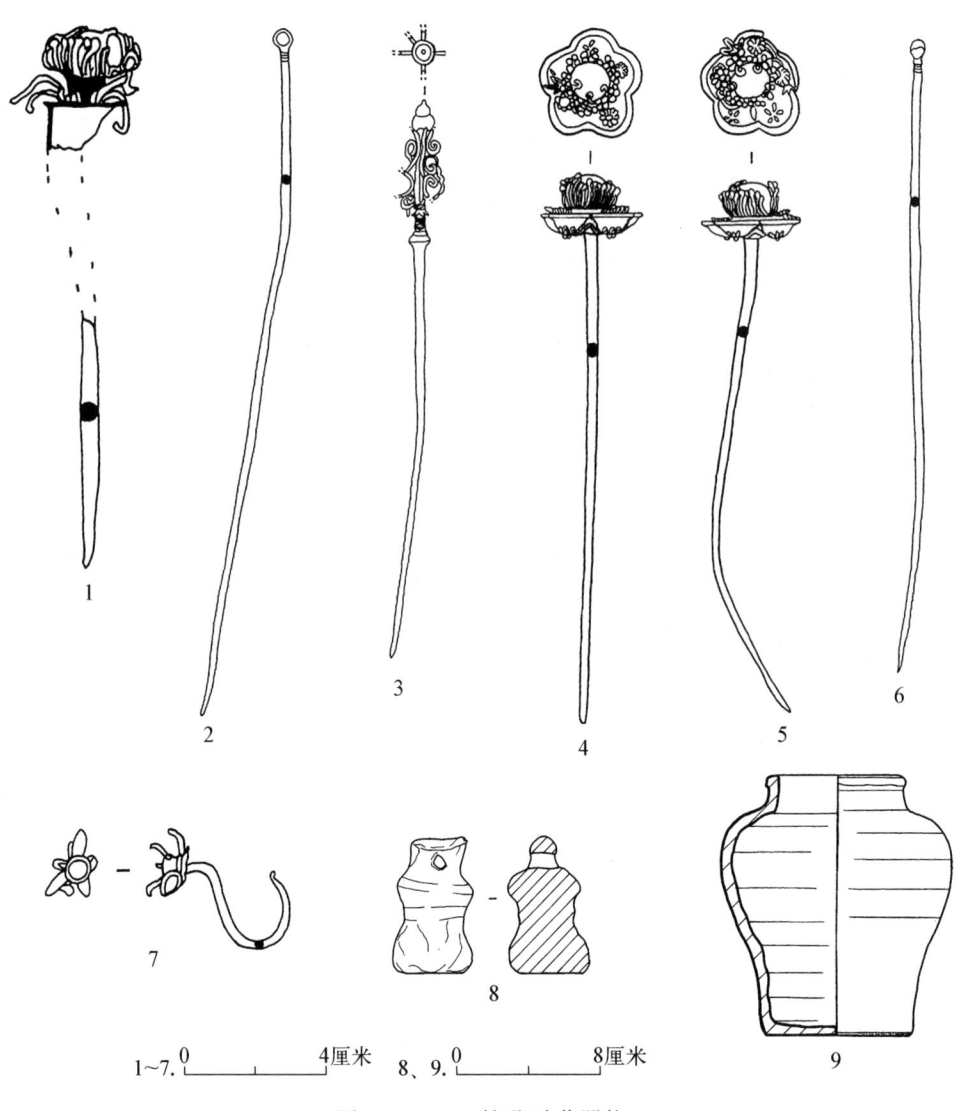

图一一〇　五棺墓随葬器物
1.铜簪（M62：1）　2~6.银簪（M62：2、M62：4、M62：9、M62：10、M62：3）　7.银耳环（M62：5）
8.秤砣（M62：8）　9.瓷罐（M62：11）

乾隆通宝，4枚。均模制、完整，圆形、方穿。正面有郭，铸"乾隆通宝"，楷书对读。标本M62：6，背面有郭，穿左右为满文"宝源"，纪局名。钱径2.2厘米、穿径0.65厘米、郭厚0.25厘米（图一一一，9）。标本M62：12，钱径2.1厘米、穿径0.6厘米、郭厚0.2厘米（图一一一，10）。

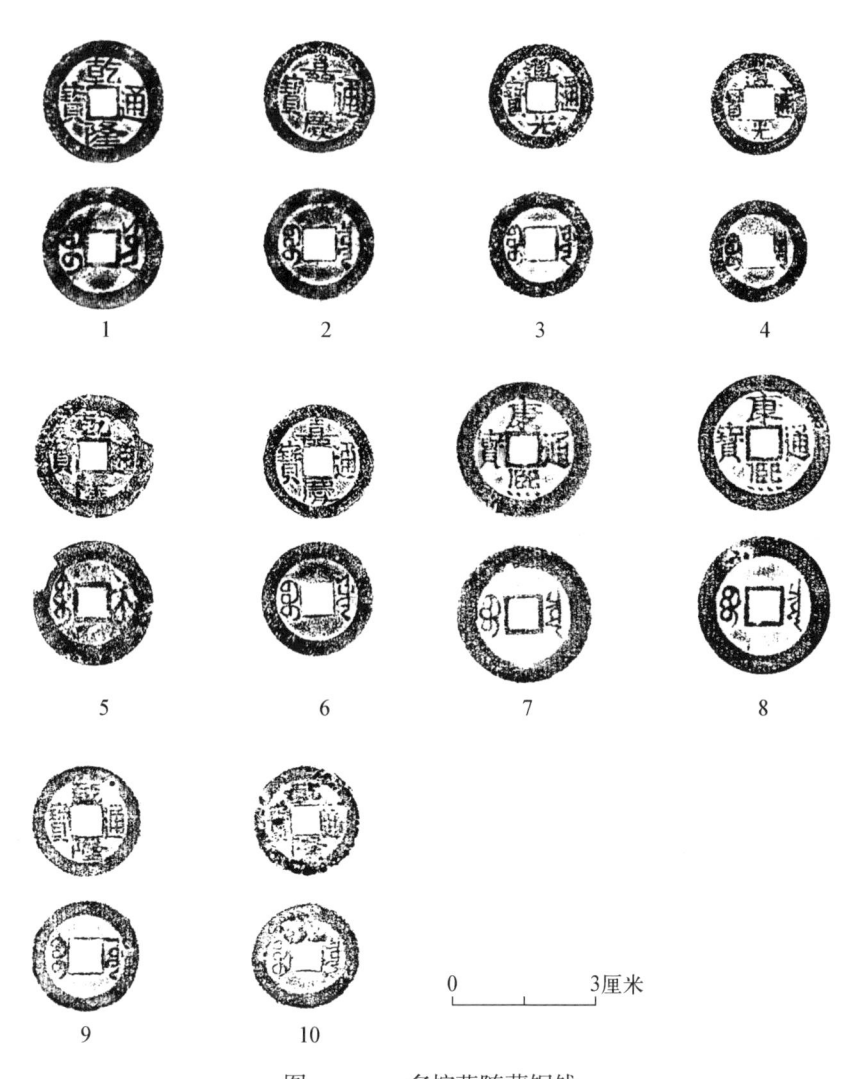

图一一一　多棺墓随葬铜钱

1、5、9、10.乾隆通宝（M8：2-1、M10：9、M62：6、M62：12）　2、6.嘉庆通宝（M8：2-2、M10：10-1）
3、4.道光通宝（M8：5、M10：3）　7、8.康熙通宝（M26：2、M26：3）

第四章 结 语

第一节 墓葬时代

从墓葬出土器物来看,半釉罐、瓷罐、银簪等都是清代中期常见的器形。从随葬铜钱来看,以清代的康熙通宝、乾隆通宝、嘉庆通宝为主,也有明代中后期的天启通宝、崇祯通宝。所以,这些墓葬的时代主要应为清代中后期。

第二节 形制、葬式与葬俗

这批墓葬叠压打破关系很少,仅发现两组,第一组是M8打破M17,M17打破M10,M10打破生土。第二组是M74打破M73,M73打破生土。

此次发掘的91座清代墓葬中,单棺墓有46座,双棺墓41座,三棺墓3座,五棺墓1座。其中单棺墓中有搬迁墓5座,双棺墓中有搬迁墓7座。墓葬方向以东西向为主。形制皆为长方形竖穴土圹墓,葬具皆为木棺。除单棺墓外,均为夫妻或夫妻妾合葬墓。相比于北京其他地区的清代墓地,单棺墓葬和搬迁墓较多,双棺墓较少,是本地葬俗的一个特点。

墓向多为90～180°之间;0～90°、270～360°次之;180～270°最少。

由于M1、M7、M14、M19、M24、M28、M32、M33、M35、M36、M37、M39、M41、M60、M61、M63、M67、M68、M69、M72、M73、M75、M76、M77、M78、M87、M88、M93共28座墓葬因迁葬、破坏等原因葬式不明。其余63座墓葬均为仰身直肢葬式,极少为二次葬。人骨保存情况大部分较差,少数一般。头向包括向北、向东和向西三种,以向西居多。形制、结构与北京地区发现的同时期、同等级墓葬基本相同。此外,M54、M62、M72有在人头骨处放置青砖的现象。

根据墓葬分布、排列规律和朝向的特点,试将这批墓葬分为八组,并初步推断为清代家族墓葬。

第一组位于墓葬区域的西南部,包括M1～M6,全部为南北向墓葬,头向北,墓葬排列整齐,自北向南分为三排,第一排仅M4一座,居于中央;第二排3座,M6、M2、M3;第三排墓葬2座,M5、M1。

第二组位于第一组墓葬东南,一字形排列,自西向东是M19～M23。全部为南北向墓葬,头向北。由于其北侧被近现代渣土坑破坏,初步推断其应是有一定规模的家族墓葬。

第三组位于墓葬区域西北部,包括M7～10、M14～M17,全部为东西向墓葬,墓主人头向东。墓葬自北向南分为三排,第一排3座,M17、M10、M16,第二排3座,M8、M9、M15,第三排2座,M7、M14。

第四组位于第三组南侧,包括M11～M13,自北向南排列,全部为东西向墓葬,头向东。全部为单人墓。由于其东部为近现代渣土坑破坏,推断其应为一处家族墓葬。

第五组位于墓葬区域正北,包括M24～M43,自东向西成排分布,每排墓葬2-4座不等。均为东西向墓葬,头向西。墓葬东南与第六组墓葬相连,墓向和头向均与其一致,难以推测两者是否为同一家族墓葬。

第六组墓葬位于第五组墓葬东南,包括M56～M75,自东向西共6排,M66居东端第一排,M65、M71居第二排,M61、M64、M70居第三排,M58、M59、M60、M63、M69居第四排,M56、M57、M62、M68、M73、M74、M75居第五排,M67、M72居第六排。

第七组位于墓葬区域东北部,整体呈西北-东南走向,墓葬按昭穆制排列,M44、M45居西端中央,M47、M46位列其两侧,M48～M55紧随这4座墓葬之后呈人字形排列。墓葬全部为东西向,头向西,除M44、M45为单棺墓外,其余均为双棺合葬墓。

第八组位于墓葬区域东南,自西向东成排分布,M76居西端第一排,其后分成四排。除M81为双人合葬墓外,其余均为单人墓,随葬品数量极少,部分墓葬无随葬品。

第一、二组墓葬所出铜钱为乾隆通宝、嘉庆通宝、道光通宝,最晚为光绪朝;第三、四组墓葬同时出乾隆通宝、嘉庆通宝、道光通宝,与前两组相似,但M12出有同治重宝,因此推断这两组墓葬的年代早于前两组;第五、六组墓葬所出铜钱有顺治通宝、康熙通宝,最晚为道光朝,因此推断这两组墓葬略早于前四组;第七、八组墓葬所出铜钱有康熙通宝、乾隆通宝、嘉庆通宝,最晚为同治朝,因此推断这两组墓葬略晚于第五、六组,略早于前四组。八组墓葬由南向北基本呈现年代渐晚之势。

这些墓葬形制均较简单,无等级较高的随葬器物,所以推断为平民墓。

第三节　随葬器物

本次考古发掘的91座墓葬共出土各类器物292件,按质地主要有银、铜、铁、骨、陶、瓷、玻璃、玉。银器为银耳环、银押发、银扁方、银簪。铜器为铜押发、铜扁方、铜簪、铜烟锅、铜钱。铁器为铁秤砣、铁钱。骨器为骨簪。陶器为陶罐。瓷器为瓷罐。玉器为玉烟嘴。其中180枚铜钱和3枚铁钱,大多腐蚀严重,已不辨字迹。银器、铜器、铁器也因腐蚀严重均已残缺。玻璃、玉器质地需进一步鉴定明确。

随葬品的出土位置较有规律,与北京其他地区相当,陶罐、瓷罐通常处在墓主人的头部前方或棺外,发簪、耳环等通常出在女性逝者的头部,骨盆及双手两侧有数目不等的铜钱。

半釉罐M44∶1,圆唇,直口,短颈,鼓腹,与通州东石村与北小营村B1地块M2∶1[①]、西红门商业综合区一、二、三号地块M109∶2[②]器形基本相同。

陶罐M19∶2,方唇,直口,矮颈,溜肩,斜腹,平底,与西红门商业综合区一、二、三号地块M71∶1[③]器形基本相同。M28∶1直口、平唇、球腹,平底略内凹,这种器形不多见。

瓷罐,共出土3件。M54∶1、M62∶11均为白瓷罐。M54∶1,侈口,短颈,鼓肩,斜腹,平底,与丽泽金融商务区M21∶1[④]器形相似;M62∶11,直口,平沿,短直颈。圆肩,鼓腹,上腹外鼓,下腹弧收,平底略内凹,与姚家园新村E地块M56∶1、M26∶7[⑤]器形基本相同。M57∶1为黑釉瓷罐,直口,平唇,鼓肩,斜腹,矮圈足,与大兴采育西组团M79∶1[⑥]器形基本相同。

银、铜簪是出土数量最多、形制多样的器物,有铜、银、骨质等。首部为不同造型,"手掌形"簪、包珠式首簪、禅杖簪、福寿簪、耳勺簪、梅花形首簪等。锥体,尾尖。

包珠式首簪,M4∶2-1、M17∶1、M62∶9、M62∶10、M68∶1,首呈圆形花朵状,中间镶嵌一圆形宝石。类似的有通州田家府村A8地块M10∶1[⑦]、昌平沙河M64∶1[⑧]、昌平张营遗址北区M2∶3、M10∶5、M11∶3、M97∶6[⑨]、五棵松篮球馆M40∶6[⑩]等。

---

① 北京市考古研究院:《B1地块考古发掘报告》,《通州东石村与北小营村北京轻轨L2线通州段次渠站等土地开发项目考古发掘报告》,上海古籍出版社,2022年。
② 北京市文物研究所:《西红门商业综合区一、二、三号地块考古发掘报告》,《小营与西红门:北京大兴考古发掘报告》,上海古籍出版社,2018年。
③ 北京市文物研究所:《西红门商业综合区一、二、三号地块考古发掘报告》,《小营与西红门:北京大兴考古发掘报告》,上海古籍出版社,2018年。
④ 北京市文物研究所:《明清墓葬》,《丽泽墓地——丽泽金融商务区园区规划绿地工程发掘报告》,科学出版社,2016年。
⑤ 北京市考古研究院:《清代遗迹》,《朝阳姚家园——姚家园新村E地块配套中学考古发掘报告》,上海古籍出版社,2023年。
⑥ 北京市文物研究所:《采育西组团墓葬》,《大兴古墓葬考古发掘报告集》,科学出版社,2020年。
⑦ 北京市文物研究所:《A8地块考古发掘报告》,《通州田家府村——通州文化旅游区A8、E1、E6地块考古发掘报告》,上海古籍出版社,2020年。
⑧ 北京市文物研究所:《清代墓葬》,《昌平沙河——汉、西晋、唐、元、明、清代墓葬发掘报告》,科学出版社,2012年。
⑨ 北京市文物研究所:《昌平张营遗址北区墓葬发掘报告》,《北京考古》(第二辑),2008年第1期。
⑩ 北京市文物研究所:《五棵松篮球馆工程考古发掘报告》,《北京奥运场馆考古发掘报告》,科学出版社,2007年。

佛教元素是明清首饰取材的重要来源。M15∶1、M16∶2、M51∶1、M56∶4、M62∶4、M72∶1，均为银质"禅杖"形发簪，这种形制的发簪常见于北京地区的清墓之中，与通州东石村与北小营村B1地块M4∶1-3、M4∶1-2、M11∶1①器形基本相同。M26∶1首上铸"佛"字，首背面錾刻"庆祝"二字。

福寿簪，北京地区出土很多。簪首分别铸"福""寿""金"等字样，以"福""寿"最多，其字形有很多变化。平面呈葵圆形花瓣形；侧面多为凸字形。"福""寿"簪为本次出土最多的器物，共21件，有M3∶2-1、M3∶2-2、M4∶2-3、M10∶7、M17∶2、M21∶4、M23∶2、M42∶1、M42∶2、M52∶2、M53∶2、M56∶2、M72∶2、M2∶2、M4∶2-2、M10∶6、M20∶2、M21∶3、M52∶3、M53∶1、M56∶3，相类似的有通州东石村与北小营村B1地块M6∶1-2、M6∶1-3②，通州东石村与北小营村B2地块M9∶1-1③，昌平张营遗址北区M26∶2④等。"金"字，M35∶1，与昌平沙河清墓M85∶1⑤相类似。

耳勺簪，共出土2件，M62∶2、M62∶3，形制与五棵松棒球场M6∶2⑥基本一致，首做挖耳勺形，颈部有数道凸弦纹，体细直。

佛手簪，出土1件，M21∶1，与通州东石村与北小营村B2地块M5∶3⑦器形基本相同，首为手掌形，大拇指已残缺，食指弯曲。腕部有纹饰，下位如意纹。是北京地区清墓中常见的发簪。

半圆形首簪，出土1件，M58∶1，首为半圆形，内弯。体扁平，上部略宽，末端为圆弧状。其形制与通州东石村与北小营村B2地块M36∶3⑧、奥运村M1∶1⑨基本相同。

"花瓣形"底托簪首的发簪，共出土7件，根据簪首的形制差别，可以分为四型：Ⅰ型：首为莲花瓣形；Ⅱ型：首呈如意形花朵状；Ⅲ型：首与底托均呈花瓣状；Ⅳ型：首呈四瓣花瓣形。

---

① 北京市考古研究院：《B1地块考古发掘报告》，《通州东石村与北小营村北京轻轨L2线通州段次渠站等土地开发项目考古发掘报告》，上海古籍出版社，2022年。
② 北京市考古研究院：《B1地块考古发掘报告》，《通州东石村与北小营村北京轻轨L2线通州段次渠站等土地开发项目考古发掘报告》，上海古籍出版社，2022年。
③ 北京市考古研究院：《B2地块考古发掘报告》，《通州东石村与北小营村北京轻轨L2线通州段次渠站等土地开发项目考古发掘报告》，上海古籍出版社，2022年。
④ 北京市文物研究所：《昌平张营遗址北区墓葬发掘报告》，《北京考古》（第二辑），2008年第1期。
⑤ 北京市文物研究所：《清代墓葬》，《昌平沙河——汉、西晋、唐、元、明、清代墓葬发掘报告》，科学出版社，2012年。
⑥ 北京市文物研究所：《五棵松棒球场工程考古发掘报告》，《北京奥运场馆考古发掘报告》，科学出版社，2007年。
⑦ 北京市考古研究院：《B2地块考古发掘报告》，《通州东石村与北小营村北京轻轨L2线通州段次渠站等土地开发项目考古发掘报告》，上海古籍出版社，2022年。
⑧ 北京市考古研究院：《B2地块考古发掘报告》，《通州东石村与北小营村北京轻轨L2线通州段次渠站等土地开发项目考古发掘报告》，上海古籍出版社，2022年。
⑨ 北京市文物研究所：《奥运村工程考古发掘报告》，《北京奥运场馆考古发掘报告》，科学出版社，2007年。

Ⅰ型有4件,为M8∶4、M10∶5、M42∶3、M62∶1。其形制与昌平张营遗址北区M1∶5[①]、篮球馆M24∶6[②]基本相同。

Ⅱ型有1件,M21∶2、M53∶3。

Ⅲ型有1件,M43∶2。与昌平沙河M49∶6、M55∶1[③]器形基本相同。

Ⅳ型有1件,M52∶4。

"圆球形"簪,共出土2件,M10∶1、M56∶1,其形制与通州东石村与北小营村B2地块M35∶2[④]基本相同。

顶端缠绕为绳形的发簪,共出土1件,M54∶2,与孙河组团土地储备项目N地块M11∶1[⑤]器形基本相同。

侧面为梅花状的发簪,共出土1件,M69∶1,与奥林匹克会议中心M1∶3[⑥]器形相似。

扁方,种类较多,共出土15件,其中9件银质,6件铜质。银质有M3∶1、M4∶4、M9∶1、M10∶4、M52∶1、M53∶4、M56∶5、M65∶1、M71∶1,铜质有M8∶3、M10∶2、M17∶5、M47∶2、M48∶1、M66∶1。其中M3∶1、M52∶1、M56∶5与昌平张营遗址北区M88∶3[⑦]器形基本相同;M8∶3、M10∶2、M10∶4与通州东石村与北小营村B2地块M15∶2[⑧]器形基本相同;M65∶1与通州东石村与北小营村B2地块M27∶2[⑨]器形基本相同。

押发,共出土3件。其中M20∶1、M43∶1为铜质,M54∶3为银质。其形制与通州东石村与北小营村B2地块M29∶3-2[⑩]基本相同。

---

① 北京市文物研究所:《昌平张营遗址北区墓葬发掘报告》,《北京考古》(第二辑),2008年第1期。
② 北京市文物研究所:《五棵松篮球馆工程考古发掘报告》,《北京奥运场馆考古发掘报告》,科学出版社,2007年。
③ 北京市文物研究所:《清代墓葬》,《昌平沙河——汉、西晋、唐、元、明、清代墓葬发掘报告》,科学出版社,2012年。
④ 北京市考古研究院:《B2地块考古发掘报告》,《通州东石村与北小营村北京轻轨L2线通州段次渠站等土地开发项目考古发掘报告》,上海古籍出版社,2022年。
⑤ 北京市文物研究所:《孙河组团土地储备项目N地块考古发掘报告》,《单店与黑庄户——朝阳区考古发掘报告集》,上海古籍出版社,2021年。
⑥ 北京市文物研究所:《奥林匹克会议中心工程考古发掘报告》,《北京奥运场馆考古发掘报告》,科学出版社,2007年。
⑦ 北京市文物研究所:《昌平张营遗址北区墓葬发掘报告》,《北京考古》(第二辑),2008年第1期。
⑧ 北京市考古研究院:《B2地块考古发掘报告》,《通州东石村与北小营村北京轻轨L2线通州段次渠站等土地开发项目考古发掘报告》,上海古籍出版社,2022年。
⑨ 北京市考古研究院:《B2地块考古发掘报告》,《通州东石村与北小营村北京轻轨L2线通州段次渠站等土地开发项目考古发掘报告》,上海古籍出版社,2022年。
⑩ 北京市考古研究院:《B2地块考古发掘报告》,《通州东石村与北小营村北京轻轨L2线通州段次渠站等土地开发项目考古发掘报告》,上海古籍出版社,2022年。

料镯,共出土2件,其形制与中关村电子城西区E5研发中心三期项目M8∶2[①]基本相同。

料珠,共出土4件,形、制、色基本相同,相类似的有单店养老产业示范基地项目M15∶4-1[②]。

耳环,共出土19件(组),均为银质。根据其形制的不同,可以分为两型,Ⅰ形:整体呈"S"形;Ⅱ形:整体呈"C"形。

Ⅰ型有15件,为M2∶1、M3∶3-1、M3∶3-2、M4∶1-1、M4∶1-2、M10∶8、M16∶1、M17∶3、M17∶4、M43∶3、M47∶1、M52∶5、M56∶6、M62∶5、M66∶2。其中M2∶1与海淀中坞M99∶3[③]相类似;M10∶8、M16∶1、M56∶6形制与通州东石村与北小营村B2地块M18∶3[④]基本相同;M62∶5与昌平张营遗址北区M96∶4[⑤]器形基本相同;M4∶1-1、M4∶1-2与通州东石村与北小营村B2地块M25∶2[⑥]器形基本相同;M2∶1与昌平张营遗址北区M92∶17-1、M92∶17-2[⑦]器形基本相同。

Ⅱ型有4件,为M51∶2、M53∶5-1、M53∶5-2、M65∶2。其中M65∶2与奥运村M37∶5、M47∶3[⑧]器形基本相同。

铜烟锅,共出土2件,其中M80∶1残缺,只余烟嘴。M54∶7与单店养老产业示范基地项目M15∶4-1[⑨]器形基本相同。

玉烟嘴,1件,M54∶6,与单店养老产业示范基地项目M9∶3[⑩]器形基本相同。

出土的180余枚铜钱中,有1枚北宋哲宗时期的铜钱"绍圣元宝";有2枚明熹宗时期的天启通宝、2枚明思宗时期的崇祯通宝。

在出土的清代铜钱中,最早的为清世祖顺治通宝,最晚的是清德宗光绪通宝。顺治通宝背面有左右满文"宝泉",纪局名;背面仅有汉文"户""工",纪局名三种。

---

① 北京市文物研究所:《中关村电子城西区E5研发中心三期地块考古发掘报告》,《单店与黑庄户——朝阳区考古发掘报告集》,上海古籍出版社,2021年。
② 北京市文物研究所:《单店养老产业示范基地项目考古发掘报告》,《单店与黑庄户——朝阳区考古发掘报告集》,上海古籍出版社,2021年。
③ 北京市文物研究所:《清代墓葬》,《海淀中坞——北京市南水北调配套工程团城湖调节池工程考古发掘报告》,科学出版社,2017年。
④ 北京市考古研究院:《B2地块考古发掘报告》,《通州东石村与北小营村北京轻轨L2线通州段次渠站等土地开发项目考古发掘报告》,上海古籍出版社,2022年。
⑤ 北京市文物研究所:《昌平张营遗址北区墓葬发掘报告》,《北京考古》(第二辑),2008年第1期。
⑥ 北京市考古研究院:《B2地块考古发掘报告》,《通州东石村与北小营村北京轻轨L2线通州段次渠站等土地开发项目考古发掘报告》,上海古籍出版社,2022年。
⑦ 北京市文物研究所:《昌平张营遗址北区墓葬发掘报告》,《北京考古》(第二辑),2008年第1期。
⑧ 北京市文物研究所:《奥运村工程考古发掘报告》,《北京奥运场馆考古发掘报告》,科学出版社,2007年。
⑨ 北京市文物研究所:《单店养老产业示范基地项目考古发掘报告》,《单店与黑庄户——朝阳区考古发掘报告集》,上海古籍出版社,2021年。
⑩ 北京市文物研究所:《单店养老产业示范基地项目考古发掘报告》,《单店与黑庄户——朝阳区考古发掘报告集》,上海古籍出版社,2021年。

康熙通宝多为背面有左右满文"宝泉""宝源",纪局名的小平钱。

乾隆通宝多为背面有左右满文"宝泉""宝源",纪局名的小平钱,有少量"宝直""宝武""宝晋"钱。

嘉庆通宝多为背面有左右满文"宝泉""宝源",纪局名的小平钱,有少量"宝福"钱。

道光通宝多为背面有左右满文"宝泉""宝源",纪局名的小平钱。

咸丰通宝多为背面有左右满文"宝泉""宝源",纪局名的小平钱。

同治重宝,均为背面有左右满文"宝泉""宝源",上下汉文"当十"。

光绪通宝,多为背面有左右满文"宝泉""宝源",纪局名的小平钱,有少量"宝苏"钱。

在发现的清代铜钱中,以康熙通宝、乾隆通宝、嘉庆通宝、道光通宝的数量最多,咸丰通宝、同治重宝、光绪通宝的数量较少。

总体来看,这些器物大部分都是清代中晚期常见的器形,但也有一定的地区差异。例如秤砣、玻璃、料镯、料珠、押发等。这一原因应当与当地的民俗、风俗、习俗等相关。

第四节　周边地区明清墓葬的考古发现

近年来,昌平区为配合各类建设,有很多明清墓葬的考古发现。例如沙河[①]、朱辛庄[②]、张营北区[③]、回龙观流星花园静雅轩商业区[④]、东小口[⑤]等。这些几乎遍布昌平各个乡镇的明清时期地下遗存,表明昌平在该时期有着一定规模的人类活动。人口众多与昌平"上风上水"的地理位置、是通往塞外的交通要道有很大关系。

此次发掘的清代墓葬是昌平区发现的一处较为重要的清代家族墓葬群,为探讨该地区清代家族墓葬的分布格局、形制特点以及丧葬习俗,讨论昌平地区清代社会经济发展情况提供了新的资料。

---

① 北京市文物研究所:《清代墓葬》,《昌平沙河——汉、西晋、唐、元、明、清代墓葬发掘报告》,科学出版社,2012年。
② 于璞、周宇、周新、刘晓贺:《北京市昌平区朱辛庄与朝阳区豆各庄窑址发掘简报》,《北京文博文丛》,2016年第4期。
③ 北京市文物研究所:《昌平张营遗址北区墓葬发掘报告》,《北京考古》(第二辑),2008年第1期。
④ 孙勐、郭京宁、刘风亮:《昌平区回龙观流星花园静雅轩商业区清代墓葬发掘简报》,《北京文博文丛》,2008年第1期。
⑤ 千新文、雷红洲、董育纲、赵芬明、曹孟昕、王宇新、张中华:《昌平区东小口清代墓葬出土的西班牙银币》,《北京文博文丛》,2019年第3期。

附表一　墓葬登记表

（单位：米）

墓号	方向	墓口（长×宽×深）	墓底（长×宽×深）	深度	棺数	葬式	人骨保存情况	头向及面向	性别	随葬品（件）	备注
M1	南北向	2.37×(1.5—1.7)×0.2	2.37×(1.5—1.7)×1.2	1	双棺	不详	无	不详	不详	铜钱12	迁葬墓
M2	南北向	2.4×(1.3—1.46)×0.2	2.4×(1.3—1.46)×0.6	0.40	单棺	仰身直肢葬	较差	头向北,面向东	女性	银耳环1,铜簪1,铜钱6	
M3	南北向	2.6×(1.84—1.98)×0.2	2.6×(1.84—1.98)×1.07	0.87	双棺	仰身直肢葬	较差	西棺头向北,面向东;东棺头向北,面向东	西棺女性;东棺男性	银扁方1,银簪3,银耳环2,铜钱7	
M4	南北向	2.52×2.03×0.2	2.52×2.03×1.2	1	双棺	仰身直肢葬	较好	西棺头向北,面向东;东棺头向北,面向东	西棺女性;东棺男性	银耳环2,铜簪3,银扁方1,铜钱4	
M5	南北向	(2.14—2.15)×(0.93—1.02)×0.2	(2.14—2.15)×(0.93—1.02)×0.76	0.56	单棺	仰身直肢葬	较差	头向北,面向东	女性	铜钱3	
M6	南北向	(2.51—2.6)×(1.35—2.14)×0.5	(2.51—2.6)×(1.35—2.14)×1.09	0.59	单棺	仰身直肢葬	较差	头向北,面向东	男性	铜钱2	
M7	东西向	(2.14—2.18)×(1—1.17)×0.2	(2.14—2.18)×(1—1.17)×0.81	0.61	单棺	不详	无	不详	不详	无	迁葬墓
M8	东西向	(2.70—2.82)×(2.77—2.79)×0.5	(2.70—2.82)×(2.77—2.79)×(1.56—1.69)	1.06—1.19	三棺	北棺、南棺仰身直肢葬;中棺仰身屈肢葬	较差	北棺头向东,面向不明;中棺头向东,面向上;南棺头向西,面向下	北棺女性;中棺女性;南棺男性	铜簪1,铜扁方1,铜钱12	

续 表

墓号	方向	墓口(长×宽×深)	墓底(长×宽×深)	深度	棺数	葬式	人骨保存情况	头向及面向	性别	随葬品(件)	备注
M9	东西向	(2.26—2.29)×(1.53—1.76)×0.5	(2.26—2.29)×(1.53—1.76)×1.53	1.03	双棺	仰身直肢葬	较差	北棺头向东,面向下;南棺头向东,面向上	北棺女性;南棺男性	银扁方1,铜钱6	
M10	东西向	(2.47—2.51)×(2.14—2.53)×0.5	(2.47—2.51)×(2.14—2.53)×(1.49—1.51)	0.99—1.01	三棺	仰身直肢葬	较差	北棺头向东,面向下;中棺头向东,面向不明;南棺头向东,面向下	北棺女性;中棺女性;南棺男性	银簪4,银扁方2,银耳环1,铜钱3	
M11	东西向	2.28×(0.88—0.94)×0.5	2.28×(0.88—0.94)×0.92	0.42	单棺	仰身直肢葬	较差,头骨移至棺的中部偏北处	不详	不详	铜钱2	
M12	东西向	2.28×0.92×0.5	2.28×0.92×1.27	0.77	单棺	仰身直肢葬	较差	头向东,面向北	男性	铜钱1	墓室东部被现代坑破坏
M13	东西向	(2.39—2.4)×1.48×0.5	(2.39—2.4)×1.48×1.2	0.69	单棺	不详	较差	头骨缺失,面向不详	男性	铜钱1	墓室东部被现代坑破坏
M14	东西向	(2.56—2.68)×(1.92—2.04)×0.5	(2.56—2.68)×(1.92—2.04)×1.66	1.16	双棺	不详	无	不详	不详	铜钱1	迁葬墓
M15	东西向	(2.54—2.64)×1.83×0.5	(2.54—2.64)×1.83×1.57	1.07	双棺	仰身直肢葬	较差	北棺头向东,面向下;南棺头向东,面向上	北棺女性;南棺男性	银簪1,铜钱1	
M16	东西向	(2.3—2.58)×(1.64—1.83)×0.45	(2.3—2.58)×(1.64—1.83)×1.54	1.09	双棺	仰身直肢葬	一般	北棺头向东,面向下;南棺头向东,面向下	北棺女性;南棺男性	银簪1,银耳环1,铜钱9	

续 表

墓号	方向	墓口(长×宽×深)	墓底(长×宽×深)	深度	棺数	葬式	人骨保存情况	头向及面向	性别	随葬品(件)	备注
M17	东西向	(2.37–2.45)×(1.57–1.81)×0.5	(2.37–2.45)×(1.57–1.81)×1.53	1.03	双棺	仰身直肢葬	较差	北棺头向东,面向下;南棺头向东,面向下	北棺女性;南棺男性	银头饰1,铜簪1,银耳环2,铜扁方1,铜钱8	向下打破M10及生土层,墓室南部被M8打破
M19	南北向	(2.71–2.79)×(1.2–1.47)×0.5	(2.71–2.79)×(1.2–1.47)×1.41	0.91	双棺	西棺不详;东棺仅有较大的骨块及头骨	较差	西棺头向北,面向不详;东棺头向北,面向下	不详	陶罐1,铜钱1	东棺为二次葬
M20	南北向	(2.39–2.48)×(2.16–2.24)×0.5	(2.39–2.48)×(2.16–2.24)×(1.33–1.4)	0.83–0.9	双棺	仰身直肢葬	较差	西棺头向北,面向下;东棺头向北,面向上	西棺女性;东棺男性	铜押发1,铜簪2	墓室北部被现代坑打破
M21	南北向	2.68×(2.17–2.18)×0.5	2.68×(2.17–2.18)×(1.3–1.33)	0.8–0.83	双棺	仰身直肢葬	较差,东棺头骨移位	西棺头向北,面向下;东棺头向北,面向不详	西棺女性;东棺男性	银簪4,铜钱6	墓室南部被现代坑打破
M22	南北向	(2.54–2.78)×(2.22–2.45)×0.5	(2.54–2.78)×(2.22–2.45)×1.18	0.68	双棺	仰身直肢葬	较差	东棺头向北,面向下;西棺头向北,面向不详	东棺女性;西棺不详	铜钱10	
M23	南北向	2.27×(1.46–2.06)×0.5	2.27×(1.46–2.06)×0.82	0.32	双棺	仰身直肢葬	较差	东棺头向北,面向上;西棺头向北,面向下	东棺女性;西棺不详	银簪1,铜钱4	
M24	东西向	2.11×(1.44–1.62)×0.5	2.11×(1.44–1.62)×1.62	1.12	单棺	不明	较差	头向西,面向朝下	不详	铜钱1	

续表

墓号	方向	墓口（长×宽×深）	墓底（长×宽×深）	深度	棺数	葬式	人骨保存情况	头向及面向	性别	随葬品（件）	备注
M25	南北向	(2.55–2.66)×(1.9–2.28)×0.5	(2.55–2.66)×(1.9–2.28)×1.87	1.37	双棺	不详	较差	南棺头向不详，面向西；北棺头向西，面向东	不详	铜钱6	
M26	东西向	(2.65–2.69)×(2.66–3.01)×0.5	(2.65–2.69)×(2.66–3.01)×(1.28–1.51)	0.78–1.01	三棺	南棺骨架正出；中棺不详；北棺仰身直肢葬	较差	南棺无；中棺头向西，面向西；北棺头向西，面向北	南棺、中棺不详；北棺男性	铜簪1，铜钱2	
M27	东西向	(2.34–2.72)×(1.79–1.87)×0.5	(2.34–2.72)×(1.79–1.87)×1.54	1.04	双棺	南棺仰身直肢葬；北棺不详	较差	南棺头向东，面向西；北棺头向西，面向北	南棺男性；北棺女性	铜钱2	
M28	东西向	(2.49–2.98)×(1.47–2.02)×0.5	(2.49–2.98)×(1.47–2.02)×1.24	0.74	双棺	不详	较差，南棺头骨移至棺的中部	南棺头向西，北棺头向西，面向不详	不详	陶罐1，铜钱11	
M29	东西向	(2.95–3.03)×(2.04–2.23)×0.5	(2.95–3.03)×(2.04–2.23)×(1.36–1.4)	0.86–0.9	双棺	南棺不详；北棺仰身直肢葬	较差	南棺头向不详，面向西；北棺头向西，面向北	南棺不详；北棺男性	铜钱1	
M30	东西向	2.53×(0.95–1.06)×0.5	2.53×(0.95–1.06)×1.74	1.24	单棺	仰身直肢葬	较差	头向西，面向不详	男性	铜钱3	
M32	东西向	(2.95–3.02)×(1.12–1.25)×0.5	(2.95–3.02)×(1.12–1.25)×1.68	1.18	单棺	不详	无	不详	不详	无	迁葬墓

续 表

附表一 墓葬登记表

墓号	方向	墓口 (长×宽×深)	墓底 (长×宽×深)	深度	棺数	葬式	人骨保存情况	头向及面向	性别	随葬品(件)	备 注
M33	东西向	(2.41–2.66)×(1.4–1.94)×0.5	(2.41–2.66)×(1.4–1.94)×1.73	1.23	双棺	不详	较差	南棺不详；北棺头向西,面向南	不详	无	北棺东半部被压在围墙下,仅清理出棺的西半部
M34	东西向	(2.37–2.41)×(1.3–1.31)×0.4	(2.37–2.41)×(1.3–1.31)×1.27	0.87	单棺	仰身直肢葬	较差	头向西,面向上	男性	无	墓室南部被现代坑打破
M35	东西向	(2.27–2.78)×(1.55–2.26)×0.5	(2.27–2.78)×(1.55–2.26)×(1.73–1.78)	1.23–1.28	双棺	不详	较差	南棺头向西,北棺头向西,面向不详	不详	银簪1,铜钱1	南棺为迁葬墓
M36	东西向	2.64×(1.07–1.41)×0.5	2.64×(1.07–1.41)×1.15	0.65	单棺	不详	较差,仅余头骨位于棺的东部	头向不详,面向下	不详	无	
M37	东西向	2.65×(1.1–1.4)×0.5	2.65×(1.1–1.4)×1.21	0.71	单棺	不详	较差,肢骨缺失	不详	不详	铜钱1	墓室严重扰乱
M38	东西向	2.42×(0.71–0.94)×0.5	2.42×(0.71–0.94)×1.58	1.08	单棺	仰身直肢葬	较差	头向西,面向北	男性	无	
M39	东西向	2.61×(1.09–1.2)×0.4	2.61×(1.09–1.2)×1.4	1	单棺	仰身直肢葬	较差	头向西,面向不详	不详	无	
M40	东西向	(2.6–2.73)×(1.63–1.85)×0.4	(2.6–2.73)×(1.63–1.85)×(1.38–1.42)	0.98–1.02	双棺	仰身直肢葬	较差	南棺头向西,面向上；北棺头向西,面向不详	南棺女性；北棺男性	铜钱1	
M41	东西向	1.95×(1–1.13)×0.4	1.95×(1–1.13)×1.1	0.7	双棺	不详	较差,两棺上部肢骨均已缺失	不详	不详	铜钱1	墓室西部被现代坑破坏

续表

墓号	方向	墓口（长×宽×深）	墓底（长×宽×深）	深度	棺数	葬式	人骨保存情况	头向及面向	性别	随葬品（件）	备注
M42	东西向	(2.81–3.25)×(1.45–1.65)×0.4	(2.81–3.25)×(1.45–1.65)×(1.18–1.41)	0.78–1.01	双棺	南棺不详；北棺仰身直肢葬	较差	南棺头向不明，面向不明；北棺头向西，面向上	南棺不详；北棺男性	银簪2、铜簪1	
M43	东西向	(2.43–2.67)×(1.67–1.88)×0.2	(2.43–2.67)×(1.67–1.88)×(0.98–1.18)	0.78–0.98	双棺	仰身直肢葬	一般	南棺头向北，面向西；北棺头向西，面向南	南棺女性；北棺男性	铜押发1、铜耳环1、银簪1、铜钱2	
M44	东西向	(2.18–2.51)×(1.48–1.56)×0.4	(2.18–2.51)×(1.48–1.56)×1.11	0.71	单棺	仰身直肢葬	一般	头向西，面向东	男性	半釉罐1、铜钱1	
M45	东西向	3.84×(1.72–1.88)×0.4	3.84×(1.72–1.88)×1.18	0.78	单棺	仰身直肢葬	一般	头向西，面向南	男性	无	
M46	东西向	2.36×(1.6–1.79)×0.4	2.36×(1.6–1.79)×1.48	1.08	双棺	仰身直肢葬	较差	南棺头向下；北棺头向西，面向南	南棺女性；北棺男性	铜钱1	
M47	东西向	(2.13–2.5)×(2.06–2.19)×0.4	(2.13–2.5)×(2.06–2.19)×(1.1–1.2)	0.7–0.8	双棺	仰身直肢葬	较差	南棺头向不详；北棺头向西，面向上	南棺女性；北棺男性	铜扁方1、银耳环1、铜钱2	
M48	东西向	(2.6–2.68)×(1.82–2.15)×0.4	(2.6–2.68)×(1.82–2.15)×(1.19–1.3)	0.79–0.9	双棺	仰身直肢葬	较差	南棺头向东；北棺头向西，面向北	南棺女性；北棺男性	铜扁方1、铜钱2	
M49	东西向	(2.76–2.82)×(2.16–2.24)×0.4	(2.76–2.82)×(2.16–2.24)×1.39	0.99	双棺	仰身直肢葬	较差	南棺头向北，面向西；北棺头向西，面向上	南棺女性；北棺男性	铜簪1、铜钱1	

附表一 墓葬登记表

墓号	方向	墓口 (长×宽×深)	墓底 (长×宽×深)	深度	棺数	葬式	人骨保存情况	头向及面向	性别	随葬品（件）	备注
M50	东西向	(2.41–2.44)×(1.81–2.02)×0.4	(2.41–2.44)×(1.81–2.02)×(1.14–1.31)	0.74–0.91	双棺	仰身直肢葬	较差	南棺头向西，面向东；北棺头向西，面向东	南棺女性；北棺男性	铜钱2	
M51	东西向	(2.77–3.01)×(1.83–1.94)×0.4	(2.77–3.01)×(1.83–1.94)×(0.9–0.95)	0.5–0.55	双棺	仰身直肢葬	较差	南棺头向西，面向下；北棺头向西，面向东	南棺女性；北棺男性	银簪1、银耳环1、铜钱1	
M52	东西向	(2.4–2.55)×(1.84–1.88)×0.4	(2.4–2.55)×(1.84–1.88)×(0.98–1.02)	0.58–0.62	双棺	仰身直肢葬	一般	南棺头向西，面向东；北棺头向南，面向西	北棺男性；南棺女性	银簪3、银扁方1、银耳环1、铜钱2	
M53	东西向	(2.36–2.48)×(1.92–2.12)×0.4	(2.36–2.48)×(1.92–2.12)×(1.32–1.39)	0.92–0.99	双棺	仰身直肢葬	较差	南棺头向西南，面向西；北棺头向南，面向西	南棺女性；北棺男性	银簪3、银扁方1、银耳环1、铜钱4	
M54		(2.51–2.55)×(1.38–1.4)×0.45	(2.51–2.55)×(1.38–1.4)×(0.98–1.09)	0.53–0.64	双棺	南棺仰身直肢葬	一般	北棺头向东；南棺头向西，面向西	南棺女性；北棺不详	瓷罐1、银簪1、银押发1、玻璃珠4、玉烟嘴1、铜烟锅1、铜镯1、料珠2、铜钱5	北棺为迁葬墓
M55	东西向	(2.85–3.01)×(1.87–1.89)×0.4	(2.85–3.01)×(1.87–1.89)×(0.98–1.02)	0.58–0.62	双棺	仰身直肢葬	一般	南棺头向下，面向西；北棺头向南，面向东南	南棺女性；北棺男性	无	

续表

墓号	方向	墓口（长×宽×深）	墓底（长×宽×深）	深度	棺数	葬式	人骨保存情况	头向及面向	性别	随葬品（件）	备注
M56	东西向	(2.76—2.81)×(2.5—2.97)×0.4	(2.76—2.81)×(2.5—2.97)×(1.1—1.16)	0.7—0.76	双棺	仰身直肢葬	南棺一般；北棺较差	南棺头向西，面向不详，北棺头向西，面向东北	南棺女性；北棺男性	银簪4、银扁方1、银耳环1、铜钱3	
M57	东西向	(2.44—2.52)×(2.26—2.5)×0.4	(2.44—2.52)×(2.26—2.5)×(1.14—1.36)	0.74—0.96	双棺	仰身直肢葬	较差	南棺头向北，面向西，北棺头向西，面向下	南棺女性；北棺男性	黑釉瓷罐1、铜钱1	
M58	东西向	2.57×(1.35—1.42)×0.4	2.57×(1.35—1.42)×1.24	0.84	单棺	仰身直肢葬	较差	头向西，面向北	女性	铜簪1、银饰件1	
M59	东西向	2.27×(0.84—1.31)×0.4	2.27×(0.84—1.02)×1.02	0.62	单棺	仰身直肢葬	较差	头向西，面向北	不详	无	
M60	东西向	(2.36—2.39)×1.05×0.4	(2.36—2.39)×1.05×1.13	0.73	单棺	不详	无	不详	不详	无	迁葬墓
M61	东西向	(2.45—2.49)×(1.05—1.07)×0.4	(2.45—2.49)×(1.05—1.07)×1.2	0.8	单棺	不详	无	不详	不详	无	迁葬墓
M62	东西向	(4.05—4.59)×(2.28—2.71)×0.4	(4.05—4.59)×(2.28—2.71)×(1.30—1.4)	0.9—1	五棺	南1棺、南2棺、北1棺仰身直肢葬；中棺不详	较差	南1棺，面向不详；南2棺头向西，面向南；中棺头向北，面向西；北1棺头向西，面向南；北2棺不详	南1棺，南2棺，北1棺女性；中棺不详；北2棺不详	铜簪1、银簪5、银耳环1、秤砣1、白瓷罐1、铜钱4	北2棺为迁葬墓
M63	东西向	(2.7—2.82)×(2.18—2.45)×0.4	(2.7—2.82)×(2.18—2.45)×(0.8—0.82)	0.4—0.42	双棺	不详	不详	不详	不详	无	迁葬墓

续表

墓号	方向	墓口（长×宽×深）	墓底（长×宽×深）	深度	棺数	葬式	人骨保存情况	头向及面向	性别	随葬品（件）	备注
M64	东西向	(2.21—2.31)×(1.09—1.37)×0.4	(2.21—2.31)×(1.09—1.37)×0.86	0.46	单棺	仰身直肢葬	一般	头向西，面向上	男性	铜钱1	
M65	东西向	2.51×(1.88—1.9)×0.4	2.51×(1.88—1.90)×1.26	0.86	单棺	仰身直肢葬	较差	头向西，面向东	女性	银扁方1，银耳环1，铜钱2	
M66	东西向	(2.42—2.47)×(1.8—1.94)×0.4	(2.42—2.47)×(1.8—1.94)×(0.8—1.16)	0.4—0.76	双棺	仰身直肢葬	较差	南棺头向西，面向东；北棺头向西，面向南	南棺女性；北棺男性	铜扁方1，银耳环1，铜钱1	
M67	东西向	(0.91—1.74)×3.13×0.4	(0.91—1.74)×3.13×(0.88—1.08)	0.48—0.68	双棺	不详	南棺较差	南棺头向西，面向不详，面向不详	不详	无	北棺为迁葬墓
M68	东西向	(2.36—2.46)×(0.89—1.05)×0.4	(2.36—2.46)×(0.89—1.05)×1.28	0.88	单棺	不详	较差	头向西，面向不详	女性	银簪1，骨簪1，铜钱1	
M69	东西向	(2.61—2.65)×1.15×0.4	(2.61—2.65)×1.15×1.06	0.66	单棺	不详	较差	头向西，面向不详	女性	银簪1，铜簪1，铜钱1	
M70	东西向	2.58×(1.41—1.48)×0.4	2.58×(1.41—1.48)×1.1	0.7	单棺	仰身直肢葬	较差	头向西，面向不详	女性	无	
M71	东西向	(2.4—2.49)×(1.72—1.83)×0.45	(2.4—2.49)×(1.72—1.83)×(0.99—1.03)	0.54—0.58	双棺	仰身直肢葬	较差	南棺头向东北；北棺头向西，面向南	南棺女性；北棺男性	银扁方1	
M72	东西向	(2.26—2.32)×(1.44—1.49)×0.4	(2.26—2.32)×(1.44—1.49)×1	0.6	单棺	不详	较差，骨架已腐朽成粉末	头向西，面向不详	女性	银簪2	

续 表

墓号	方向	墓口（长×宽×深）	墓底（长×宽×深）	深度	棺数	葬式	人骨保存情况	头向及面向	性别	随葬品（件）	备注
M73	东西向	(2.58—2.6)×(1.74—2.28)×0.4	(2.58—2.6)×(1.74—2.28)×(0.88—0.99)	0.48—0.59	双棺	不详	不详	不详	不详	无	迁葬墓
M74	东西向	(2.48—2.54)×(1.41—1.52)×0.45	(2.48—2.54)×(1.41—1.52)×0.91	0.46	单棺	仰身直肢葬	较差	头向西，面向下	男性	铜钱1	
M75	东西向	2.6×(1.09—1.11)×0.45	2.6×(1.09—1.11)×1.08	0.63	单棺	不详	无	不详	不详	铜钱2	迁葬墓
M76	东西向	(2.74—2.76)×(0.9—1.18)×0.4	(2.74—2.76)×(0.9—1.18)×1.16	0.76	单棺	不详	较差	头向西，面向不详	不详	无	
M77	东西向	2.69×(0.98—1.02)×0.4	2.69×(0.98—1.02)×1.1	0.7	单棺	不详	较差	头向西，面向下	不详	铜钱1	
M78	东西向	2.3×(1.06—1.15)×0.4	2.3×(1.06—1.15)×0.9	0.5	单棺	不详	较差	头向西，面向不详	不详	无	
M79	东西向	2.23×(0.95—1.04)×0.4	2.23×(0.95—1.04)×0.74	0.34	单棺	仰身直肢葬	较差	头向西，面向不详	不详	铜钱1	
M80	东西向	2.48×(0.9—0.97)×0.4	2.48×(0.9—0.97)×0.98	0.58	单棺	仰身直肢葬	较差	头向西，面向东	女性	铜烟嘴1、铜钱1	
M81	东西向	(2.49—2.6)×(1.94—2.14)×0.4	(2.49—2.6)×(1.94—2.14)×(0.81—1.1)	0.41—0.7	双棺	南棺仰身直肢葬；北棺不详	较差	南棺头向西，面向不详；北棺头向西，面向不详	南棺女性，北棺不详	铜钱1	
M82	东西向	2.46×(0.82—1.04)×0.4	2.46×(0.82—1.04)×0.95	0.55	单棺	仰身直肢葬	较差	头向西，面向不详	女性	铜钱5	

续表

墓号	方向	墓口（长×宽×深）	墓底（长×宽×深）	深度	棺数	葬式	人骨保存情况	头向及面向	性别	随葬品（件）	备注
M83	东西向	2.26×(0.79－0.84)×0.4	2.26×(0.79－0.84)×0.84	0.44	单棺	仰身直肢葬	较差	头向西，面向东	男性	无	
M84	东西向	2.62×(1.16－1.36)×0.4	2.62×(1.16－1.36)×1.12	0.72	单棺	仰身直肢葬	较差	头向西，面向不详	男性	铜钱1	
M85	东西向	2.39×(0.83－1.05)×0.4	2.39×(0.83－1.05)×1.2	0.8	单棺	仰身直肢葬	较差	头向西，面向不详	女性	铜钱1	
M86	东西向	1.99×(0.73－0.88)×0.4	1.99×(0.73－0.88)×0.7	0.3	单棺	仰身直肢葬	较差	头向西，面向北	男性	无	
M87	东西向	2.38×(0.87－0.88)×0.4	2.38×(0.87－0.88)×1.4	1	单棺	仰身直肢葬	较差	头向西，面向不详	不详	铜钱1	
M88	东西向	2.02×(0.78－0.97)×0.4	2.02×(0.78－0.97)×0.74	0.34	单棺	不详	较差	头向西，面向不详	不详	铜钱1	
M89	东西向	2.49×(1.15－1.39)×0.4	2.49×(1.15－1.39)×1.6	1.2	单棺	仰身直肢葬	较差	头向西，面向不详	男性	无	
M90	东西向	2×(0.67－0.84)×0.4	2×(0.67－0.84)×1.1	0.7	单棺	仰身直肢葬	较差	头向西，面向北	女性	无	
M91	东西向	1.7×(0.77－0.94)×0.4	1.7×(0.77－0.94)×1.06	0.66	单棺	仰身直肢葬	较差	头向西，面向不详	女性	无	
M92	东西向	2.36×0.84×0.4	2.36×0.84×1.24	0.84	单棺	仰身直肢葬	较差	头向西，面向东	男性	无	
M93	东西向	2.29×(0.93－1.02)×0.4	2.29×(0.93－1.02)×1.6	1.2	单棺	仰身直肢葬	较差	头向西，面向下	不详	铜钱1	

附表二　铜钱统计表

（单位：厘米）

单位	编号	种类	直径	穿径	郭厚	备注
M1	2-1	乾隆通宝	2.2	0.6	0.3	穿左右为满文"宝泉"
	1-1	嘉庆通宝	2.1	0.6	0.2	穿左右为满文"宝泉"
	1-2	道光通宝	2.1	0.6	0.2	穿左右为满文"宝泉"
	1-3	同治重宝	2.5	0.7	0.4	穿左右为满文"宝泉"，穿上下为楷书"当十"
	1-4		2.6	0.7	0.4	穿左右为满文"宝泉"，穿上下为楷书"当十"
	1-5	光绪重宝	2.55	0.65	0.35	穿左右为满文"宝泉"，穿上下为楷书"当拾"
	1-6		2.2	0.65	0.2	穿左右为满文"宝源"，穿上下为楷书"当拾"
M2	3-1	乾隆通宝	2.35	0.6	0.2	穿左右为满文"宝源"
	3-2		2.3	0.6	0.3	穿左右为满文"宝泉"
	3-3	光绪通宝	2.1	0.6	0.2	穿左右为满文"宝泉"
	3-6		2.1	0.6	0.2	穿左右为满文"宝源"
M3	4-1	同治重宝	2.7	0.7	0.4	穿左右为满文"宝泉"，穿上下为楷书"当十"
	4-2		2.8	0.7	0.4	穿左右为满文"宝源"，穿上下为楷书"当十"
	5-2	光绪通宝	2.1	0.6	0.2	穿左右为满文"宝苏"
	5-3		2.1	0.6	0.25	穿左右为满文"宝泉"
M4	3-1	同治重宝	2.5	0.7	0.3	穿左右为满文"宝泉"
M5	1-1	同治重宝	2.4	0.7	0.25	穿左右为满文"宝泉"，穿上下为楷书"当十"
	1-2		2.4	0.7	0.3	穿左右为满文"宝泉"，穿上下为楷书"当十"
	1-3	光绪重宝	2.5	0.8	0.3	穿左右为满文"宝泉"，穿上下为楷书"当拾"
M6	1-1	光绪通宝	2	0.6	0.2	穿左右为满文"宝泉"
	1-2	道光通宝	2.1	0.6	0.3	穿左右为满文"宝泉"
M8	5	道光通宝	2.1	0.6	0.2	穿左右为满文"宝源"
	2-1	乾隆通宝	2.4	0.6	0.3	穿左右为满文"宝泉"
	2-2	嘉庆通宝	2.2	0.6	0.25	穿左右为满文"宝泉"

续表

单位	编号	种类	直径	穿径	郭厚	备注
M10	3	道光通宝	2	0.65	0.2	穿左右为满文"宝泉"
	9	乾隆通宝	2.3	0.6	0.3	穿左右为满文"宝武"
	10-1	嘉庆通宝	2.2	0.6	0.25	穿左右为满文"宝源"
M11	1-1	嘉庆通宝	2.25	0.6	0.2	穿左右为满文"宝泉"
	1-2	道光通宝	2.3	0.6	0.2	穿左右为满文"宝源"
M12	1	同治重宝	2.4	0.7	0.3	穿左右为满文"宝泉",穿上下为楷书"当十"
M13	1	嘉庆通宝	2.1	0.6	0.2	穿左右为满文"宝源"
M14	1	乾隆通宝	2	0.7	0.2	穿左右为满文"宝源"
M16	4-1	乾隆通宝	2.2	0.6	0.25	穿左右为满文"宝泉"
	4-4		2	0.65	0.2	穿左右为满文"宝源"
M17	6-1	乾隆通宝	2.1	0.55	0.2	穿左右为满文"宝晋"
	6-3		2.2	0.6	0.3	穿左右为满文"宝泉"
	6-2	嘉庆通宝	2.2	0.6	0.25	穿左右为满文"宝福"
	6-4	咸丰通宝	2.1	0.6	0.2	穿左右为满文"宝源"
	6-5	道光通宝	2.1	0.6	0.2	穿左右为满文"宝泉"
M21	5-1	道光通宝	2.1	0.6	0.2	穿左右为满文"宝泉"
	6-1		2.1	0.6	0.25	穿左右为满文"宝泉"
	5-2	光绪通宝	2	0.6	0.2	穿左右为满文"宝泉"
	6-2		2.1	0.6	0.3	穿左右为满文"宝泉"
M22	1-1	乾隆通宝	2.1	0.6	0.2	穿左右为满文"宝泉"
	1-2	道光通宝	2.1	0.6	0.2	穿左右为满文"宝源"
	2		2.1	0.6	0.2	穿左右为满文"宝源"
M23	1-1	道光通宝	2	0.65	0.2	穿左右为满文"宝源"
	3		2.3	0.6	0.2	穿左右为满文"宝泉"
M24	1	崇祯通宝	2.4	0.65	0.2	光背
M25	1-1	顺治通宝	2.4	0.6	0.2	穿右为户部铸"户"字
	1-2		2.4	0.65	0.2	穿右为工部铸"工"字
	2-1	天启通宝	2.5	0.6	0.2	光背
	2-2	崇祯通宝	2.5	0.65	0.2	光背

续表

单位	编号	种类	直径	穿径	郭厚	备注
M26	2	康熙通宝	2.6	0.6	0.3	穿左右为满文"宝泉"
	3		2.2	0.6	0.25	穿左右为满文"宝泉"
M27	1-1	顺治通宝	2.6	0.7	0.25	穿左右为满文"宝泉"
	1-2	康熙通宝	2.6	0.6	0.3	穿左右为满文"宝泉"
M29	1	康熙通宝	2.2	0.6	0.25	穿左右为满文"宝泉"
M30	1-1	康熙通宝	2.55	0.6	0.25	穿左右为满文"宝泉"
M35	2	康熙通宝	2.7	0.6	0.3	穿左右为满文"宝泉"
M37	1	乾隆通宝	2.2	0.55	0.3	穿左右为满文"宝泉"
M40	1	嘉庆通宝	2.1	0.6	0.2	穿左右为满文"宝泉"
M41	1	乾隆通宝	2.2	0.6	0.3	穿左右为满文"宝源"
M43	4	道光通宝	2.1	0.6	0.2	穿左右为满文"宝泉"
	5	嘉庆通宝	2.3	0.6	0.2	穿左右为满文"宝泉"
M46	1	乾隆通宝	2.15	0.6	0.2	背面字迹锈蚀严重无法辨认
M47	3	嘉庆通宝	2.2	0.65	0.2	穿左右为满文"宝源"
	4		2.3	0.6	0.3	穿左右为满文"宝泉"
M48	2	道光通宝	2	0.6	0.2	穿左右为满文"宝源"
	3	乾隆通宝	2	0.6	0.2	穿左右为满文"宝源"
M49	2	道光通宝	2.1	0.6	0.2	穿左右为满文"宝源"
M50	1-1	道光通宝	2	0.7	0.2	背面字迹锈蚀严重无法辨认
	1-2	咸丰通宝	2	0.6	0.1	穿左右为满文"宝泉"
M51	3	乾隆通宝	2.2	0.6	0.3	穿左右为满文"宝泉"
M52	6-1	同治重宝	2.5	0.7	0.3	穿左右为满文"宝泉",穿上下为楷书"当十"
	6-2		2.6	0.7	0.3	穿左右为满文"宝泉",穿上下为楷书"当十"
M53	6-1	同治通宝	2.2	0.8	0.3	穿左右为满文"宝泉",穿上下为楷书"当十"
	7-1	道光通宝	2.3	0.6	0.2	穿左右为满文"宝源"

续 表

单位	编号	种 类	直 径	穿 径	郭 厚	备 注
M54	9-1	天启通宝	2.3	0.7	0.2	光背
	9-2	绍圣元宝	2.2	0.65	0.2	光背
	9-3	同治重宝	2.7	0.6	0.3	穿左右为满文"宝泉",穿上下为楷书"当十"
	9-4		2.6	0.7	0.4	穿左右为满文"宝泉",穿上下为楷书"当十"
M56	7	道光通宝	2	0.65	0.2	穿左右为满文"宝泉"
	8-2		2.1	0.6	0.25	穿左右为满文"宝源"
	8-1	嘉庆通宝	2.2	0.6	0.2	穿左右为满文"宝泉"
M57	2	乾隆通宝	2.2	0.6	0.2	穿左右为满文"宝泉"
M62	6	乾隆通宝	2.2	0.65	0.25	穿左右为满文"宝源"
	12		2.1	0.6	0.2	穿左右为满文"宝泉"
M64	1	嘉庆通宝	2.3	0.6	0.2	穿左右为满文"宝源"
M65	3	道光通宝	2	0.65	0.2	穿左右为满文"宝源"
M66	3	道光通宝	2.1	0.6	0.2	穿左右为满文"宝泉"
M68	3	康熙通宝	2.4	0.6	0.4	穿左右为满文"宝源"
M69	3	乾隆通宝	2.05	0.6	0.2	穿左右为满文"宝泉"
M74	1	乾隆通宝	2.15	0.6	0.2	穿左右为满文"宝泉"
M75	1	乾隆通宝	2.2	0.6	0.3	穿左右为满文"宝泉"
	5	康熙通宝	2.15	0.55	0.25	穿左右为满文"宝源"
M79	1	乾隆通宝	2.35	0.6	0.2	穿左右为满文"宝泉"
M80	2	乾隆通宝	2.2	0.7	0.3	穿左右为满文"宝直"
M81	1	乾隆通宝	2.3	0.6	0.3	
M82	1-1	康熙通宝	2.25	0.55	0.3	穿左右为满文"宝泉"
	1-2		2.2	0.6	0.3	穿左右为满文"宝源"
M84	1	乾隆通宝	2.2	0.6	0.2	穿左右为满文"宝泉"
M85	1	乾隆通宝	2.2	0.6	0.25	背面字迹锈蚀严重无法辨认
M87	1	康熙通宝	2.7	0.7	0.3	穿左右为满文"宝泉"
M88	1	康熙通宝	2.2	0.55	0.2	穿左右为满文"宝泉"
M93	1	嘉庆通宝	2.2	0.6	0.3	穿左右为满文"宝源"

编 后 记

差不多是去年这个时候,我收到了沟自头村清代墓葬发掘项目的资料,去工作站提取了器物之后,开始了报告的整理和编写。冬去春来,报告的编写和修改几乎贯穿了整个2023年,经历了华北平原的闷热夏季,也经历了内蒙古高原的浓郁秋色。回想起这一年整理报告的历程,改图的崩溃、反复完善墓葬与器物描述、核对数据与修改数据……这些场景至今仍历历在目。独立完成考古发掘资料的整理对于刚毕业的我而言是一个不小的挑战,当挑战从一篇报告升级成一部报告,压力油然而生。但幸好,先前的锻炼让我积累了一些经验教训,再次上手也算是个"熟练工种"。这也是我入职后的第一本报告,第一本"专著",尽管它的学术分量没有那么重,但于我而言却格外重要。

报告在整理和编写过程中,得到了众多师友的支持和帮助。首先要感谢郭京宁院长、张中华副院长在报告整理和编写过程中给予的关心和支持;感谢项目原发掘领队曹孟昕馆员让我在田野发掘报告的整理和编写方面得到一次很好的锻炼。其次感谢原北京市文物研究所(现北京市考古研究院)副所长赵福生先生在审稿过程中提出的宝贵意见;感谢明清考古研究部孙勐研究馆员在资料整理的协调工作中付出的诸多辛苦以及给予我的指导和帮助;感谢辽金元考古研究部的领队老师们在报告编写过程中给予的指导;感谢故宫博物院考古部邢增锐馆员对我的帮助。再次要感谢本院博物馆研究部的老师们,在我遇到困难、想要放弃的时候,给予我的诸多帮助;还要感谢风雨无阻、每天准时来睡觉、丰富我们工作生活的小猫咪花生,生活不止有诗和远方,还有留在桌子上的小爪印和满屋的猫毛。特别感谢上海古籍出版社宋佳老师和董瑾学姐在报告编辑与出版工作中付出的辛勤劳动;同时也要感谢父母在我加班加点整理报告过程中给予的鼓励和鞭策。

由于缺少相关发掘原始资料,报告中的错谬、遗漏仍有很多,还请专家学者们批评指正。再次诚挚感谢为这本报告付出辛劳的诸位同仁。

徐蕙若
2023年3月

彩 版

彩版一

1. 工作现场

2. 发掘区全景

工作现场与发掘区全景

彩版二

1. M2

2. M5

清代单棺墓葬（一）

1. M6

2. M7

清代单棺墓葬(二)

彩版四

1. M11

2. M12

清代单棺墓葬（三）

1. M13

2. M24

清代单棺墓葬（四）

彩版六

1. M30

2. M32

清代单棺墓葬（五）

1. M34

2. M36

清代单棺墓葬（六）

彩版八

1. M37

2. M38

清代单棺墓葬（七）

1. M39

2. M44

清代单棺墓葬（八）

彩版一〇

1. M45

2. M58

清代单棺墓葬（九）

彩版一一

1. M59

2. M60

清代单棺墓葬（十）

彩版一二

1. M61

2. M64

清代单棺墓葬（十一）

1. M65

2. M68

清代单棺墓葬（十二）

彩版一四

1. M69

2. M70

清代单棺墓葬（十三）

1. M72

2. M74

清代单棺墓葬（十四）

彩版一六

1. M75

2. M76

清代单棺墓葬(十五)

1. M77

2. M78

清代单棺墓葬(十六)

彩版一八

1. M79

2. M80

清代单棺墓葬（十七）

1. M82

2. M83

清代单棺墓葬(十八)

彩版二〇

1. M84

2. M85

清代单棺墓葬（十九）

1. M86

2. M87

清代单棺墓葬(二十)

1. M88

2. M89

清代单棺墓葬(二一)

1. M90

2. M91

清代单棺墓葬（二二）

1. M92

2. M93

清代单棺墓葬（二三）

彩版二五

1. M1

2. M3

清代双棺墓葬（一）

彩版二六

1. M4

2. M9

清代双棺墓葬（二）

1. M14

2. M15

清代双棺墓葬（三）

彩版二八

1. M16

2. M17

清代双棺墓葬（四）

1. M19

2. M20

清代双棺墓葬（五）

1. M21

2. M22

清代双棺墓葬（六）

1. M23

2. M25

清代双棺墓葬（七）

彩版三二

1. M27

2. M28

3. M29

清代双棺墓葬（八）

1. M33

2. M35

清代双棺墓葬（九）

彩版三四

1. M40

2. M41

清代双棺墓葬（十）

1. M42

2. M43

清代双棺墓葬（十一）

1. M46

2. M47

清代双棺墓葬(十二)

1. M48

2. M49

清代双棺墓葬（十三）

1. M50

2. M51

清代双棺墓葬（十四）

1. M52

2. M53

清代双棺墓葬(十五)

1. M54

2. M55

清代双棺墓葬(十六)

1. M56

2. M57

清代双棺墓葬（十七）

1. M73

2. M81

清代双棺墓葬（二十）

彩版四五

1. M8

2. M10

清代三棺墓葬（一）

彩版四六

1. M26

2. M62

清代三棺墓葬（M26）与五棺墓葬（M62）

彩版四七

1. 银耳环（M2：1）

2. 铜簪（M2：2）

3. 铜簪（M58：1）

4. 银耳环（M65：2）

5. 银扁方（M65：1）

6. 银扁方（M65：1）背面

清代单棺墓随葬器物（一）

彩版四八

1. 银簪（M68∶1）

2. 骨簪（M68∶2）

3. 银簪（M69∶1）

4. 银簪（M69∶1）背面

5. 铜簪（M69∶2）

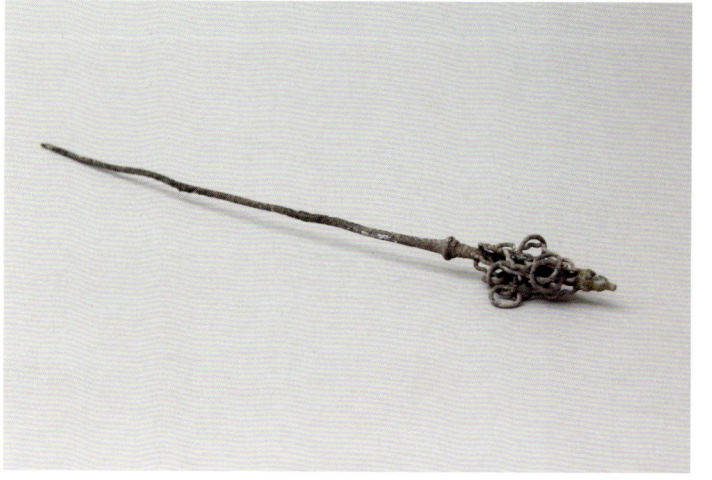

6. 银簪（M72∶1）

清代单棺墓随葬器物（二）

彩版四九

1. 银簪（M72∶2）

2. 铜烟锅（M80∶1）

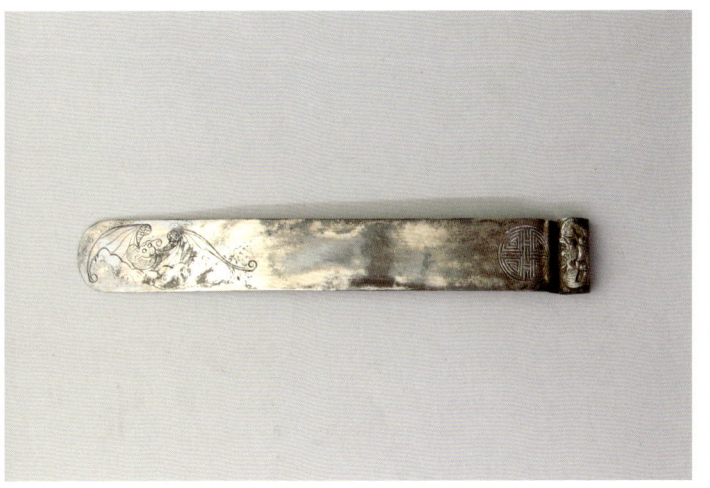

3. 银扁方（M3∶1）

4. 银扁方（M3∶1）背面

5. 银扁方（M3∶1）首部

6. 银扁方（M3∶1）尾部

清代单棺墓随葬器物（M72、M80）与双棺墓随葬器物（M3）

彩版五〇

1. 银耳环（M3∶3）

2. 银簪（M3∶2）

3. 银耳环（M4∶1）

4. 银簪（M15∶1）

5. 铜簪（M4∶2）

6. 铜簪（M4∶2）背面

清代双棺墓随葬器物（一）

彩版五一

1. 银扁方（M4∶4）

2. 银扁方（M4∶4）背面

3. 银扁方（M9∶1）

4. 银扁方（M9∶1）背面

5. 银耳环（M16∶1）

6. 银簪（M16∶2）

清代双棺墓随葬器物（二）

彩版五二

1. 半釉罐（M44：1）

2. 陶罐（M19：2）

3. 陶罐（M28：1）

4. 瓷罐（M54：1）

5. 黑釉瓷罐（M57：1）

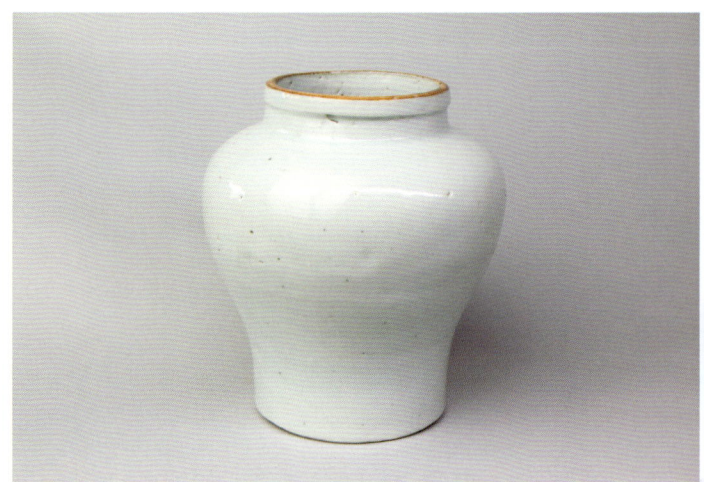

6. 白瓷罐（M62：11）

清代单棺（M44）、双棺（M19、M28、M54、M57）、五棺（M62）墓随葬器物

彩版五三

1. 银头饰（M17∶1）

2. 银头饰（M17∶1）背面

3. 铜簪（M17∶2）

4. 铜扁方（M17∶5）

5. 银耳环（M17∶3）

6. 银耳环（M17∶4）

清代双棺墓随葬器物（三）

彩版五四

1. 铜押发（M20∶1）

2. 铜簪（M20∶2）

3. 银簪（M21∶1）

4. 银簪（M21∶2）

5. 银簪（M21∶3）

6. 银簪（M21∶4）

清代双棺墓随葬器物（四）

彩版五五

1. 银簪（M23∶2）

2. 银簪（M35∶1）

3. 银簪（M42∶1）

4. 银簪（M42∶2）

5. 铜簪（M42∶3）

6. 铜押发（M43∶1）

清代双棺墓随葬器物（五）

彩版五六

1. 银簪（M43：2）

2. 银耳环（M43：3）

3. 银耳环（M47：1）

4. 铜扁方（M47：2）

5. 铜扁方（M48：1）

6. 铜簪（M49：1）

清代双棺墓随葬器物（六）

1. 银簪（M51∶1）

2. 银耳环（M51∶2）

3. 银扁方（M52∶1）

4. 银扁方（M52∶1）背面

5. 银簪（M52∶2）

6. 银簪（M52∶3）

清代双棺墓随葬器物（七）

彩版五八

1. 银簪（M52∶4）

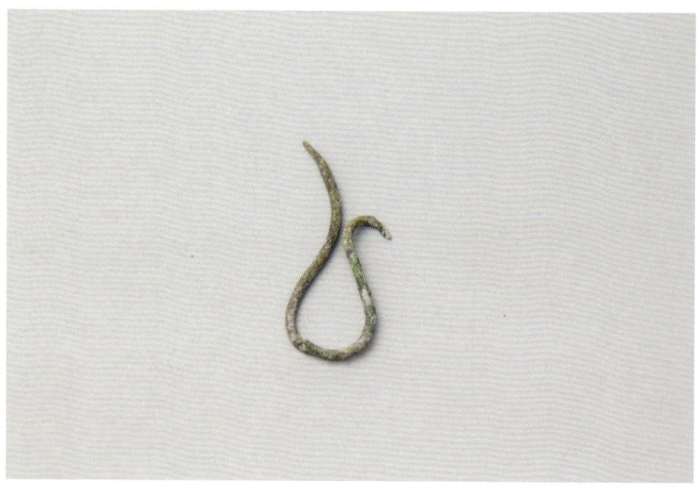

2. 银耳环（M52∶5）

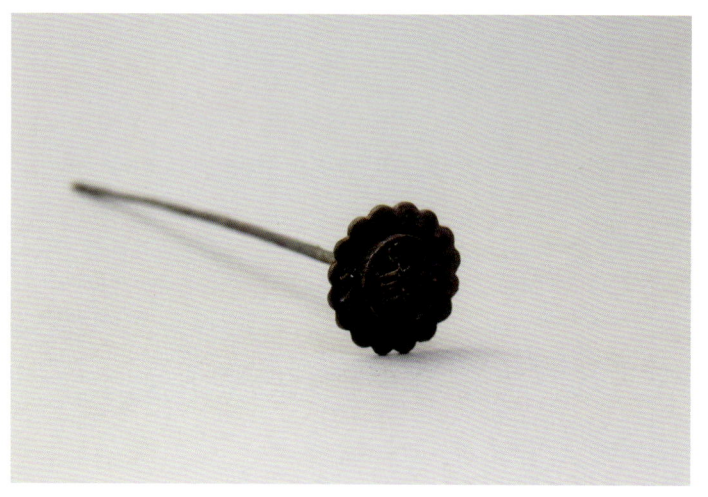

3. 银簪（M53∶1）

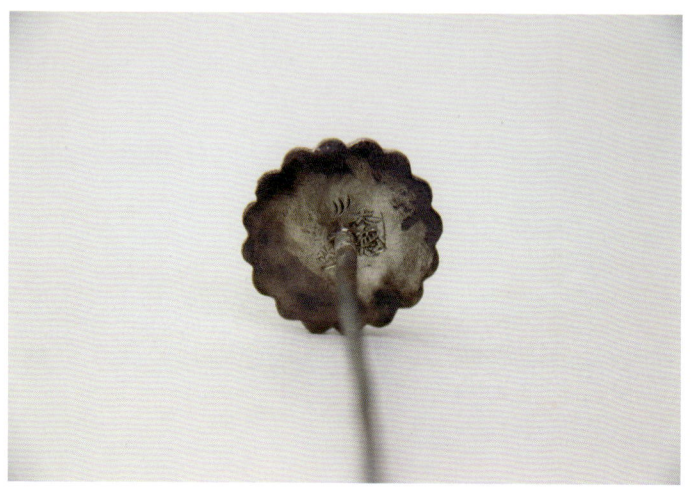

4. 银簪（M53∶1）背面

5. 银簪（M53∶2）

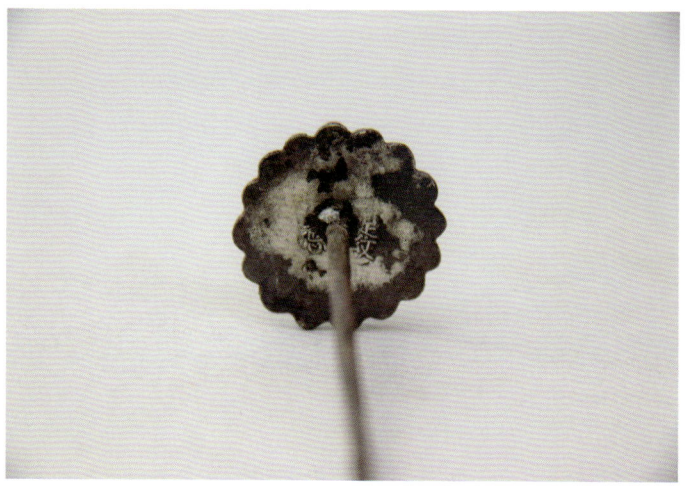

6. 银簪（M53∶2）背面

清代双棺墓随葬器物（八）

彩版五九

1. 银簪（M53:3）

2. 银耳环（M53:5）

3. 银扁方（M53:4）

4. 银扁方（M53:4）背面

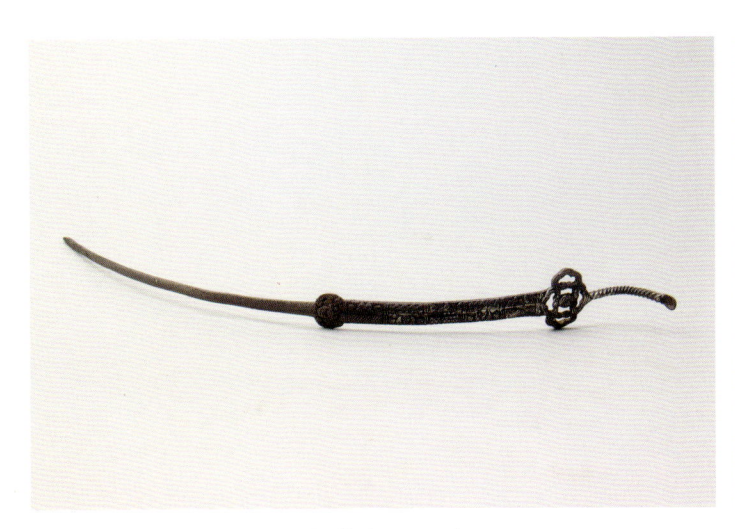

5. 银簪（M54:2）

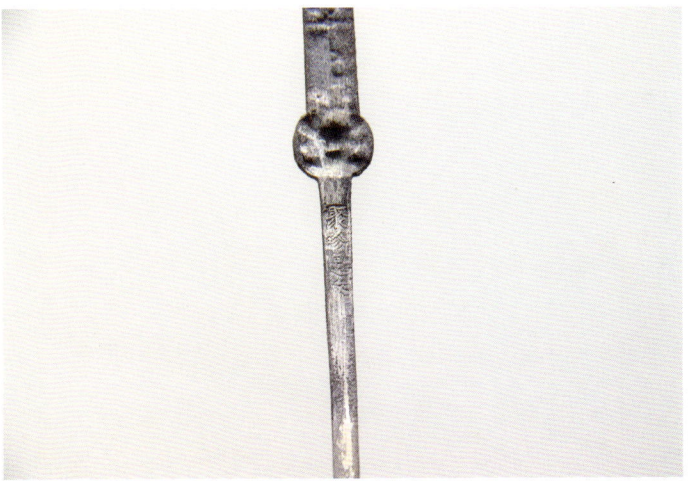

6. 银簪（M54:2）背面

清代双棺墓随葬器物（九）

彩版六〇

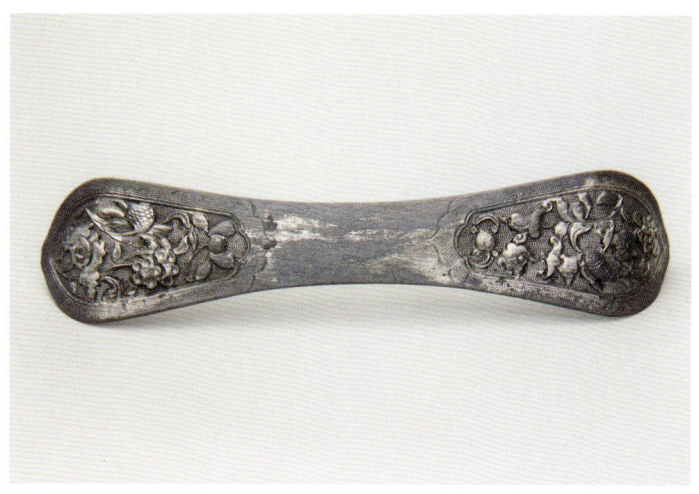

1. 银押发（M54∶3）

2. 银押发（M54∶3）背面

3. 银押发（M54∶3）一端

4. 银押发（M54∶3）一端

5. 料珠（M54∶4）

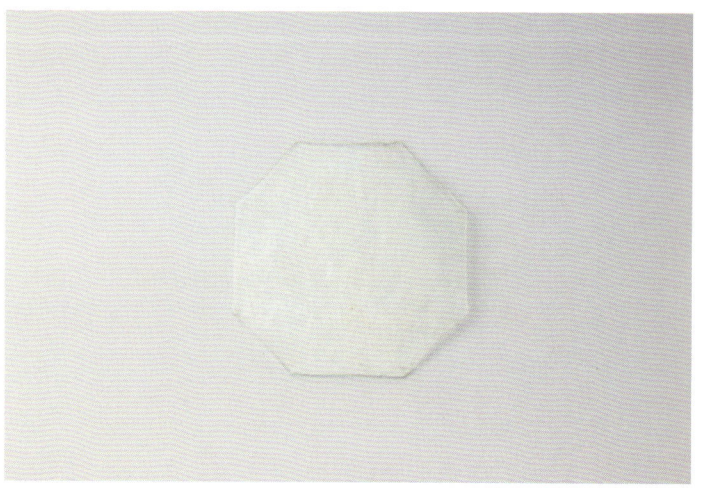

6. 玻璃（M54∶5）

清代双棺墓随葬器物（十）

彩版六一

1. 玉烟嘴（M54∶6）

2. 铜烟锅（M54∶7）

3. 料镯（M54∶8）

4. 银簪（M56∶1）

5. 银簪（M56∶2）

6. 银簪（M56∶2）背面

清代双棺墓随葬器物（十一）

彩版六二

1. 银簪（M56∶3）

2. 银簪（M56∶3）背面

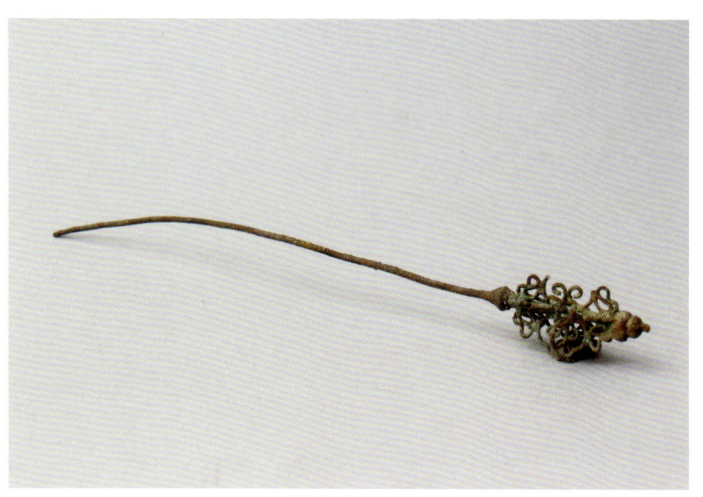

3. 银簪（M56∶4）

4. 银耳环（M56∶6）

5. 银扁方（M56∶5）

6. 银扁方（M56∶5）背面

清代双棺墓随葬器物（十二）

彩版六三

1. 铜扁方（M66∶1）

2. 银耳环（M66∶2）

3. 银扁方（M71∶1）

4. 铜扁方（M8∶3）

5. 银簪（M10∶1）

6. 银扁方（M10∶2）

清代双棺（M66、M71）、三棺（M8、M10）墓随葬器物

彩版六四

1. 银耳环（M10∶8）

2. 银扁方（M10∶4）

3. 银扁方（M10∶4）尾部

4. 银扁方（M10∶4）背面

5. 银簪（M10∶5）

6. 银簪（M10∶6）

清代三棺墓随葬器物

彩版六五

1. 银簪（M10∶7）

2. 铜簪（M26∶1）

3. 铜簪（M62∶1）

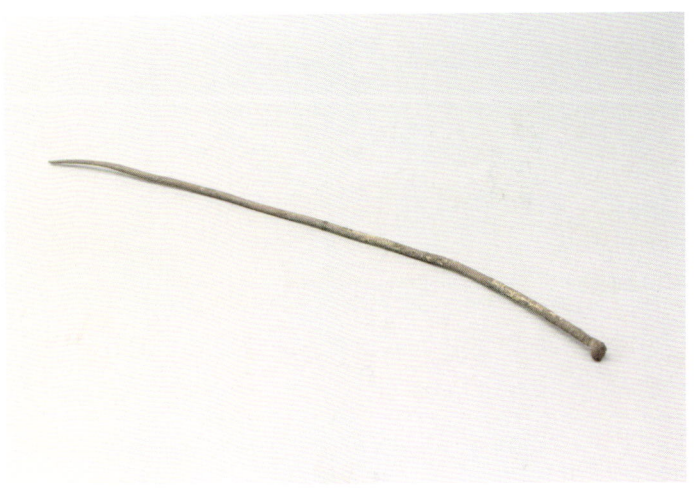

4. 银簪（M62∶2）

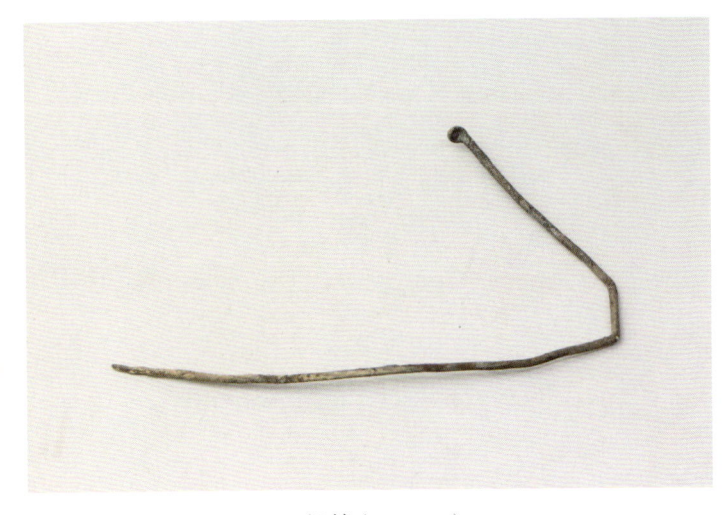

5. 银簪（M62∶3）

6. 银簪（M62∶4）

清代三棺（M10、M26）、五棺（M62）墓随葬器物

彩版六六

1. 银耳环（M62∶5）

2. 秤砣（M62∶8）

3. 银簪（M62∶9）

4. 银簪（M62∶10）

清代五棺墓随葬器物